Schon als Teenager unternahm Josie Dew Langstreckentouren mit dem Fahrrad. Seit zwanzig Jahren reist sie, fast immer allein, durch die Welt. Inzwischen hat sie 47 Länder besucht – einige davon eher zufällig – und dabei über 320000 Kilometer mit dem Fahrrad zurückgelegt. Mit fünfzehn gründete sie ein kleines Catering-Unternehmen, das sie bis heute betreibt (das Essen fährt sie natürlich mit dem Fahrrad zu ihren Kunden.) *Tour d'Aloha* ist nach *Tour de Nippon* das zweite Buch von Josie Dew, das bei Frederking & Thaler erscheint.

www.josiedew.co.uk

Bibliografische Information Der Deutschen Bibliothek
Die Deutsche Bibliothek verzeichnet diese Publikation in der Deutschen Nationalbibliografie; detaillierte bibliografische Daten sind im Internet über http://dnb.ddb.de abrufbar.

NATIONAL GEOGRAPHIC ADVENTURE PRESS
Reisen · Menschen · Abenteuer
Die Taschenbuch-Reihe von
National Geographic und Frederking & Thaler

1. Auflage Mai 2007

Titel der Originalausgabe: *Travels in a Strange State*
erschienen bei Little, Brown and Company, London

Aus dem Englischen von Andrea O'Brien
Text und Fotos: Josie Dew
Lektorat: Dr. Christina Kotte, Freiburg
Karten: Anneli Nau, München
Zeichnungen: Melanie Dew
Umschlaggestaltung: Dorkenwald Grafik-Design, München
Herstellung: Büro Sieveking, München
Druck und Bindung: Clausen & Bosse, Leck
Printed in Germany

ISBN 978-3-89405-826-5
www.frederking-thaler.de

Das Papier wurde aus chlorfrei gebleichtem Zellstoff hergestellt.

JOSIE DEW

TOUR D'ALOHA

Mit dem Fahrrad allein durch die USA

Aus dem Englischen von
Andrea O'Brien

NATIONAL GEOGRAPHIC
FREDERKING & THALER

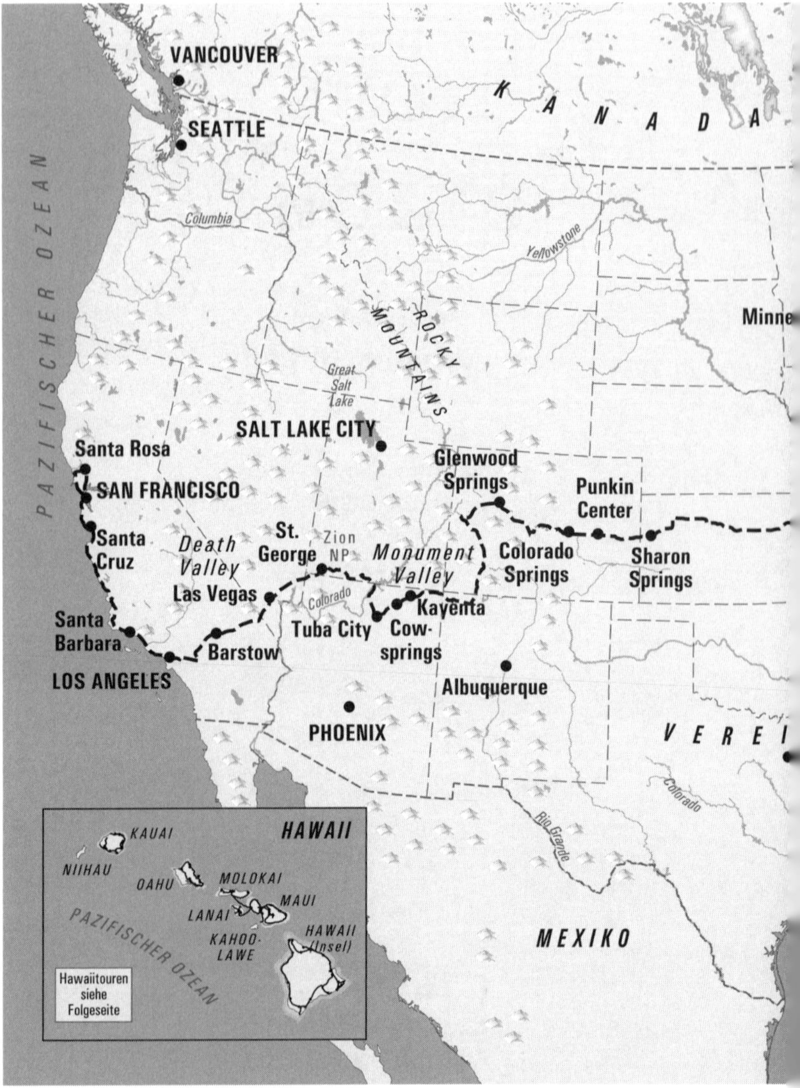
VANCOUVER
SEATTLE
K A N A D A
PAZIFISCHER OZEAN
Columbia
Yellowstone
ROCKY MOUNTAINS
Minne
Great Salt Lake
SALT LAKE CITY
Santa Rosa
SAN FRANCISCO
Glenwood Springs
Punkin Center
Santa Cruz
Death Valley
St. George
Zion NP
Monument Valley
Colorado Springs
Sharon Springs
Las Vegas
Colorado
Kayenta
Santa Barbara
Tuba City
Cow-springs
Barstow
LOS ANGELES
Albuquerque
PHOENIX
V E R E I
Colorado
Rio Grande
MEXIKO
HAWAII
KAUAI
NIIHAU
OAHU
MOLOKAI
MAUI
LANAI
KAHOO-LAWE
HAWAII (Insel)
PAZIFISCHER OZEAN
Hawaiitouren siehe Folgeseite

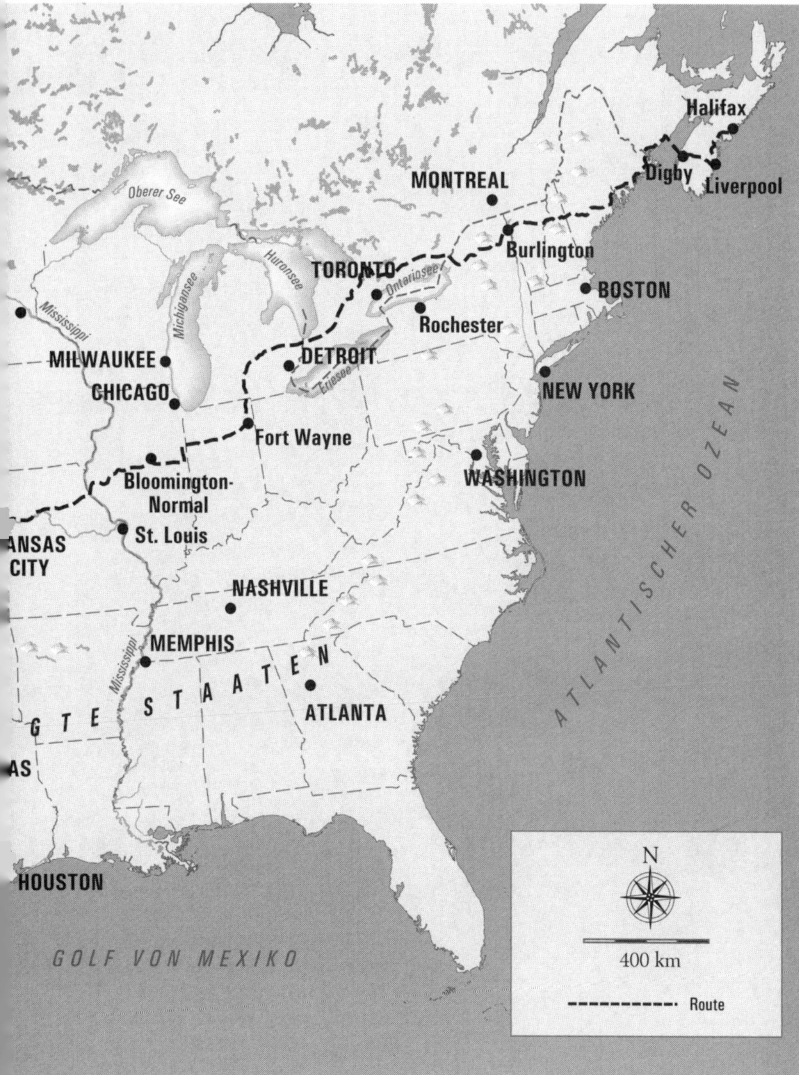

Oberer See
Huronsee
Michigansee
Ontariosee
Eriesee
Mississippi
MONTREAL
Halifax
Digby
Liverpool
Burlington
TORONTO
BOSTON
Rochester
MILWAUKEE
DETROIT
CHICAGO
NEW YORK
Fort Wayne
WASHINGTON
Bloomington-Normal
St. Louis
ANSAS CITY
NASHVILLE
MEMPHIS
ATLANTA
GTE STAATEN
AS
HOUSTON
GOLF VON MEXIKO
ATLANTISCHER OZEAN
N
400 km
Route

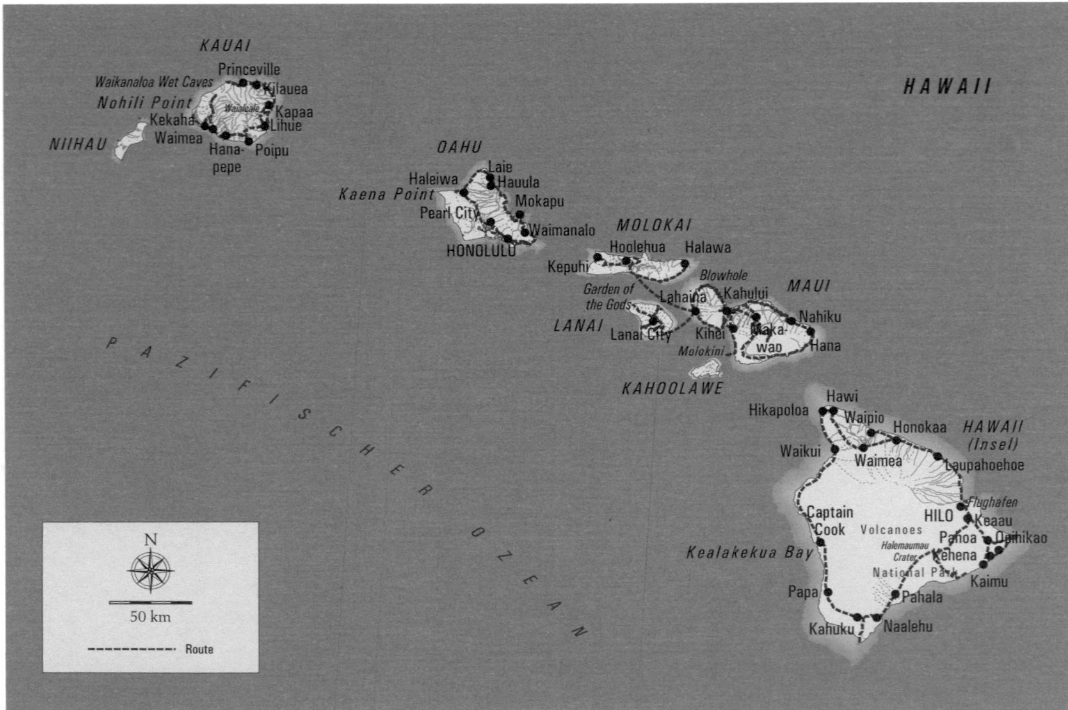

HAWAII
KAUAI
Princeville
Waikanaloa Wet Caves
Kilauea
Nohili Point
Waialeale
Kapaa
Kekaha
Lihue
NIIHAU
Waimea
Hana-
pepe
Poipu
OAHU
Laie
Haleiwa
Hauula
Kaena Point
Mokapu
Pearl City
Waimanalo
HONOLULU
MOLOKAI
Hoolehua
Halawa
Kepuhi
Blowhole
Garden of
the Gods
Lahaina
Kahului
MAUI
LANAI
Lanai City
Kihei
Maka-
wao
Nahiku
Hana
Molokini
KAHOOLAWE
PAZIFISCHER OZEAN
Hawi
Hikapoloa
Waipio
Honokaa
HAWAII
(Insel)
Waikui
Waimea
Laupahoehoe
Flughafen
Captain
Cook
HILO
Keaau
Volcanoes
Pahoa
Opihikao
Halemaumau
Crater
Kehena
Kealakekua Bay
National Park
Kaimu
Papa
Pahala
Kahuku
Naalehu
N
50 km
Route

Inhalt

1

Wäre ich doch nur schon in Amerika

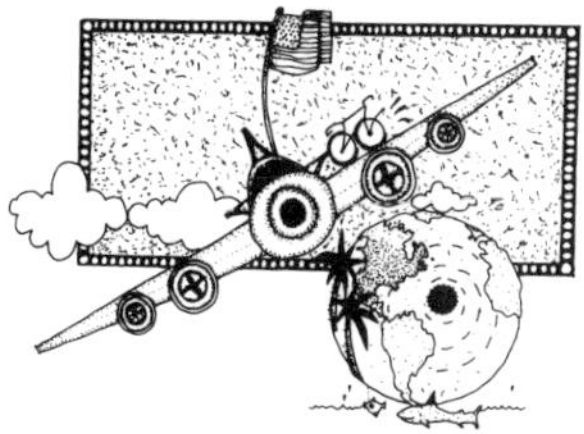

»Es ist besser, nichts zu wissen, als zu wissen, was nicht ist.«
(Amerikanisches Sprichwort)

Zwei Tage vor meiner geplanten Abreise nach Amerika überreichte mir mein Vater einen Zeitungsartikel, den er in seiner fürsorglichen Art aus dem Londoner *Evening Standard* geschnitten hatte:

> »ZAHL DER MORDOPFER IN DEN USA ERREICHT DIE 24000-MARKE
> Über 24000 US-Bürger fielen letztes Jahr einem Mord zum Opfer. Diese Zahlen sind die höchsten in der amerikanischen Geschichte. (...)
> Während andere Teile der Welt in diesem Jahr für US-Bürger sicherer wurden, stieg die Gefahr, im eigenen Land Opfer eines Verbrechens zu werden. (...)
> Ein Ende dieses blutigen Rekords ist nicht abzusehen. Man geht davon aus, dass die Zahlen in den nächsten Tagen, Monaten und Jahren weiter ansteigen werden. (...)«

Mein Vater hat schon immer gerne auf die Pauke gehauen, wenn ich auf Reisen ging.

Es ist keine besonders angenehme Erfahrung, 12 Stunden eingeklemmt zwischen zwei extrem übergewichtigen Amerikanern auf 35 000 Fuß Höhe zu verbringen.

Neben mir, in den Fensterplatz gezwängt, saß Todd, die braunen Haare mit Haargel eingekleistert, die Hose eng an den Schritt geschmiegt und die nackten Füße in Gucci-Tretern geparkt. Er unterhielt uns mit ständigem Niesen, Schniefgeräuschen und Keuchen, wobei er regelmäßig seine laufende rote Nase mit seinem Handrücken abwischte. Als unser fades Plastikmenü serviert wurde, bedeckte er meinen Wackelpudding im Zuge eines zwerchfellerschütternden Niesanfalls großflächig mit seinem Auswurf und pustete noch im gleichen Atemzug dem Vordermann das Toupet vom Kopf. Der Säugling auf dem Schoß des Toupet-tragenden Nachbarn sah sich veranlasst, seine Lungen zu testen, und setzte zu einem halbstündigen Brüllkonzert an, das eine Kettenreaktion auslöste, in deren Folge es ihm sämtliche Babys an Bord gleichtaten.

Untermalt von regelmäßigen Schnieflauten, erklärte Todd mir, dass er gerade nach Oakland zurückkehre, nachdem er sich vier Tage geschäftlich in London aufgehalten habe. Er »mache in« Immobilien und seine Leidenschaft gelte dem Golfspiel und gutem Essen.

Ben hingegen, zu meiner Linken untergebracht, erfreute sich eines noch üppigeren Leibesumfangs als Todd. »Sie nennen mich Big Ben«, scherzte er, als ich ihm meinen Wackelpudding anbot. Ich hatte meinen Appetit auf dieses köstliche Dessert nicht nur aufgrund von Todds eindrucksvoller Naseneruption verloren, sondern auch wegen des Kleidungsstils von Big Ben.

Seine stattliche Taille umspannte ein um einige Größen zu klein gewähltes Trevira-Hemd in Limonengrün. Die unteren Knöpfe waren aufgeplatzt und gaben den Blick auf einen Teil seines unappetitlich hervorquellenden talgweißen Schwabbelbauchs frei. Seine obszön knappen Shorts aus glänzendem Nylon spannten sich zum

Zerreißen über dem Unterleib. Ich fragte mich, warum jemand an einem kalten, grauen Januarmorgen in diesem Aufzug seine Abreise aus London antreten mochte.

Mein Reiseziel hieß San Francisco, aber um ein Haar wäre ich nicht weiter gekommen als bis zum Zoll. Einige Stunden zuvor hatte mein Handgepäck im Röntgengerät der Gepäckkontrolle für große Aufregung gesorgt. Fahndende Finger hatten in meiner Lenkertasche gewühlt und schließlich mein Hundeabschreckgerät herauszogen.

»Was ist das hier?«, fragte die Beamtin in anklagendem Ton.

»Das ist ein *Dog Dazer*«, erklärte ich zuvorkommend.

Sie bedachte mich mit einem Gestapo-Blick. Es war wohl besser, die Sache etwas genauer zu erklären.

»Das ist ein Abwehrgerät, mit dem ich Hunden eine Abfuhr erteilen kann. Wenn ich mit meinem Rad unterwegs bin und mich ein Hund verfolgt, drücke ich auf diesen Knopf, dann ertönt ein hoher Piepston, der ihr Gehör beeinträchtigt und sie hoffentlich von ihrem Vorhaben abhält.«

Sie beäugte mich argwöhnisch.

»Wozu brauchen Sie das hier?«

»Das ist Gewebeband. Damit befestige ich ein Expanderseil, das ich dann an meiner Lenkertasche festmache, um es so schnell zur Hand zu haben.«

Ich stellte mir vor, wie sich über ihrem Kopf eine Denkblase bildete, in der stand: potenzielle Bombenlegerin?

Ein Sicherheitsbeamter wurde zwecks eingehender Untersuchung meines *Dog Dazers* herbeigerufen. Er verschwand damit und überließ mich dem wachsamen Blick der Beamtin.

»Das Gerät ist harmlos, aber so etwas ist mir noch nicht untergekommen«, befand der Beamte schließlich. Ich aber machte mich hastig aus dem Staub, um meinen Flug noch zu erwischen.

Nachdem ich mich glücklich auf meinem Platz niedergelassen hatte, passierte jedoch lange Zeit gar nichts. Zwei Passagiere waren nicht erschienen, obwohl sich ihr Gepäck bereits an Bord befand, und so verging eine weitere ungeduldige Stunde, bis aus ein paar Hundert Koffern und Taschen endlich das herrenlose Gepäck herausgefischt war.

Todd bot mir ein paar Erdnüsse an und sagte: »Ich hoffe, sie bringen uns bald die Getränke – beruhigt die Nerven.«

Er fragte mich, wohin meine Reise gehe und was ich dort vorhabe. Ich erklärte ihm, dass ich nach Kalifornien unterwegs sei, um von dort an der Küste entlang bis nach Mexiko zu radeln. Er meinte, ich sei wohl verrückt.

Wenig später berichtete er mir von einigen Jungs in Los Angeles, die eine Kegelbahn für FKK-Anhänger eröffnet hätten.

»Dort ist alles möglich«, warnte er mich. »Seien Sie bloß vorsichtig.«

Am Flughafen empfing mich Elizabeth Bonney, eine elegante Frau, ehemalige Opernsängerin und Pensionsbesitzerin aus Neuseeland, die mich schwer an Kiri te Kanawa erinnerte. Sie ist eine Freundin meines Vaters, der sie vor einigen Jahren bei einer Geschäftsreise nach San Francisco kennengelernt hatte. Als er feststellen musste, dass alle Hotels am Ort aufgrund einer Bankentagung belegt waren, machte er sich auf die Suche nach einer Pension und stieß auf die von Elizabeth Bonney. Auf sein Klingeln reagierte jedoch niemand. Es wurde dunkel und spät und das wartende Taxi tat genau dies nicht und fuhr davon. Als er unschlüssig auf der Treppe vor dem Haus herumstand, öffnete sich plötzlich die Tür und Elizabeth Bonney stand da, in nichts weiter als ein Handtuch gehüllt. Mein Vater trat ein und damit war die Sache erledigt. Seitdem sind die beiden in Verbindung geblieben.

Am Tag meiner Ankunft hatte das Schicksal der Familie Bonney bereits übel mitgespielt: *Racing Car*, der Goldfisch, hatte das Zeitliche gesegnet. Sein Besitzer, der siebenjährige Mark Bonney, begrüßte mich schon auf der Türschwelle mit folgenden Worten: »Hi! *Racing Car* ist im Müll.«

Das riesige Haus lag in einem versteckten Winkel an der Nineteenth Avenue. Soeben eingezogen, waren die Bonneys schon wieder im Auszug begriffen, um den Bauarbeitern die Möglichkeit zu geben, in ihrem Haus Einzug zu halten und es komplett umzubauen. Ich bedauerte dies, denn ich mochte das Haus so, wie es war, und konnte mir mit wenig Fantasie vorstellen, dort glücklich und zufrieden meine Tage zu verbringen. Es gab eine helle, weiße Küche, beeindruckend ausladende Treppenaufgänge und einen Flügel, neben dem Elizabeth in perfekter Tonlage zu singen pflegte. Von den vorderen Fenstern aus konnte ich erste Blicke auf den Pazifik erhaschen. In dieser Nacht lag ich wach und lauschte dem vom Meer kommenden elegischen Klang der Nebelhörner.

2

Nette Plaudereien

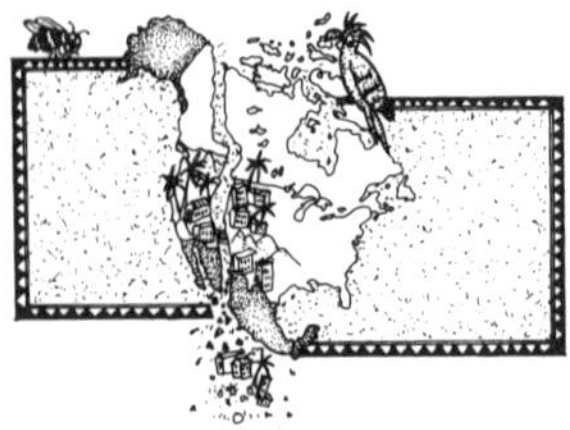

Ich dachte, mir könne nichts passieren, aber da war ich auf dem Holzweg. Ich hatte mir eingebildet, dass ich in einem Land, in dem Englisch die Muttersprache war, keine Verständigungsschwierigkeiten haben würde. Abgesehen davon, dass in Los Angeles alleine schon 97 verschiedene Sprachen gesprochen werden, konnte ich in Polen mit meinem geradebrechten Polnisch beinahe mehr Konversationserfolge erzielen als mit meinem Englisch in Amerika.

An einer *Exxon*-Tankstelle fragte ich den Tankwart, ob ich bei ihm mein Wasser auffüllen dürfe.

»Waaas wolln Sie auffüllen?«, fragte er.

Darauf ich: »Wasser, bitte.«

»Wahßer? Die Marke kenn ich nich«, stellte er fest. »Wir ham nur, was da in den Pumpen ist.«

»Ich rede nicht von Kraftstoffmarken.« Bei diesem Wort huschte abermals ein Ausdruck von Unverständnis über das Gesicht des Tankwarts.

»Pass ma auf, Kindchen«, sagte er und spuckte einen gut durchgekauten neongrünen Kaugummibatzen auf den Boden. »Wenn de Benzin willst, nimm's dir einfach. Alles paletti?«

»Nein«, erwiderte ich. »Ich will kein Benzin. Ich bin mit dem Fahrrad unterwegs. Ich brauche etwas Wasser zum Trinken. Ihre Toiletten sind abgeschlossen, also wollte ich gerne wissen, wo Sie vielleicht einen Hahn haben, an dem ich meine Flasche auffüllen könnte.«

»Hast du 'ne Schraube locker oder was?« Er stopfte sich noch ein neongrünes Kaugummi in den Mund und machte Kaubewegungen wie eine Kuh. Ich steckte bereits bis zum Hals im Schlamassel. Ich hatte keine Ahnung, dass man in Amerika einen Wasserhahn als *faucet* bezeichnet und nicht als *tap*, wie es in meiner Heimat Großbritannien üblich ist. Ich startete noch einen letzten Versuch.

»Ich habe großen Durst und bräuchte etwas von dieser klaren Flüssigkeit, die man umsonst aus der Leitung bekommt«, erklärte ich.

»Du willst Wasser, hab ich recht? Meine Güte, Kindchen, warum haste das nich gleich gesagt?«

An diesem Nachmittag machte ich an einem *Safeway*-Supermarkt in Santa Rosa halt und stieß auf weitere Kommunikationsprobleme.

»Papier oder Plastik?«, fragte mich die junge Kassiererin mit einem aufgesetzt freundlichen Lächeln.

Ich warf einen Blick in meine Geldbörse und antwortete: »Hmmm, ich glaube ich habe genug Kleingeld.«

Sowohl das Mädel an der Kasse als auch der Herr hinter mir brachen in schallendes Gelächter aus.

Mit Papier meinte die Kassiererin nicht etwa Banknoten, sondern eine stabile braune Papiertüte, und mit Plastik bezeichnete sie keine Kreditkarte sondern eine Kunststofftragetasche der Supermarktkette. Egal, ob Papier oder Plastik, man packt seine Tüten nicht selbst. Das erledigt stets ein Packer und wehe dem, der dabei helfen und seine Sachen selber verstauen möchte. Das mögen sie überhaupt nicht. Genauer gesagt, sie hassen es regelrecht und manche können trotz stoischen Zahnpastalächelns sogar ein wenig fuchtig werden. Ein einziges Mal habe ich versucht zu helfen, weil ich nicht untätig herumstehen und dabei zusehen wollte, wie der Packer die empfindlichen Waren zuunterst verstaut und die schweren Dinge darauf packt. Ich wollte meine Bananen davor retten, zu Matsch zu werden, und gleichzeitig die ganze Angelegenheit etwas beschleunigen. Aber seit ich am eigenen Leib erfahren musste, wie sich schlechte Schwingungen vom Packer auf den Kunden übertragen, habe ich es nie wieder gewagt, mich einzumischen.

Ich ließ Santa Rosa hinter mir und fragte mich langsam, wo ich wohl in dieser Nacht mein Zelt aufschlagen würde. Ein plötzlich auftauchendes weißes Auto zog in einer unsteten Zickzackbewegung an mir vorbei, drängte mich dabei fast in den Graben und kam dann auf dem Seitenstreifen zum Stehen. Mit strahlendem Lächeln sprang eine ältere Dame aus dem Wagen und trottete auf dem Seitenstreifen auf mich zu. Dass sie vor ein paar Minuten fast einen Unfall verursacht hatte, schien ihr entgangen zu sein.

»Hey, wo kommen Sie denn her?«, fragte sie aufgeregt und fuhr dann gleich fort, ohne meine Antwort abzuwarten. »Wissen Sie, wir sind nämlich auch Radsportler. Wir haben *Curly-Hetchins*-Räder, in Großbritannien hergestellt. Ich bin Grace und« – dabei zeigte sie mit dem Finger auf den unberechenbaren Fahrer – »das da ist Ernie, mein Mann.«

»Hallöchen!«, rief er.

»Möchten Sie vielleicht duschen oder etwas essen?«, fragte Grace. »Wir wissen, wie es ist, wenn man unterwegs ist. Stimmt's, Ernie?«

»Ganz genau, Gracie«, ertönte eine Stimme aus dem Wageninneren.

Ich wollte gerade etwas sagen, da warf Grace ein: »Kommen Sie doch einfach bei uns vorbei. Sie können auch bei uns übernachten – wir wohnen gleich in der Nähe, in Sebastopol. Hab ich recht, Ernie?«

»Hast du, Gracie. Gar nicht weit von hier. Ganz in der Nähe.«

Grace schrieb mir schnell ihre Adresse auf.

»Wir setzen schon mal Tee auf«, sagte sie. »Wenn's Probleme gibt, einfach anrufen!«

Damit setzten Ernie und sie ihre Fahrt in Schlangenlinien fort.

Als ich eine halbe Stunde später bei ihnen auftauchte, begrüßte Grace mich wie eine verlorene Tochter und bedachte mich mit einer derart innigen Umarmung, dass mir für einen Augenblick die Luft wegblieb. Ernie war nicht da.

»Er ist mit seinem Fahrrad losgefahren, um nach Ihnen zu suchen. Er hat befürchtet, dass Sie unser Haus nicht finden.«

Ich musste Ernie verpasst haben, als ich an einer Gärtnerei hielt, um Grace einen Strauß Blumen zu kaufen. Die junge Blumenverkäuferin mit der Figur eines Panzers und einem Nacken, dessen einzelne Fettschichten wie bei einer Ziehharmonika mit Cellulitis übereinanderlagen, trug ein T-Shirt mit der Aufschrift: »Halb-Vegetarier«. Als sie erfuhr, dass ich alleine mit dem Fahrrad durch Kalifornien unterwegs war, sagte sie: »Hey, find ich klasse, aber du hast irgendwie 'ne Macke, oder?«

Ich wollte gerade mit meinem Blumenstrauß von dannen ziehen, da landete ein riesiger türkisfarbener Papagei auf der Kasse und quäkte: »Dan Quayle – mach endlich Ernst!«

Ernie kehrte von seiner fruchtlosen Suche zurück, als Grace mir gerade eine Führung durch ihren kleinen Bungalow angedeihen ließ. Vor vierzig Jahren hatte ihr Vater mit dem unstrukturierten Bau begonnen und je nach Kassenlage und Terminplan hier und da kleinere Anbauten hinzugefügt. Das Haus bestand aus schiefen Winkeln, schrägen Wänden und nicht ganz passenden Türen – ein Heim mit Charakter also. Die Heizung verbreitete ihre Wärme durch einen Schlitz in der Mitte des Wohnzimmerbodens. Grace stand oft darüber und genoss den warmen Luftzug unter ihrem Rock. Sie trat nur dann zur Seite, wenn Ernie ihr sagte, dass sie anfange, verbrannt zu riechen.

Ernie und Grace waren Quäker. Vor dem Essen, das aus Nudelsuppe, Toast und Käse bestand, ergriffen die beiden meine Hände und senkten ihre Köpfe, um einen Moment in nachdenklicher Stille zu verharren. Mein plötzlicher Niesanfall setzte jeglicher religiösen Atmosphäre allerdings ein lautstarkes, jähes Ende.

Grace berichtete vom Erdbeben im Oktober 1989.

»Das konnte man in ganz Kalifornien spüren«, sagte sie. »Ich war gerade mit meinem Fahrrad unterwegs zum Lebensmittelladen, da dachte ich bei mir, hm, mir ist irgendwie schwindelig, denn ich konnte auf einmal nicht mehr geradeaus fahren. Es dauerte eine Weile, bis mir klar wurde, dass der Boden schwankte und merkwürdig taumelte und nicht ich. Dann bin ich vom Fahrrad gefallen und habe mir den Arm verletzt. Aber ich gehöre zu denen, die noch glimpflich davongekommen sind.«

»War das größte Beben seit 1906«, sagte Ernie. »Tja, hat 62 Leute das Leben gekostet, das Beben. Und wissen Sie was? Darüber, dass das *World-Series*-Spiel zwischen den *Giants* und den *Oakland A's* unterbrochen wurde, haben sich mehr Leute aufgeregt als darüber, dass ein Teil der *Bay Bridge* mitten im Hauptverkehr einbrach.«

Ich fragte ihn, ob er eine bestimmte Methode kenne, die sich zum Überleben eines Erdbebens besonders bewährt habe.

»Tja«, machte Ernie. »Man stellt sich am besten unter einen Türrahmen oder sucht unter einem schweren Tisch Schutz. Und dann fängt man am besten an zu beten.«

Sie erklärten mir, dass das Seismologische Forschungszentrum der *University of California* in Berkeley eine spezielle Hotline eingerichtet habe, die sich *Dial-a-Quake* nenne und bei der man rund um die Uhr anrufen könne, um zu erfahren, ob es in der Gegend oder irgendwo sonst auf der Erde gerumpelt hat.

Ernie kicherte: »Die behaupten, sie könnten herausfinden, ob es ein Beben war oder nur ein großer Laster, der irgendwo vorbeigedonnert ist.«

Wie sich zeigen sollte, kam ich später tatsächlich in den Genuss eines »Erdbebens«, das ich eigentlich recht amüsant fand. Zu dem Zeitpunkt, als die Erde bebte, befand ich mich in einem Museum in San Francisco, das eine Ausstellung zum Thema Erdbeben zeigte. Ich stand zusammen mit einer Truppe feixender Schulkinder auf einer Plattform und wartete gespannt darauf, von einem Simulator stimuliert zu werden. Dann wurden Hebel bewegt, es rumpelte, rumorte und schließlich stürzten ganze Gebäude um uns herum ein. Die Leute lachten. Scheinbar stehen Amerikaner auf solche Sachen.

An diesem Abend ließen mich Ernie und Grace allein. Sie entschuldigten sich wortreich dafür, dass sie einer Quäker-Versammlung beiwohnen mussten. Die Mutter von Grace war kürzlich im Alter von 97 Jahren gestorben und ich durfte ihr Zimmer benutzen. Sie schalteten mir das Fernsehgerät ein, ermahnten mich, die Tür gut abzuschließen und empfahlen mir, mich ganz wie zu Hause zu fühlen. Das tat ich dann auch.

Ich brachte den Abend damit zu, mir alte Ausgaben des *National Geographic* zu Gemüte zu führen, und war bass erstaunt, wie schnell die Opfer von Schnappkieferameisen sterben und über dergleichen Dinge mehr. Der Fernseher flackerte im Hintergrund, aber ein Bericht über die königliche Familie riss mich aus einem Artikel über den »Tanz der elektronischen Biene«. Ein schmieriger Kommentator säuselte: »Die wunderschöne Diana liefert uns ein perfektes Beispiel dafür, wie sich eine erfüllte Mutterrolle mit liebevoller Unabhängigkeit verbinden lässt. Wie liebenswert sie doch ist!«

Das war zu viel für mich. Ich ging ins Bett.

Eigentlich war ich nach Kalifornien gekommen, um von dort aus gen Süden Richtung Mexiko zu radeln. Stattdessen bewegte ich mich aber nach Norden in Richtung Alaska. Das lag zum größten Teil daran, dass die meisten Leute, die ich traf, mir weismachen wollten, ich würde sterben, sobald ich Mexiko betrat. Dort sei es rau und zügellos, behaupteten sie, Vergewaltigungen, Raubüberfälle und Morde seien an der Tagesordnung. Mexiko sei kein Ort für ein Mädel, das ohne Begleitung reist. Ich vermute mal, dass es sich hier um den üblichen Humbug handelt, den die Leute so von sich geben, wenn sie über fremde Länder reden, also Geschichten, die sie vom Hörensagen kennen oder den Schlagzeilen entnommen haben, denn es ist ja meist das Unbekannte, das die größten Ängste auslöst. Als ich, den Ratschlägen folgend, meine Richtung geändert hatte und nach Alaska aufbrach, erzählte man mir Schauergeschichten über die Angriffe der Grizzlybären und von mordlustigen Trinkern. Doch als ich kundtat, dann eben einfach in Kalifornien bleiben zu wollen, klärte man mich darüber auf, dass es in diesem Staat von Durchgeknallten und Psychopathen nur so wimmele.

So beschrieb meine Route eine große Acht: gerade noch wild entschlossen, gen Mexiko aufzubrechen und mich persönlich von den Dingen zu überzeugen, bekam ich im nächsten Augenblick kalte Füße, machte eine Kehrtwende und beschloss stattdessen, nach Norden ins Land der Bären zu radeln.

Diese Reise war die erste seit meiner gefährlichen Begegnung mit einem Verrückten in Bulgarien, der versucht hatte, mich um die

Ecke zu bringen, und dies auch fast geschafft hatte. Es hatte mich damals ganz schön aus der Fassung gebracht und jetzt musste ich feststellen, dass dieses Erlebnis stärker nachwirkte, als ich erwartet hatte. In den ersten Nächten, in denen ich in Kalifornien wild zeltete, schrak ich aus tiefstem Schlaf hoch, war plötzlich hellwach und fühlte mich zurückversetzt in das Höllenloch. Dann erinnerte ich mich wieder an all das, was mir dort widerfahren war, malte mir all die Dinge aus, die mir noch passieren könnten, und am Ende lief mir dann vor Angst ein eiskalter Schauer über den Rücken.

Am Morgen kehrte mit zunehmendem Tageslicht auch meine Zuversicht zurück, ich gähnte, reckte und streckte mich, aß mein Frühstück, rollte mein Zelt zusammen und machte mich mit frischer Energie wieder auf den Weg.

Ich machte eine Kehrtwende und radelte erneut in Richtung San Francisco. Meine Entscheidung war gefallen: Die Reise ging nach Süden.

3
Land der Chemieempfindlichen

Als ich an meinem Ziel, einer Jugendherberge im *Point Reyes National Park* ankam, versank die Sonne gerade langsam im Pazifik und ließ den Himmel in allen Farben unter und über der Sonne erstrahlen. Bob, der Herbergsvater, war dabei, drinnen den Holzofen zu befeuern. Bis auf die eiskalten Schlafzimmer glich die Herberge einer gemütlichen Holzhütte.

Nachdem ich Bob 8 Dollar gezahlt hatte, zeigte er mir die blitzblanke Küche und erklärte mir die Regeln. Es gab ein Spülbecken, in dem man sein Geschirr waschen konnte, ein weiteres zum Abbrausen des Geschirrs und ein drittes, um es zu sterilisieren. Es gab ein ganzes Sortiment von Mülleimern: einen für Kunststoff, einen für Dosen, einen dritten für Papier, einen vierten für Biomüll, einen weiteren für Glas und einen letzten für Restmüll.

»Und pass auf, dass du den Müll auch richtig trennst. Wir legen Wert darauf, dass alles richtig gemacht wird. In der Früh bekommst du eine Aufgabe zugeteilt, also komm am besten zu mir an die Rezeption und sage: »Bob, gib mir einen Job.«

Die Jugendherberge war praktisch leer. Ich hatte lediglich einen kurzen Blick auf ein dünnes, verloren wirkendes Mädchen erhascht, das dann aber flugs hinter der Tür zu den Toiletten verschwand und nicht mehr auftauchte. Gegen 21 Uhr hörte man aus der Ferne ein dumpfes Grollen und kurz darauf fuhr ein Motorrad vors Haus. Herein spazierte Jan, ein verfroren dreinschauender Holländer Mitte zwanzig. Seine Haare hatten die Farbe von Hobelspänen. Während er vor dem Holzofen auftaute, erzählte er mir, er sei Medizinstudent und habe die letzten paar Wochen auf einer Yamaha 850, in New York von ihm erworben, ganz Amerika erkundet. Nach unserem kurzen Plausch gingen wir für einen raschen Spaziergang auf den Hügel hinter der Herberge hinaus in die kalte Januarnacht.

Der Vollmond schien hell und als ich in den Sternenhimmel blickte, konnte ich hören, wie sich in der Ferne die riesigen Wellen des Pazifiks an der menschenleeren Küste krachend brachen. Die mir unbekannten Geräusche der Wildnis drangen durch die Nacht, von den schwankenden Schatten der Bäume her ertönte ein Kreischen, dann ein Scharren.

Ich fragte mich, ob hier vielleicht ein paar Berglöwen auf der Lauer lagen, denn Bob hatte mir erzählt, dass noch viele dieser Tiere durch den Park streiften, aber selten Menschen angriffen. Unterschiedliche Jägergenerationen haben diesen Wildkatzen verschiedene Namen gegeben und so sind sie als Puma, Panther, Kuguar, Silberlöwe und unter anderen Bezeichnungen bekannt. Im Gegensatz zu Löwen und Tigern können Berglöwen allerdings nicht brüllen. Sie schnurren und gelegentlich machen sie heulende Geräusche, die sich anhören wie die Schreie einer Frau.

Bob war allerdings herausgerutscht, dass erst kürzlich zwei Menschen von Berglöwen getötet worden waren: ein fünfjähriger Junge in Montana und ein 18-Jähriger in Colorado, der beim Joggen auf einem einsamen Feldweg ums Leben gekommen war.

Jan wollte noch zu einer mitternächtlichen Wanderung an das aufgepeitschte Meer aufbrechen, aber ich hatte keine Lust. Plötzlich überkam mich ein ängstliches Kribbeln. Ich fragte mich, warum ich mich in einem Land, in dem es von Wildkatzen und verrückten, psychopathischen Mördern wimmelte, auf einem dunklen, bedrohlichen und schattenreichen kalifornischen Hügel mit einem holländischen Motorradfahrer herumtrieb.

Ein Klagelaut, der dem Schrei einer Frau glich, zerschnitt die nächtliche Stille und jagte mir eiskalte Schauer über den Rücken. Ich machte kehrt und flüchtete in Richtung des fernen Lichtscheins der Herberge, die schweren Schritte von Jans Motorradstiefel dicht hinter mir. Ich rannte und rannte, hatte Angst, dass etwas Schreckliches passieren könnte, vor meinen Lippen dampfte der Atem.

Mit einem Krachen stieß ich die Tür zur Herberge auf und blinzelte unvermittelt in das beruhigende Licht des Gemeinschaftsraums. Als Jan hinter mir hereinkam, keuchend und mit vor Kälte geröteten Wangen, brachen wir beide erleichtert in atemloses Gelächter aus. Kalifornien stellte schon merkwürdige Dinge mit mir an.

Am nächsten Morgen bemerkte ich eine Frau, die wohl in der Nacht angekommen sein musste. Ihr Haar war borstig wie eine Toilettenbürste und sie trug einen Pottschnitt. Ihre Brillengläser waren groß wie Teller. Über ihrem üppigen Busen spannte sich ein T-Shirt mit der Aufschrift »Wenn Gott dein Copilot ist, dann tauscht den Platz«.

Während ich die Dusche putzte (die mir zugeteilte Aufgabe) und ein unappetitliches Büschel Haare aus dem Abfluss entfernte, erzählte sie mir, ihr Mann sei vor kurzem von einem Lastwagen überfahren worden. Der Laster sei einfach über ihn hinweggerollt, als er gerade auf dem Trottoir (oder Fußweg für Leute wie dich und mich) stand. Der Fahrer, bei derselben Firma tätig wie der verstorbene Ehemann, habe einmal zu dessen Freundeskreis gehört, aber »die beiden hatten sich nichts mehr zu sagen, denn mein Mann hat ihn wegen Alkohols am Steuer angezeigt. Er war betrunken, als er Jeff totfuhr.«

Ich legte an diesem Tag auf meinen Wegen durch das Berglöwen-Revier und entlang des langen, menschenleeren Strands von Limantour 24 Kilometer zurück. Es war kühl, aber die Luft war klar und die tosende Pazifikbrandung krachte an den kargen Strand mit seinem dichten, harten Sand.

Ich saß auf einer Düne am Zipfel von Limantour Spit und verspeiste Bananen-Honig-Sandwiches in harmonischem Einklang mit meinen Nachbarn, einem Rudel schnarchender Seehunde, die sich auf einer Sandbank in der Sonne aalten. Bob hatte mir ausführlich über die Tierarten berichtet, denen ich unter Umständen begegnen würde, und mir dazu Fotokopien mit einer genaueren Beschreibung überreicht. Mit dem Gefühl, auf einem Biologie-Wandertag mit meiner Schulklasse zu sein, las ich Folgendes: »Der gemeine Seehund unterscheidet sich von anderen Robben- und Seelöwenarten durch sein dunkles und leicht gesprenkeltes Fell sowie durch die fehlenden äußeren Ohrenschützer.« Ich glaube, er meinte »äußerlich sichtbare Ohrlappen«.

Auf diesen Ausflug bestens vorbereitet, hatte ich mir ein Mini-Fernglas zugelegt, mit dem ich nun (wie ein echter Vogelkenner) einem braun gefiederten Pelikan-Pärchen (oder *pelies*, wie Bob sie nannte) beim Putzen zusah. Es war das erste Mal, dass ich Vögel beobachtete, aber ausgestattet mit meinem Fernglas nebst aus der Herberge entliehenem Vogelbuch entpuppte sich diese Aktivität als überraschend unterhaltsam. Langsam begann ich, ein wenig (und die Betonung liegt auf »wenig«) Verständnis für die merkwürdige Spezies der Anorak tragenden Vogelzugbeobachter aufzubringen. Mit Besorgnis erregendem Eifer begann auch ich, alles zu identifizieren und in meinem Notizheft zu notieren. Was noch fehlte, war eine Thermoskanne, ein in Pergamentpapier gewickeltes Leberwurstbrot und … tja, ein oder zwei Vogelzüge.

An diesem Nachmittag bin ich ziemlich oft auf meinem Bauch herumgerobbt, um mich langsam an ahnungslose gefiederte Exemplare anzupirschen, die eifrig, hinter sich im Winde wiegenden Grasbüscheln verborgen, ihr Federkleid putzten. Ich setzte meine Häkchen hinter Halsringente, Meeressänger, Gürtelfischer, Mangoeis, Verzeihung, ich meinte natürlich Mangrovenreiher, Kreuzschnabel, Kappensäger, Sperling, Trauerente und Gänsegeier. Der Wanderfalke blieb mir leider verborgen, nicht so jedoch der wandernde hüllenlose Flitzer. Ich hielt gerade mein Fernglas auf ein nicht identifizierbares fliegendes und gefiedertes Objekt, da kam mir zu meinem großen Entsetzen ein frontal entblößter Sittenstrolch ins Visier, der aufrecht in der Ferne auf einer Düne stand. Er starrte wie gebannt in meine Richtung. Ich zögerte nicht lange, ließ mein Fernglas fallen, sammelte meine Bücher ein und machte mich aus dem Staub. Perverslinge, saublöde …

An diesem Abend gab es in unserer Herberge einige Neuzugänge. Mary-Lu war aus New York eingeflogen, um ihren schwer an Billy Idol erinnernden Sohn zu treffen, einen Schauspieler »aus Frisco«. Beide nutzten den Aufenthalt im *Point Reyes National Park*, »um der Hektik des Alltags zu entfliehen, Mann« und überall in der Herberge konnte man hören, wie Billy mit überlauter Stimme ankündigte, dass er kurz davor stehe, »ganz groß rauszukommen«.

Am merkwürdigsten aber war meine Zimmergenossin Lorraine, eine ältliche Frau mit Silberblick und einem Busch verfilzter lilagrauer Haare, die unter mir im Stockbett schlief. Obgleich es in der Nacht eiskalt war, rannte sie immerzu herum und riss Fenster und Türen auf, damit »der Geist gereinigt wird«, wie sie sich ausdrückte.

Ich habe ja nichts gegen ein bisschen frische Luft, aber gleich eine steife Brise durchs Zimmer wehen zu lassen, bis einem sämtliche Glieder erfrieren, finde ich ein wenig übertrieben. Doch Lorraine ließ da nicht mit sich reden.

»Ich bin äußerst chemieempfindlich«, ließ sie mich wissen. »Reagiere allergisch auf all diese grauenvollen Dinge, die wir um uns herum erschaffen haben. Ich habe mein Haus in Los Angeles verkauft und wohne jetzt in meinem Auto, damit ich der Verschmutzung der Erde entkommen kann. Ich lebe, um loszulassen – und lege mein Schicksal in Gottes Hände. Das ist die schwerste Aufgabe meines Lebens.«

Als ich vor dem *Epicenter Store* in Olema stand, fiel mir folgender Aushang ins Auge:

»WORKSHOP ›WUT BEI FRAUEN‹
Situation: Nette Mädchen WERDEN AUCH MAL WÜTEND, haben aber nie gelernt, wie sie dieses undamenhafte und unattraktive Gefühl wirkungsvoll ausdrücken können.

Rufen Sie JETZT Nancy Pratt (ausgebildete Lebensberaterin) an und lernen Sie, diesen Gefühle Luft zu machen.«

Ein verbeulter roter Mustang fuhr schwungvoll auf den Parkplatz. Aus dem parkenden Auto stieg eine dralle Frau, die fast aus ihren eng anliegenden rosa Lurexleggings platzte. Sie zerrte eine unglücklich dreinblickende Töle mit sich in den Lebensmittelladen und kam kurz darauf mit einer *Diet Coke* und einer Riesenportion Eis in der Hand wieder heraus. Sie leckte einmal daran, stolperte dann aber über die Hundeleine und ließ ihre Eistüte in den Rinnstein fallen.

»Ach, Scheiße!«, kreischte sie. »Du nutzloser Köter, jetzt schau, was du angerichtet hast. Soll ich dir die Gurgel umdrehen? Mein Gott!«

Sie warf den Hund auf den Rücksitz des Mustangs. Am Heck klebte ein Sticker mit der Aufschrift: »Zicken dieser Welt, vereinigt euch!« Dann brauste sie davon. Ob sie vielleicht gerade einen Kurs bei Nancy Pratt absolviert hatte?

Am Stinson Beach bog ich auf einen Trampelpfad und erklomm den Mount Tamalpais. An diesem Ort hatten Leute wie Charley Kelly, Gary Fisher und Joe Breeze 1970 das Mountainbike erfunden, als sie mit ihren frisierten Cruisern den Berg heruntergerast waren. Mittlerweile ist dort ein solcher Tummelplatz für Zweirad-Raser entstanden, dass Ranger mit Radarpistolen alle Radfahrer, die sich nicht an die Geschwindigkeitsbegrenzung von 25 km/h halten, mit 200 Dollar abkassieren.

Oben angekommen, traf ich auf einen Ranger, der mich mit seinem breitkrempigen Hut und Kniebundhosen schwer an Yogi Bär aus der gleichnamigen Trickfilmserie erinnerte. Als er erfuhr, dass ich in Richtung Mexiko unterwegs war, sagte er: »Hey, Kindchen, wenn du da hinfährst, werden sie dich ausnehmen wie 'ne Weihnachtsgans.«

Auf meinem Pfad rumpelte ich weiter durch die öde Wildnis, auf der einen Seite lagen von Nebelschwaden durchzogene, dicht bewaldete Täler und auf der anderen sanfte, ockerfarbene Hügel, die sich bis zum Pazifik hinunterzogen. Ich dachte so bei mir, dass es fantastisch sein müsste, in San Francisco zu leben. In nur wenigen Minuten hatte man die Golden-Gate-Brücke überquert und war in der vom Meer umspülten, rauen Wildnis des Marin-Gebirges gelandet.

Auf meinem Weg durch Sausalito radelte ich an Hausbooten vorbei (mehr Haus als Boot) und traf auf Boe, einen überschwänglichen schwarzen Küchenchef auf einem Chopper, der bis über beide

Ohren grinste und dabei seine perlweißen Zähne blitzen ließ. Er bot an, mir den Radweg zur Brücke zu zeigen, und so legten wir einen Teil des Weges gemeinsam zurück.

Wenn Boe nicht in seinem Café arbeitete (in dem wir Rast machten, um etwas zu trinken), tanzte er und schrieb Bücher über Tänze und deren Verbindung zur Astrologie.

»Weißt du, wir haben uns alle so weit von unseren Urinstinkten entfernt«, sagte er, »und kosmische Tänze helfen uns dabei, unser Leben wieder neu auszurichten. Ich glaube, sie stellen eine Verbindung zu einer Art unterbewusster Wildheit her«. Dann blitzte er mich erneut mit seinem strahlenden, manischen Lächeln an.

Ich fuhr langsam und genüsslich über die Brücke, dieses weltberühmte, 2737 Meter lange und 67 Meter über dem Meeresspiegel aufragende Wahrzeichen. Die untergehende Sonne ließ die Träger der Brücke in flammendem Rot erstrahlen und ich hielt immer wieder an, um über das Brückengeländer tief hinunter in die aufgewühlten Fluten zu schauen – Fluten, die dafür berüchtigt waren, jeden Gefangenen des ehemaligen Gefängnisses von Alcatraz beim Versuch, hinüber zum Festland zu schwimmen, mit sich zu reißen.

Auf halbem Wege über die Brücke stieg ich noch einmal ab, schaute über die Brüstung und stellte mir vor, wie es wohl sein würde, hinunterzuspringen und Selbstmord zu begehen. Nicht sehr witzig, beschloss ich. Ein Kiffer mit einer Axt tauchte neben mir auf.

»Hey, *Babe*«, sagte er, »denk erst drüber nach. Lange und gründlich.«

Er habe mal einen Typen getroffen, der hierher gekommen sei, um sich umzubringen. Er sei auf die Brüstung geklettert. »Und weißt du was?«, fragte mich der Mann mit der Axt. »Er erzählte mir, dass er gerade in dem Moment, in dem er losließ, dieses Scheißgefühl bekommen habe, einen Fehler gemacht zu haben. Er wollte leben und nicht sterben.«

»Woher willst du das wissen?«, fragte ich misstrauisch, »wenn er doch tot ist?«

»Weil er überlebt hat. Ziemlich cool, oder? Der alte Junge hatte echt Dusel. Er hat überlebt und wurde von einem Segelschiff rausgefischt. Er war zwar komplett am Arsch, aber aus ihm ist ein ganz neuer Mensch geworden.«

Nur mit einem grünen OP-Hemdchen bekleidet lag ich rücklings auf einer Liege, so schmal und hart wie ein Brett aus Sperrholz. Ich wartete nämlich in einem chiropraktischen Zentrum in der Nähe von Nob Hill darauf, dass man mir meinen Rücken wieder einrenkte. Einige Tage zuvor hatte ich mir beim Versuch, ein fest verschlossenes Schiebefenster zu öffnen, die Schulter verrenkt. Als Folge konnte ich meinen Hals nicht weiter als um 45 Grad nach rechts oder links drehen, was das Radfahren gefährlich und ausgesprochen schmerzhaft machte.

Bevor ich in dieser misslichen Lage auf dem Behandlungstisch gelandet war, hatte man mir ein Video über die »Techniken der Chiropraktik und angewandte Kinesiologie« gezeigt, das in seiner Präsentation eher an eine Mischung aus *Raumschiff Enterprise* und *Das Zauberkarussell* erinnerte als an medizinische Aufklärung. Der Film war Science Fiction mit Raumschiffatmosphäre, abgefahrenen, hüpfenden Gebilden und kosmischen Gestalten. Daher hatte ich nicht viel Vertrauen in die Dinge, die mich erwarteten, doch als ich erfuhr, dass der Doktor, der bereits in Startposition bereitstand, um mir eine knochenbrecherische »Behandlung« angedeihen zu lassen, mit Namen Dr. Schmärzlich hieß, war das letzte bisschen dahin.

An der Wandleuchtplatte hingen zwei Röntgenbilder meiner Wirbelsäule, die ich sehr eindrucksvoll fand. Aber Dr. Schmärzlich war da anderer Meinung.

»Sie besitzen die Wirbelsäule einer Sechzigjährigen«, sagte er aufmunternd. »Ich würde sagen, wir müssten Sie mindestens ein Jahr lang betreuen, um Sie wieder auf Vordermann zu bringen.«

»Ich habe nur Zeit für eine Behandlung«, klärte ich ihn auf. »Also tun Sie, was Sie können.«

Das war ein Fehler. Ich hätte auf der Stelle das Weite suchen sollen. Ich hatte das Gefühl, Dr. Schmärzlich komprimierte ein Jahr auf eine halbe Stunde und ließ jeden meiner Knochen unter der geballten Kraft einer ganzen Jahresbehandlung erbeben. Mein Körper wurde in jede erdenkliche Position gedreht und Dr. Schmärzlich befahl mir stets, mich zu »entspannen«, als ob so etwas überhaupt möglich wäre, wenn einem gerade das linke Bein schmerzhaft um den Hals geschlungen wird. Er nahm meinen Kopf mit seinen Händen in den Schraubstock und drehte ihn um 180 Grad, riss ihn dann unter heftigem Knacken nach oben, bis ich das Gefühl hatte, er würde sich gleich aus seinen Angeln lösen und in den Händen des Arztes verbleiben. So sollte eine Heilbehandlung aussehen?

Eine Stunde später stolperte ich, ein schlotterndes Knochengerüst als Körper, aus der Schmärzlichen Praxis und dachte nur eines: Praxis. Er hatte mich wohl als Versuchskaninchen missbraucht, um an mir seine nicht sehr sanften Methoden auszuprobieren. Ich fühlte mich fit für die Notaufnahme des nächstgelegenen Krankenhauses. Eine agile Achtzigjährige half mir in den Bus, Gott segne sie, und als ich wieder bei den Bonneys war, konnte ich gerade noch zusammenbrechen.

Am nächsten Tag ging es mir besser. Einfach so. Ich hatte meine Meinung geändert. Die Behandlung des Dr. Schmärzlich hatte sich bezahlt gemacht und ich stieg wieder in die Pedale, immer Richtung *Pacific Coast Highway*.

4
Wirf mir mal ein Bud rüber

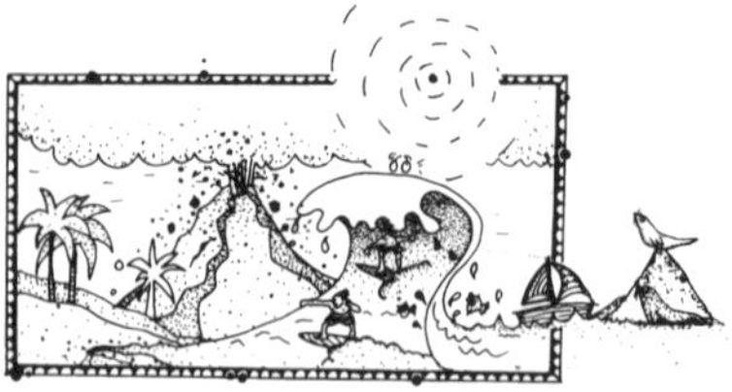

In Half Moon Bay angekommen, zeltete ich neben einem zwölf Meter langen Wohnmobil, das mich schwer an einen Weltraumtorpedo erinnerte. Der Besitzer schlenderte zu mir herüber. »Hey, wissen Sie was? Sie schlafen in der Kürbis-Hauptstadt der Welt!«, klärte er mich auf.

Meine Armbanduhr stand auf 6.10 Uhr. Ich war soeben schlaftrunken aus meinem Zelt gekrochen und fand, dass dies doch ein recht ungewöhnlicher Morgengruß war.

»Das is so! Ganz bestimmt!«, fuhr er mit einem für diese frühe Stunde übertriebenen Enthusiasmus fort. »Und ich sach Ihnen noch was. Heute ist der Gedenktag für Martin Luther King und da werden Sie mich nich auf irgend'ner Straße antreffen.« Um diese Bemerkungen erleichtert, watschelte er, zufrieden vor sich hinmurmelnd, in Richtung Sanitäranlagen.

Am nächsten Morgen, um 5.52 Uhr, wurde ich ein weiteres Mal auf ungewöhnliche Weise geweckt. Ich schlief in der *Santa Cruz* AYH Herberge (»KEINE KOSTENERSTATTUNG«) in einem Zweibettzimmer über einer jungen Holländerin im Stockbett, als eine schrille Roboterstimme von der Straße an mein Ohr drang und mich unsanft aus meinen Träumen riss. »Bleiben Sie stehen ... Ich warne Sie ... Bleiben Sie stehen ... Sie kommen mir zu nahe ... Ich wiederhole ... zu nahe ...«

Dann ertönte inmitten der Kakofonie der gellenden Alarmsirenen eine monoton-metallisch vorgebrachte Anklage: »Man hat mich angefasst ... Man hat mich angefasst ... Man hat mich angefasst ...

So hörten sich also Autoalarmanlagen in Santa Cruz an.

»Santa Cruz is zum Cruisen«, teilte mir der hippe Typ in einem T-Shirt mit der Aufschrift *»Kiss My Ass«* mit. Schlaff vor das Fernsehgerät gefläzt, beobachtete er, was Jack Nicholson gerade mit Faye Dunaway machte. Ich ging an ihm vorbei und trat in den strahlenden Januarsonnenschein.

Draußen passierte ich eine schier endlose Ansammlung von Motels, einige waren vom Erdbeben im Jahre 1989 noch stark beschädigt. Sie trugen Namen wie *Daze Inn*, *Dream Inn*, *Comfort Inn* und *Vagabond Inn*. Schließlich stieß ich auf eine Gruppe von Polizisten, die *Santa Cruz Cops*. Die Ärmel hochgekrempelt, waren sie mit Sonnenbrillen und Pistolen im Einsatzgürtel bis an die Zähne bewaffnet. Alle Straßen rund um den Strand waren gesperrt, weil man in einem geparkten Wohnmobil eine vermeintliche Bombe entdeckt hatte. Ich machte einen weiten Bogen um die Gegend und kletterte auf die hölzerne Strandpromenade, *boardwalk* genannt, die man, wie ich gelesen hatte, unbedingt aufsuchen sollte, wenn man im Sommer »sehen und gesehen werden« wollte.

Obgleich sonnig und warm, war es dennoch Winter und die Buden an der Strandpromenade waren mit Brettern vernagelt. Keine Menschenseele war zu sehen, alles war wie ausgestorben und mich erfüllte ein Glücksgefühl. Während ich so federnden Schrittes die Promenade entlang spazierte, summte ich ein Liedchen von den

Drifters: *»... under the boardwalk ... I'll be having fun ... under the boardwalk ... boar-oard walk ...«*. Immer wieder hielt ich inne, um die schrillen Rosa-, Lila- und Orangetöne zu betrachten, die mir vom *Giant Dipper*, einer Achterbahn von 1924, vom Kinderkarussell aus dem Jahre 1911, den Spielhallen und den Imbissbuden entgegenleuchteten. Ich versuchte, mir vorzustellen, wie es hier wohl im Sommer zugehen mochte, stellte mir einen wilden, rasenden Rausch mit flirrenden Farben und lautem Gekreische vor.

Ich hatte den Strand praktisch für mich allein. So suchte ich mir ein windgeschütztes Plätzchen, machte es mir im Sand gemütlich und aalte mich in den fahlen, aber dennoch wärmenden Sonnenstrahlen dieses typisch kalifornischen Winters. Mir ging es gut. Ich schaltete mein Kurzwellenradio ein. Auf NPR *(National Public Radio)* wurde ich darüber informiert, dass die meisten Pendler bis zum Jahr 2015 mit Mikrowellenherden in ihren Autos herumfahren würden. Ausgehend von dem, was ich bisher von Amerika gesehen hatte, würde mich das nicht überraschen.

PLUMPS!

Direkt neben mir stand plötzlich ein Paar nackter brauner Füße im Sand. Sie waren vom Holzsteg gesprungen und gehörten zu einem kleinen, sehnigen Mexikaner.

»Hallöchen!«, sagte er. »Du wollen Freund machen?«

»Hatte ich eigentlich nicht vorgehabt«, erwiderte ich.

»Hey, wo herkommen?«

»England.«

»Ahh – *Inglaterra. Life is beautiful ... non?*«

»Ist ganz in Ordnung«, sagte ich.

»Du mögen Santa Cruz? Ist die Rosenkohl-Hauptstadt der Welt. Ich einmal leben in New York, aber dann ich transplantieren. Jetzt Santa Cruz mein Zuhause. Hey! Du wollen mit mir nageln?«

»Nein, danke.«

»*Non?* O. K., *no problem*. Ich kaufen dir Pommes.«

Ich lief den von parkenden Autos gesäumten Pier entlang und bestaunte die in der Sonne glänzenden getunten *Chevies* und alten Cadillacs aus den Sechzigerjahren – glorreiche Ungetüme mit *Fishtail*-Auspuffrohren.

Gerade als ich mich über die Brüstung lehnte, um das Meer zu betrachten, vollführte ein großer brauner Pelikan ein recht tollpatschiges Landemanöver und setzte direkt neben mir auf. Dann taumelte auch sein Partner ins Blickfeld. Er segelte mit der Eleganz eines Kartoffelsacks vom Himmel, versuchte nach besten Kräften, mit den Flügeln abzubremsen, die Füße in Bauchlandung-Schutzhaltung weit von sich gestreckt und, darauf könnte ich wetten, die Augen fest zusammengekniffen. Er entging einer Bruchlandung nur um Haaresbreite.

Auf den hölzernen Bohlen des Piers, die gerade noch aus dem Wasser ragten, aalte sich ein Rudel massiger Seelöwen unter lautem Bellen in der Sonne. Darunter befanden sich ein oder zwei etwas lebhaftere Kandidaten. Ihre glatten, glänzenden Köpfe trieben in Aufundabwärtsbewegungen zunächst weiter aufs Meer hinaus, um scheinbar ganz zu verschwinden, dann aber in Nähe des Piers wieder aufzutauchen und sich mit heiseren Rufen bemerkbar zu machen. Überall wimmelte es von mexikanischen Fischern.

Ich radelte weiter gen Süden, vorbei an Feldern mit Rosenkohl, Artischocken und Kiwifrüchten »zum Selberpflücken«. Kurz darauf landete ich auf dem Highway 1, mitten im rasant vorbeibrausenden Verkehr. Ich folgte dem Highway durch Marina, Sand City und Seaside – Orte, die allesamt nach Sonne, Sommer, Meeresfrische klangen, aber ich konnte weder Boote noch Meer oder Sand erspähen. Stattdessen sah ich reihenweise Betonklötze, an denen Neonschilder und Ampelanlagen blinkten, Tankstellen, Motels, *Drive-in*-Restaurants und Schnellimbisse. Und Müll. Milchshake-Becher, Bierdosen, Glasscherben und die Überreste von Fast Food verstopften den Rinnstein. Dies war die erste mit Unrat übersäte Straße, die ich bisher gesehen hatte.

Dann war es plötzlich wieder sauber.

Ich war in Monterey, blitzblank und nett anzuschauen. Richtig teure Bonzenvillen schmiegten sich an den Hügel, darunter lag eine mit Jachten gespickte Bucht. Steinbeck hätte seine liebe Mühe, die *Cannery Row* seiner Erzählungen wiederzuerkennen. Unzählige kitschige Souvenirläden, Kunstgalerien und Strandrestaurants hatten sich in den ehemaligen Fischkonservenfabriken eingenistet. Bis auf eine waren alle Fabriken aus dem Ort verschwunden.

Doch die rund 27 Kilometer lange, als *17-Mile Drive* bekannte Autoroute von Pacific Grove um die Halbinsel bis nach Carmel gab auch für den Radfahrer eine spannende Kulisse ab. Die Küstenstraße wand sich vorbei an markanten Sehenswürdigkeiten wie dem *Cypress Point* (einer Stelle, die mit Zypressen überwachsen ist), *Lone Cypress* (einem wellenumtosten Felsen, auf dem eine alte, knorrige und einsame Zypresse steht) und *Seal Rock* – ja, richtig geraten, ein wellenumtoster Fels, an dem sich unzählige Robben tummeln.

Der Weg führte mich aus einem süßlich duftenden Zypressenhain direkt an den berühmten Golfplatz von *Pebble Beach*, wo die Reichen und Berühmten für den Spottpreis von nur 225 Dollar ihr Ding in 18 Löcher machten.

»Wissen Sie was?«, fragte mich eine elegant gekleidete, ältere Dame vor einem *Safeway* in Carmel. »Doris Day hat nur ein paar Meter weiter eine Pension, in die die Gäste ihre Haustiere nicht mitbringen dürfen, sondern mitbringen sollen.«

»Ach, tatsächlich?«, gab ich interessiert zurück.

»Wo ist denn Ihr Freund, meine Liebe?«, wollte die Frau wissen.

»Ich habe keinen.«

»Jetzt erzählen Sie mir bloß nicht, dass Sie ganz alleine unterwegs sind.«

»Doch, genau das bin ich.«

»Du lieber Himmel«, fuhr sie mit ihrem nicht genau zuzuordnenden Akzent fort, »entweder sind Sie besonders mutig oder besonders dumm oder beides.«

»Nee, nur dumm«, gab ich zu.

»Aber für eine junge Dame wie Sie ist es doch da draußen soo gefährlich. Und dann noch auf dem Fahrrad. Warum mieten Sie sich denn kein Auto oder nehmen den Bus – das ist doch viel sicherer. Ach, und was muss Ihre Mutter nur davon halten? Warum kommen Sie nicht einfach mit zu mir nach Hause?«

»Danke, vielen Dank«, sagte ich, »aber ich freue mich darauf, an der Küste entlang zu einem Campingplatz in Big Sur zu radeln, solange das Wetter noch so schön ist.«

Sie wühlte in ihrer Tüte von *Safeway* und sagte: »Hier, Liebes, seien Sie so gut, nehmen Sie wenigstens dies hier an.« Damit überreichte sie mir eine Schachtel *Triscuits*, die wie Weizenkleie schmeckten.

»Ich komme eigentlich aus Kingston-upon-Thames«, sagte sie. »Kennen Sie die Stadt?«

Ich teilte ihr mit, dass mein Bruder an der Fachhochschule von Kingston studierte.

»Na, da sieh mal einer an!«, sagte sie. »Ich wohne zwar seit 1952 hier, aber wissen Sie was? Mein Lieblingsort ist Freshwater auf der Isle of Wight.«

Big Sur war einfach wunderschön. Aus dem Highway 1 wurde eine kurvenreiche, dünn besiedelte Küstenstraße, auf einer Seite lag das felsige Santa-Lucia-Gebirge, auf der anderen die melodramatisch abfallende Uferböschung, die den Blick auf den tiefblauen, unbändigen Pazifik freigab. Big Sur und seine nähere Umgebung sind nicht nur für seine Schönheit, sondern auch für den dichten, wallenden Seenebel bekannt, der urplötzlich aufsteigen und einen in undurchdringliches Grau hüllen konnte. Aber ich hatte Glück. Es war heiß und klar. Nur mit T-Shirt und Shorts bekleidet, die Wangen mit Salzwasser benetzt, musste ich mich immer wieder daran erinnern, dass wir nicht Juni, sondern Januar hatten.

Als ich mich keuchend einen heftig ansteigenden Hügel hinaufkämpfte, fuhr ein riesiges Wohnmobil von der Größe eines Busses neben mir her. Unpassenderweise prangte auf dem Vehikel, das auch noch einen BMW als Ausflugswagen im Schlepptau hatte, der Name *Wilderness.* In der Bordkabine saß ein wohlhabend aussehendes amerikanisches Pärchen. Das Beifahrerfenster fuhr herunter und aus der klimatisierten Innenwelt des Fahrzeugs tauchte der Kopf einer Frau auf.

»Scheint 'ne klasse Methode zu sein, mal schnell ein paar Kilo abzunehmen«, bemerkte sie munter.

Später verlangsamte ein weiteres motorisiertes Ungetüm namens *Lazy Daze* neben mir seine Fahrt.

»Jesses!«, entfuhr es dem Kapitän. »Sieht aber ziemlich vollgeladen aus, dein Fahrrad. Teufel noch eins, du hast echt was drauf, Mädel!«

Schon flog mir eine eisgekühlte Dose *Budweiser* zu.

»Kleines Trostpflaster!«, feixte er und brauste, mich in eine Abgaswolke hüllend, von dannen.

Ich führte mir gerade vor einem Geschäft in der Nähe von Plaskett Creek eine Flasche Erdbeer-Kiwi-Saft zu Gemüte, als vor mir ein Jeep ohne Dach mit quietschenden Bremsen zum Stehen kam. Heraus sprang ein Cindy-Lauper-Double in einem glitzernden, eng anliegenden Lycra-Anzug. Mit dem Walkman in der Hand tänzelte sie in meine Richtung und drehte dann noch eine Pirouette – das *groovt*, ey! Sie sah ziemlich weggetreten aus.

»Wow! Hallihallo – wie geht's, wie steht's?«, begrüßte sie mich und entledigte sich dann ihres Kaugummis, das in einem Blumentopf landete.

Bevor ich ihr noch versichern konnte, dass es mir ganz vorzüglich gehe, sagte sie: »Du bist doch diese verrückte Radfahrerin, stimmt's? Dieser echt süße Typ von der Tankstelle da hinten meinte, er hätte dich gesehen. Die erste waschechte Radfahrerin, die er seit Jahren gesehen hätte, meinte er. *Yeah*, ich glaub, der hat recht – du siehst echt voll bepackt aus. Man muss doch ziemlich bekloppt sein, um so was zu machen, oder? Is aber 'ne gute Straße. Haste Lust auf 'ne Party?«

Wie ich später erfuhr, war Stacey auf dem Weg von San Francisco nach Los Angeles, legte also die völlig unerhebliche Strecke von über 800 Kilometern zurück, um die Nacht bei einer Rave-Party durchzumachen und am nächsten Morgen den ganzen Weg wieder zurückzufahren.

Ich war geplättet. »Das ist ja so weit wie nach Schottland und wieder zurück.« Es war mir unverständlich, wie man für einen so kurzen Aufenthalt einen solch langen Weg zurücklegen konnte.

»Ach was«, meinte Stacey, »das ist doch nicht weit. Liegt doch ganz in der Nähe.«

Ich hatte vergessen, dass Amerika ein großes Land ist, in dem auch alles andere etwas üppiger ausfällt: Leibesumfänge, Autos, Entfernungen. Ein Land, in dem sich keiner was dabei denkt, mal eben 80 Kilometer zu fahren, um sich eine Pizza zu holen.

Bei meiner Rast in Cambria traf ich einen schnurrbärtigen Mann mit Cowboyhut, der gerade aus *Cammozzi's Saloon* torkelte.

»Wissen Se was?«, fragte er mich. »Hier wurde *Arachnophobia* gedreht.«

Wieso eigentlich Spinnen, dachte ich bei mir? Die hätten den Film über Schmetterlinge machen sollen. Die Küstenstraße war übersät mit ihren sterblichen Überresten und die noch lebenden Exemplare flatterten umher, bunte Farbkleckse in luftiger Höhe. Der wunderschöne Monarchfalter (*Danaus plexippus*) gibt dem Menschen bekanntlich eines der größten Rätsel der Natur auf. Während seiner alljährlichen Wanderung von Kanada nach Mexiko kann der Monarch über 4000 Kilometer und dabei bis zu 300 Kilometer pro Tag zurücklegen. Auch natürliche Hindernisse wie Wind, Berge oder Stürme können ihn nicht davon abhalten. Angesichts der unzähligen zappelnden und platt gedrückten Schmetterlingskörper vermutete ich allerdings, dass viele die Kollision mit in hoher Geschwindigkeit herannahenden Windschutzscheiben nicht ganz so erfolgreich überstanden hatten. Später las ich, dass auf das Verletzen eines Monarchfalters ein Bußgeld von 1000 Dollar stand. Scheinbar machte hier jemand richtig viel Geld.

Super Bowl Sunday, also der Sonntag, an dem das Finale der American-Football-Profiliga stattfindet, entpuppte sich als perfekter Tag zum Radfahren, denn diesen Tag verbringen 120 Millionen Amerikaner (also die Hälfte aller Einwohner) mit der wichtigen Beschäftigung des Football-Schauens. Die Straße gehörte mir. In Minneapolis, Minnesota, kämpften die *Buffalo Bills* gegen die *Washington Red Skins.*

Die Bedeutung des *Super Bowls* für die amerikanische Seele kann gar nicht hoch genug veranschlagt werden. Enorme Summen werden auf das Ergebnis gewettet (manche behaupten, die Mafia finanziere den Großteil ihres jährlichen Einkommens mit diesem Ereignis), man vermutet außerdem einen Zusammenhang zwischen dem Ergebnis dieses Spiels und der Entwicklung an der amerikanischen Börse.

Ich rollte auf zwei Rädern durch Nipomo und machte an einer Herberge mit dem Namen *Bill Deneen's Home Hostel* halt. An der Tür hing ein Zettel mit der Aufschrift:

»RAUCHEN
Raucher finden hier keine Bleibe.
Besiege deine Sucht, dann bist du willkommen.
Wenn du während deines Aufenthaltes hier rauchst,
zahlst du einen Aufschlag von
10 Dollar und musst gehen.«

Mit seiner dunklen Sonnenbrille und den langen, zotteligen weißen Haaren, auf denen auch noch ein schwarzer Zylinder thronte, sah Bill aus wie eine Mischung aus einer Figur aus *Alice im Wunderland* und einer zerlumpten Vogelscheuche. Er hielt viel von biologisch-organischem Obst und Gemüse aus eigenem Anbau, wirtschaftlicher Unabhängigkeit, Recycling (»Ein Amerikaner produziert im Jahr durchschnittlich etwa 270 Kilo Verpackungsmüll«, klärte er mich auf) und vom sparsamen Umgang mit Wasser.

Bill hatte auch nicht viel für Autos übrig. Pferd und Wagen waren mehr sein Ding und so brachte er mich in seinem auf Hochglanz polierten Einspänner im flotten Trab durch die Nachbarschaft, wo man mit durchschnittlich vier Autos pro Haushalt aufwarten konnte. Die Hunde dort fanden leider keinen Gefallen an seinem unkalifornischen Fortbewegungsmittel und jagten in allen Radfahrern auf der ganzen Welt bekannter Manier, nämlich bissig-schnappend, wütend-knurrend und zähnefletschend, hinter uns her. Mein *Dog Dazer* aber erteilte dieser Meute eine Lektion. Flink drückte ich auf den Knopf und schon machten die bissigen Biester eine so rabiate Vollbremsung, dass man hätte meinen können, sie seien gerade gegen eine Mauer geprallt. Völlig entgeistert schlichen sie schmachvoll und mit eingezogenem Schwanz davon.

Bill war so beeindruckt, dass er mich von den in der Herberge obligatorischen Reinigungsdiensten befreite. Stattdessen wies er mich an, auf dem Piano mein etwas eingerostetes Standardrepertoire, ein Klavierstück von Mozart, zum Besten zu geben.

An einer Kreuzung südlich von Santa Maria fragte ich einen Mann in einem pinkfarbenen Mustang, wo der nächste Lebensmittelladen sei. Er klammerte sich mit ausgestreckten Armen an seinem Lenkrad fest und starrte wie gebannt vor sich hin. Er antwortete nicht und schien sehr verstört zu sein. Ich hatte eigentlich nicht den Eindruck, eine besonders heikle Frage gestellt zu haben, aber manche Menschen waren schlecht einzuschätzen. Ich formulierte meine Frage anders.

»Kann ich hier in der Nähe irgendwo etwas zu essen kaufen, bitte?«

Schweigen.

Ich trat unbehaglich von einem Fuß auf den anderen. Ganz langsam wandte er mir sein Gesicht zu. Dann heftete er einen dämonisch bohrenden Blick auf mich. »Verarsch mich nicht!«, stieß er mit tiefer, monotoner Stimme aus.

Ich musste unwillkürlich an die Worte von J. Turkey Junior denken, der mal sagte: »Ich weiß, du glaubst, du hättest verstanden, was du meinst, mich sagen gehört zu haben, aber ich bin mir nicht sicher, ob du weißt, dass das, was du gehört zu haben glaubst, nicht das ist, was ich meine.«

Ich wollte soeben den Rückzug antreten, als er mit seinen Leopardenfell-Stiefeln aufs Gaspedal drückte und das Auto unter eindrucksvollem Aufjaulen davonschoss. Nur der Geruch von verbranntem Gummi blieb zurück.

Ich hatte gerade noch einen Blick auf den Sticker auf seiner Stoßstange erhaschen können. Da stand:

»Die Armee
Nicht nur ein Beruf,
sondern eine komplette, verdammte Zeitverschwendung.«

Aha, dachte ich, da steckt wohl einiges mehr dahinter.

Ich nahm einen Schluck Wasser aus meiner Flasche und stand, die Fahrradstange zwischen den Beinen, nachdenklich in der Gegend herum. Es war heiß. Um mich gab es nichts als staubige, ausgedörrte Ödnis. Dann kam neben mir ein klappriges braunes Oldsmobile zum Stehen. Eine Frau, die Dolly Parton zum Verwechseln ähnlich sah, kurbelte die Fensterscheibe herunter.

Sie sprach in Rätseln. »Macht mich wahnsinnig! Wie geht's Ihnen damit?«

»Wie bitte?«, fragte ich.

»Diese Strommasten. Wie die in Reih und Glied in der Landschaft stehen. Machen mich echt wahnsinnig! Schauen Sie die nicht auch gerade an?«

Hatte Dolly einen an der Klatsche?

»Ähm ... nein, eigentlich nicht«, erwiderte ich. »Ich fragte mich nur gerade, wo ich wohl etwas zu essen bekommen könnte.«

Darüber klärte sie mich zwar auf, aber es half mir nicht viel weiter. »Ungefähr 'ne Stunde Fahrt von hier«, sagte sie und fügte dann hinzu: »Versprechen Sie mir, dass Sie auf sich aufpassen. Hier laufen 'ne Menge Verrückter 'rum.«

»Ich weiß«, sagte ich. »Ich glaube, ich habe gerade ein paar getroffen.«

Mrs. Frances Colt Rose war nicht verrückt – großzügig, geschwätzig und vielleicht ein wenig ungewöhnlich, aber bestimmt nicht verrückt. Ich hatte sie vor einem Feinkostladen in Santa Ynez kennengelernt. Die sechzigjährige Dame in der khakifarbenen Kluft eines Rangers schien mir die Richtige, um meine Frage, ob es erlaubt sei, am Lake Cachuma zu zelten, zu beantworten.

»Tja, Schätzchen«, antwortete sie. »Sie sind herzlich eingeladen, bei mir zu übernachten. Ist diese Stadt nicht einfach entzückend? Ich lebe hier schon seit 30 Jahren und bin in der Nachbarschaft bekannt, also kann ich Ihnen versichern, dass Sie bei mir ganz in Sicherheit sind.«

Der längliche, blau-weiße Holzbungalow von Frances gehörte zu den Haushalten, in denen es blitzblank ist und jedes Ding an seinem Platz steht. Eine Illustrierte von den perfekt arrangierten Wohnzimmertischchen zu entfernen oder sich die Hände in einem der akkurat zusammengelegten Handtücher zu trocknen hieß, Chaos in ein vollkommenes Ordnungssystem zu bringen. Ich wurde den beiden feisten, flauschigen Katzen *Butterball* und *Precious* vorgestellt, die sich sofort für mich, die verschwitzte Radlerin, erwärmten und, unter lautem Schnurren und mit feuchtem Sabbern mal umeinander, mal um meine Beine streichend, ihre Kreise zogen.

»Sind sie nicht einfach herzig?«, fragte Frances ganz vernarrt.

Ich stimmte ihr zu, ja, die beiden waren zwei echte Herzchen. Wir vier zogen uns alsbald ins Wohnzimmer zurück und Frances verkündete, dies sei mein Zimmer und ich könne bleiben, solange ich wolle. Sie entschuldigte sich dafür, dass sie mir kein Gästezimmer anbieten könne, aber seit ihre Kinder ausgezogen seien, habe sie die drei freien Zimmer untervermietet. Eine Mieterin, eine schüchterne Spanierin, sagte etwas wie *»Trabajo mucho pero gano poco«* zu mir, worauf ich erwiderte: »Ja, ein sonniger Tag, nicht wahr?«, weil ich nämlich keinen blassen Schimmer hatte, was sie meinte.

Der andere Untermieter war zwar nicht besonders kontaktfreudig, machte jedoch im Badezimmer durch seine unappetitlichen Geräusche gebührend auf sich aufmerksam. Dann war da noch

Mary, eine Frau mittleren Alters aus Beverly Hills. Aufgedonnert, mit Juwelen geschmückt und mit Make-up zugekleistert gab sie die Hollywooddiva – oder den Pfingstochsen? Frances erzählte mir, sie habe scheinbar jeden Tag einen neuen Verehrer.

In diesem tadellos geordneten Haushalt kam ich mir vor wie ein Schmuddelkind. Mir schien, als besudele ich die Gegenstände im Haus schon allein dadurch, dass ich sie berührte. Statt Frances' Boden mit meinen staubigen alten Fahrradtaschen, meinem Schlafsack und meinem Körper zu beschmutzen, schlug ich mein Quartier lieber in ihrem Garten auf. Frances hielt mich für ein klein wenig verschroben und fasste meine Geste falsch auf.

»Die Privatsphäre eines Menschen ist mir heilig«, bemerkte sie.

Sie musste mich nicht lange dazu überreden, auf ihr Angebot einzugehen, bei ihr zu duschen, meine Wäsche zu waschen sowie meinen Hunger zu stillen. Bei einer gemeinsamen Schüssel *Gazpacho* erzählte sie mir, ihr Mann sei im Zweiten Weltkrieg umgekommen und dass sie aufgrund dessen »sehr patriotisch« sei. »Amerika ist einfach ein großartiges Land«, verkündete sie voller Inbrunst.

An diesem Abend schaute ihr Nachbar Brian bei ihr vorbei.

»Josie, ich möchte Ihnen einen Landsmann vorstellen«, verkündete sie.

Brian, gebürtig aus Portsmouth, war allerdings bereits seit dreißig Jahren in Kalifornien ansässig. Während des Krieges hatte man ihn nach Midhurst in Sussex evakuiert. Als ich ihm erzählte, dass ich dort gleich in der Nähe wohne, bewertete Frances dies als faszinierenden Zufall und rief: »Ach tatsächlich! Ist das wahr?« Pause. »Na, da brat mir doch einer 'nen Storch!«

Am nächsten Tag traf ich Brians ungarische Frau Ilona, die mich auf einen frisch gepressten Orangensaft und selbst gebackene ungarische Kekse zu sich nach Hause einlud. Obgleich Brian sich die leicht näselnde amerikanische Aussprache angeeignet hatte, konnte ich immer noch den typisch reservierten Engländer in ihm ausmachen. Ilona hingegen war aus einem anderen Holz geschnitzt. Sie war eine hyperaktive, extravagante Persönlichkeit, die ohne Punkt und Komma redete. In Farbe und Stil charmant unvereinbar trug sie über den Leggings einen Minirock, darüber eine Rüschenbluse und auf dem Kopf eine Wollmütze (an diesem heißen Tag). Ihr größter Wunsch bestehe darin, alleine, frei und ungebunden die Welt zu bereisen, ohne Zeitdruck und Termine. Sie vertraute mir an, sie habe einen Rucksack gekauft (und vor Brian versteckt), damit sie auf heimliche Entdeckungstour in die Berge gehen könne, wenn Brian auf der Arbeit war.

»Darum sieht's bei uns auch so unaufgeräumt aus«, gab sie zu.

Sie wollte mir gerade noch erzählen, wie sie 1956 während des Aufstands aus Ungarn geflohen war, wechselte dann aber abrupt das Thema. »Wissen Sie, Brian beschwert sich immer, dass ich nie Reispudding koche, so wie es seine Mutter früher immer getan hat. Und wissen Sie, was ich ihm darauf antworte? Ich sag ihm, das liegt daran, dass ich nicht deine Mutter bin!«

Als ich von meinem Besuch bei Ilona zurückkehrte, war Frances bereits zur Arbeit gegangen. Auf dem Tisch lagen der Schlüssel zur Hintertür und ein Zettel. Darauf stand:

»Hi, Josie, Liebes,
rufen Sie mich auf der Arbeit an, wenn Sie noch
irgendwelche Fragen haben.
Frances.
P.S.: Fühlen Sie sich in meinem schnuckeligen Heim wie
zu Hause, aber bedenken Sie, dass es mir sehr ans Herz
gewachsen ist!«

Als ich am nächsten Morgen mein Fahrrad bepackte, kam Ilona noch einmal vorbei, um mir zum Abschied eine Schachtel *Fig Rolls,* eine Tüte noch warmer Muffins, etwas Orangensaft, Bananen und Briefmarken (»damit Sie uns schreiben!«) zuzustecken.

Frances fragte mich, ob mein Fahrrad einen Namen habe. Bisher hatte ich Leute, die ihren Maschinen Namen geben, für ein wenig absonderlich gehalten. Genauso erging es mir mit Menschen, die ihre Autos Herbie, Sprinter, Norbert oder Waltraud nennen. Aber ich gestand Frances, dass ich mein Gefährt kürzlich auf den Namen *Starcraft* getauft hatte, benannt nach einem abstoßend monströsen Wohnwagen-Wohnmobil-Ungetüm, das mich vor einigen Tagen überholt hatte.

»Nun, geben Sie gut auf sich Acht, Sie und *Starcraft*«, sagte sie und umarmte mich darauf so innig, dass mir glatt die Luft wegblieb.

Bepackt und schwer beladen zuckelte ich über das Rafael-Gebirge nach Santa Barbara.

Als ich am Campingplatz von State Beach in Carpinteria mein Lager aufschlagen wollte, fragte mich der Ranger: »Haben Sie Wertsachen dabei?«

Zögerlich sagte ich: »Hmm, tja, ja, eigentlich schon. Einen Reisepass, ein paar Dollar, eine Kamera und ein Fahrrad. Warum?«

»Nun, ich will Sie nicht beunruhigen, aber in der Gegend treibt ein Zeltaufschlitzer sein Unwesen. Das ist so ein Verrückter, der nachts die Zelte fremder Leute aufschlitzt, während diese schlafen, sie dann mit einem Messer bedroht und ihnen alles abnimmt, Geld, Wertsachen, Schlafsack, Kleidung und Lebensmittel. Er hat bis jetzt noch niemanden verletzt, aber ich dachte, es sei besser, wenn ich es Ihnen sage.«

»Oh, ähm, tja ... ich verstehe«, stammelte ich. »Vielen Dank, sehr nett von Ihnen.«

»Keine Ursache. Oh, und ich sollte Ihnen vielleicht noch sagen, dass er üblicherweise zuschlägt, wenn der Güterzug vorbeifährt.

Der Lärm übertönt alle Geräusche, die er verursacht. Ich fürchte, wir können nichts gegen ihn ausrichten. Der Campingplatz ist öffentlich und die Polizei interessiert sich nicht dafür. Wünsche, noch einen schönen Tag gehabt zu haben.«

Der Ranger erklärte sich bereit, mein Fahrrad als Vorsichtsmaßnahme in einer Kammer mit Reinigungsutensilien einzuschließen. Ich bat ihn, mich doch bitte auch dort einzusperren, aber er meinte, das verstoße gegen die Regeln.

Bei solchen Gelegenheiten kam bei mir immer der Wunsch auf, auch in so einem riesenhaften Wohnmobil zu nächtigen, umgeben von Seelenfrieden stiftenden Alarmanlagen und Schlössern, statt unter ein paar Quadratmetern dünner Nylon-Zeltplane mit leicht zugänglichen Reißverschlüssen.

Da ich ganz zu Beginn der Saison unterwegs war (und zweifellos auch aus anderen Gründen), war der Bereich zum Zelten bis auf einen einsamen Nylon-Dom wie leergefegt. Ich näherte mich dem jungen Pärchen, das neben einem Haufen Feuerholz saß.

»Habt ihr auch vom Zeltaufschlitzer gehört?«, fragte ich.

»Jo«, entgegneten sie. »Und wir beratschlagen, ob wir nicht besser zusammenpacken und abhauen, obwohl wir gerade erst angekommen sind.«

Rob und Zoradi kamen aus Bristol (die ersten Engländer, die mir auf dieser Reise begegnet waren) und hatten in den letzten Wochen die Strecke von Florida nach Los Angeles zurückgelegt. Als wir unsere Unterhaltung fortsetzten, leicht beunruhigt, dass ein Irrer in der Gegend frei herumlief, bremste neben uns ein *Station Wagon*. Heraus sprang Tom Muir, ein unübersehbar attraktiver Jachtbauer aus Seattle.

Wir standen alle im Kreis herum und fragten uns, wie hoch wohl unsere Chancen stünden, die Nacht heil zu überstehen. Als wir uns dann entschieden hatten, das Risiko einzugehen und hinter einer

Barrikade zu übernachten, herrschte allseits angespannte Heiterkeit. Wir tauschten uns über potenzielle Überlebenstechniken und Verteidigungswerkzeuge aus. Ich erbot mich, die Sache alleine und nur mithilfe meines treuen *Dog Dazers* zu erledigen, sollte sich der Zeltaufschlitzer als eher hündischer denn menschlicher Natur erweisen – vorausgesetzt, er leide nicht unter Taubheit. Sollte dies misslingen, erklärte ich, sei ich dennoch mit einem beachtlichen Waffenarsenal ausgerüstet: einer Trillerpfeife (mit der ich im Notfall das international anerkannte Signal, nämlich sechs kurze Pfeiftöne, gefolgt von einer einminütigen Pause und dann nochmals sechs kurze Pfeiftöne, absetzen könnte), einer stabilen Luftpumpe (die sich bereits als sehr hilfreich erwiesen hatte, um unerwünschten Typen damit eins über die Rübe zu ziehen oder in die Genitalien zu schlagen) und Zahnseide (als Stolperdraht oder zum Strangulieren geeignet).

Ich musste feststellen, dass keiner mutiger dreinschaute als ich.

»Vergiss das Zelt«, meinte Tom. »Ich übernachte im Wagen.«

Er meinte, er würde mich gerne bei sich übernachten lassen (ein Angebot, das bei mir vorübergehendes Herzklopfen auslöste), aber leider seien ihm seine Surfbretter wichtiger als ich. Seine Frau habe ihm nämlich endlich erlaubt, eine Woche allein zum Surfen zu fahren. Er nahm die Bretter lieber vom Dach und verstaute sie im Wagen, denn der nächtliche Besucher könnte ja eine plötzliche Affinität zum Surfen entwickeln.

Ich glaube, ich hätte eh lieber bei Rob und Zoradi im Zelt übernachtet. Rob hatte bei den *Marines* gedient und war einer dieser Muskelmänner, die mit eindrucksvollen Fahrtenmessern am Gürtel herumliefen. Seines war ein fieses dolchartiges Stechwerkzeug und ich war nicht scharf darauf, mich auf der falschen Seite dieses Messers zu befinden. Umso beruhigender war es, das Rob auch noch genau wusste, wie man es benutzen musste. Ich gestand ihm, dass

Zwiebelschneiden oder das Anschneiden des Sonntagsbratens das Einzige war, was ich mit einem Messer anzufangen wusste.

So schlug ich mein Zelt praktisch auf dem Schoß von Rob und Zoradi auf, denn ich wollte es nicht riskieren, dass mein markerschütternder Schrei, den ich im Falle eines Messerangriffs auszustoßen gedachte, ungehört verhallte. Wir saßen bis spät in die Nacht am lodernden Lagerfeuer und konsumierten ganz gemächlich den Inhalt eines Sechserpacks. Tom meinte, dass man die Dinge, die auf einen zukommen konnten, besser leicht angetrunken in Angriff nehmen solle.

»Vielleicht sollten wir eines von diesen panzerartigen Wohnmobilen entführen, dann könnten wir ruhig und sicher darin schlafen!«, schlug ich vor.

»Zu riskant«, gab Tom zurück. »Man würde uns erschießen. In Kalifornien besitzt jeder eine Waffe.«

»In Florida gibt es auch massenweise Waffen«, bemerkte Rob. »Und Wohnmobile. Gebrauchte. Anscheinend kauft jedes gut betuchte Pärchen so ein Ungetüm, sobald sie im Ruhestand sind, um flugs in ihr obligatorisches transkontinentales Abenteuer nach Florida aufzubrechen. Dort verstirbt dann der Gatte an Altersschwäche, Übergewicht oder Schussverletzungen. Die Gattin bleibt als Witwe zurück, stellt fest, dass sie das Ungetüm nicht steuern kann, verkauft es daraufhin und nimmt den Bus nach Hause.«

So zumindest lautete die Version von Rob.

Jedes Mal, wenn ich einen unheimlichen Schatten in der tiefen Dunkelheit des Waldes auszumachen glaubte, trat ich beherzt in Aktion und schob Rob in die richtige Richtung, damit er, das Messer gezückt, nachschauen konnte, was oder wer dort herumlungerte. Tom, Zoradi und ich feuerten ihn indes an und überwachten vom sicheren Lagerfeuer aus seine Erkundungstouren.

Einmal löste sich die dunkle, unheimliche Gestalt eines alten, bärtigen Mannes aus dem Schatten. Er zog etwas hinter sich her, das ich für einen Sack voller Ketten hielt. Das Weiße seiner Augen leuchtete kurz im Schein des Feuers auf, dann schlich er sich wieder davon und verschwand im Wald, mehr geisterhafte Erscheinung als Wesen aus Fleisch und Blut. Sein Anblick ließ unsere Unterhaltung verstummen. Wir starrten ihn wie gebannt an. Alle hatten denselben Gedanken: Ist er das? Keiner rührte sich. Keiner hielt ihn auf. Das Feuer knisterte weiter.

Dann war der gefürchtete Augenblick gekommen. Zeit, zu Bett zu gehen. Um mich ein wenig sicherer zu fühlen, kroch ich mit meinem Fahrradhelm auf dem Kopf in den Schlafsack. Ich wollte nämlich nicht, dass der Unhold mir zusammen mit dem Zelt auch einen Teil meines Hauptes aufschlitzte.

Meine Nacht verlief alles andere als ruhig, denn ich konnte kein Auge zutun. Jedes Mal, wenn ein Güterzug mit 100 oder mehr Waggons vorbeidonnerte, fuhr ich hoch und wartete wie erstarrt darauf, dass jemand mein Heim aufschlitzte und Worte wie: »Hände hoch und Geld her ... und deine Klamotten ... und alles Essbare ... und den Schlafsack ... und Schlafsackeinlage ... und Helm ...« ausstieß.

Das Schlimmste an meiner Lage war jedoch, dass ich dachte, meine Blase würde jeden Moment platzen. Gegen 4 Uhr in der Früh erreichte meine Verzweiflung ihren Höhepunkt, ich hatte den absoluten Katastrophenzustand erreicht, aber zu große Angst, alleine im Dunkeln zum entfernten Toilettengebäude zu gehen. Ich hatte in den Sanitäranlagen von Campingplätzen schon einige unangenehme Erfahrungen gemacht und brauchte auf diesem Gebiet keine neuen Abenteuer, auch wenn das bedeutete, dass meine Blase bald bersten würde. Am Ende bezwang der Geist den Körper oder, besser gesagt, meine Blase und ich hielt stand, bis die ersten goldbraunen Lichtstreifen am östlichen Horizont erschienen.

5
Komm ich heut nicht, komm ich morgen

Ich saß gerade in einem Schnellrestaurant namens *Soup Connection* in einem Vorort von Los Angeles. Da fiel mein Blick auf ein Schild, das mich darüber informierte, ich könne meinen Teller so oft mit Suppe und Salat, Pizzas und Quiches, Keksen und Muffins und sonstigen Speisen auffüllen, wie es mein Magen vertrage. Aber man durfte sich nichts einpacken lassen und mitnehmen. Dieser Ort war der Himmel auf Erden für Radfahrer, nein, für Vielfraße, aber das ist sowieso ein und dasselbe. Für umgerechnet 3,30 Euro konnte man hier sitzen und sich eine Woche lang den Wanst vollschlagen, was eine ziemlich einleuchtende Erklärung dafür liefert, warum man in Amerika nicht viele dünne Menschen zu Gesicht bekommt. Erstaunlicherweise leben über drei Millionen Menschen in Amerika, deren Gewicht stolze 220 bis 260 Kilo glatt übersteigt.

Mit Fug und Recht kann ich behaupten, dass es im *Soup Connection* keine dünnen Menschen gab. Sie als fett zu bezeichnen wäre auch noch ein Kompliment gewesen. Nein, diese Menschen waren massig und damit meine ich *richtig massig*. Wie massig? Nun, sie hatten so gewaltige Ausmaße wie zehn Normalgewichtige in einer Person. Ich meine es ernst. Sie hatten wirklich monströse Ausmaße.

Ich konnte nicht aufhören, das Pärchen am Nachbartisch anzustarren. Sie stopften sich im Affenzahn mit ganzen Essensbergen voll, als hänge ihr Leben davon ab. Das würde aber wohl eher von einem gegenteiligen Essverhalten profitieren. Ihre ganze Konzentration war auf das Essen gerichtet. Sie sprachen nicht, schienen kaum Luft zu holen und kauten so gut wie gar nicht. Sie schaufelten und schluckten, schaufelten und schluckten und schauten nur auf, wenn sie ihre Köpfe in den Nacken warfen, um sich laut schlürfend einen Riesenschluck *Diet Coke* zu genehmigen.

Es wäre mir ein Leichtes, ihren gesegneten Appetit zu verstehen, hätten sie ein Jahr gefastet, aber diese Leute hatten lediglich zwei Minuten lang nichts gegessen – genau die Zeit, die sie benötigten, um zu rülpsen und zurück zur Theke zu watscheln, um sich einen Nachschlag zu holen. Um ganz ehrlich zu sein: Es war grotesk. Die meisten Gäste im *Soup Connection* hatten den Appetit einer Horde Elefanten, meine Wenigkeit, muss ich zu meiner Schande gestehen, machte da keine Ausnahme. Für eine blutige Anfängerin in Sachen »Essen-soviel-Sie-können« und »Hauen-Sie-sich-den-Wanst-voll« schlug ich mich ziemlich gut. Gelegentlich erhaschte ich hinter meinem riesigen schiefen Turm von Pizza, dem akute Umsturzgefahr drohte, einen kurzen Blick auf Kermit und Ursula Bartlett, die mich ins *Soup Connection* begleitet hatten. Sie schauten auf ihre Armbanduhren und lobten: »Das machst du ganz prima. Du isst seit über einer Stunde ununterbrochen.«

Da hatte ich mich gegenüber meinem ersten Besuch schon erheblich gesteigert. Damals hatte ich nicht einmal einen Nachschlag geschafft, geschweige denn mehrere. Das lag allerdings nicht so sehr an mangelndem Appetit, sondern eher an meinem großen Mundwerk, denn ich redete mehr als ich aß. Beim vorigen Mal hatten Kermit und Ursula mich ebenfalls begleitet (vor ihrer »Transplantation« nach Kalifornien hatte ich in London für sie gekocht) und meine Freude angesichts unseres Wiedersehens war so groß, dass ich das Schwatzen dem Schmatzen vorgezogen hatte.

Kermit, ein furchtbar netter, liebenswürdiger Mann, war in Kalifornien geboren und in den Dreißigerjahren in der Gegend um Los Angeles aufgewachsen, das damals »ein großartiger Ort zum Leben« gewesen sei – ohne Smog, Autobahnen und mordlüsterne Straßenbanden. Seine Mutter war eine von diesen Vollbluthausfrauen gewesen, die das Haus blitzblank gewienert hatte, noch bevor die Putzfrau kam. Kermit sagte immer, ich sei die Tochter, die er nie hatte. Ursula, seine gesellige deutsche Frau, war winzig, mit ihren 1,50 Metern kleiner noch als meine Wenigkeit, obgleich sie diese Tatsache stets aufs Vehementeste bestritt.

Die beiden hatten bereits in Deutschland, London und Philadelphia gelebt, waren aber nun in Kalifornien zu Hause, wo sie in einem ländlichen Vorort von Los Angeles ein Haus bezogen hatten. Die Siedlung Moorpark hatte vor 10 bis 15 Jahren lediglich aus ein paar Häusern bestanden. Jetzt sah es dort so aus wie in unzähligen anderen Gemeinden, die in den wunderschönen Hügeln und Bergen Südkaliforniens wie Pilze aus dem Boden schossen, so schnell, dass man ihnen beim Wachsen förmlich zusehen konnte. Günstiges und gemütliches Wohnen nannten sie es. Sie sahen nicht etwa aus wie diese hässlichen, gewöhnlichen Betonklötze, die viele britische Städte verunzieren. Das Haus von Ursula und Kermit war eher eine pseudomediterrane Stuckvilla mit sonnig-roten Dachpfannen.

Ich hatte vorgehabt, in Moorpark vorbeizuschauen und dort ein oder zwei Tage zu bleiben, in einem richtigen Bett zu schlafen, ein Bad zu nehmen, meine Wäsche zu waschen, meine Post zu lesen und weiterzufahren, noch bevor man mich darum bat, aber einige Wochen später war ich immer noch dort. Es war angenehm, dort länger zu verweilen. Die Sonne schien, meine Wäsche wurde gewaschen, ich schlief in einem Bett, entspannte mich in der Badewanne, schwamm im Pool, spielte Tennis und war Stammgast im *Soup Connection*.

Dazu kam, dass Ursula mich gerne so lang wie möglich bei sich beherbergte. Als Gegenleistung für mein komfortables Leben dort musste ich lediglich Essen kochen. Ursula hasste Kochen noch mehr als das Aussehen und den Geschmack von Haferschleim. »Gefängnisnahrung« nannte sie ihn, wenn sie mir zuschaute, wie ich fröhlich Riesenportionen davon verdrückte.

Ursula hätte liebend gerne in einem Haus ohne Küche gewohnt. Die Vorstellung, eine Speise zubereiten zu müssen, ließ sie regelrecht zurückschrecken. Daher war ich für sie der perfekte Hausgast und wurde flugs zur Einbauköchin erklärt.

In Moorpark gab es etwas Merkwürdiges, aber die Ursache für mein latentes Unbehagen erschloss sich mir erst nach ein paar Tagen. Hier bewegte sich kaum einer aus eigener Kraft. Die einzigen Personen, die über die von hart arbeitenden, unterbezahlten mexikanischen Arbeitern perfekt gepflegten, mit Blumen gesäumten Fußwege liefen, waren entweder Hundebesitzer in Trainingsanzügen oder Walkman-bewehrte Jogger. Gehörte man zu keiner dieser beiden Kategorien oder einer Mischung aus beiden, gab es anscheinend keinen Grund, sich zu Fuß zu bewegen.

Es fehlte an nachbarschaftlicher Atmosphäre, wie man sie aus jeder europäischen Stadt, aus jedem Dorf kennt. Man konnte hier nicht einfach zum nächsten Laden trotten, sollte es einen nach einer Zeitung, einem Liter Milch oder dem Austausch über die neuesten Gerüchte verlangen, denn der nächste Laden war eine Autofahrt weit entfernt im Einkaufszentrum und dies wiederum an einer gefährlich viel befahrenen Autobahn gelegen. Auch konnte man nicht mal schnell um die Ecke zum nächsten Briefkasten traben, denn so etwas gab es nicht. Das Einkaufszentrum war der Nabel der Vorstadt. Die Wahrscheinlichkeit, dass die Menschen hier an einer Straßenecke Auskunft über die Uhrzeit geben oder mal eben über die Straße zum Schwatz mit Freunden gehen, ist in etwa so hoch wie die, dass sich Leute in Großbritannien am Autobahnkreuz M1/M25 zum Plausch treffen.

Kalifornien, der am dichtesten besiedelte Staat Amerikas, ist von und für Autos gemacht. Man legt hier alle Wege im Auto zurück. Nicht nur ich konnte das nicht verstehen, es ging selbst manchen Autofahrern so. In einem Lebensmittelladen sagte einmal ein Mann zu mir: »Wir fahren irgendwo hin, fahren wieder zurück und fragen uns dann, warum zum Teufel wir eigentlich dorthin gefahren sind.« Kein Wunder, dass die Welt langsam vergiftet wird.

Los Angeles wird mehr oder weniger durch ein Straßennetz von fünfspurigen, mit Autos verstopften Autobahnen zusammengehalten. Öffentliche Transportmittel sind so gut wie nicht vorhanden, jedenfalls gibt es in Moorpark keine. Ich hatte gerade mal vier Tage dort verbracht, als ich, naiv wie ich bin, gegenüber Ursula den Wunsch äußerte, den Zug nach Los Angeles zu nehmen.

Ursula lachte. »Welchen Zug?«, fragte sie.

Zwar hatte ich gesehen, dass Moorpark an der Bahnlinie lag, aber mir war nicht klar, dass diese nur von Güterzügen genutzt wurde.

»Na, dann nehme ich eben den Bus«, beschloss ich.

Auch hier war der Wunsch Vater des Gedanken. In die Innenstadt gelangte man nur mit dem Auto oder, hatte man Spaß an Russisch Roulette, mit dem Fahrrad. Der dreijährige Chris Harrison lebte anscheinend gerne gefährlich. Ich hatte in der Zeitung gelesen, dass ihn die Polizei um 2 Uhr morgens im Schlafanzug auf seinem Dreirad an der Autobahn aufgegriffen hatte.

Ich fand eine derartige Abhängigkeit von Autos schlichtweg deprimierend. Woody Allen hat mal über Los Angeles gesagt: »Die einzige kulturelle Errungenschaft besteht darin, dass man hier an einer roten Ampel rechts abbiegen darf.« Damit ist eigentlich schon alles gesagt.

Aber dieser Ort faszinierte mich. Ich fand ihn unglaublich aufregend, deprimierend, oberflächlich, materialistisch, geldgierig, autoverseucht und von Smog verpestet. Im Tennisclub *Thousand Oaks* ging es in der Damenumkleidekabine um Affären (sexueller und finanzieller Natur), Facelifting und frisch gestraffte Falten. Anscheinend ging es im Leben der Menschen an der Küste Südkaliforniens nur darum, möglichst rank und schlank zu sein. Viele waren gehemmt und davon besessen, ihren Körper durch Lifting verschönern zu lassen, um vielleicht dadurch ihren Platz in der Welt zu finden.

Sogar die eigentlich aus der europäischen Kultur stammende Ursula war bereits unglaublich amerikanisch geworden. Sie hielt mich für absolut verrückt, weil ich das Geschirr abspülte, statt den Geschirrspüler zu benutzen, die Zwiebeln statt mit der *Moulinette* mit einem Messer zerkleinerte, den (weitaus schnelleren) Dosenöffner benutzte, statt die Dose mit einem elektrischen Gerät zu öffnen, meine Wäsche auf eine improvisierte Leine aus Expanderseilen hängte, statt sie im Wäschetrockner zu trocknen, nicht etwa die Klimaanlage einschaltete, sondern das Fenster öffnete, wenn mir zu heiß war, die Zahnbürste in meiner Hand der elektrisch betriebenen Variante vorzog, mit dem Rad statt mit dem Auto fuhr, die Mülltonnen nach noch brauchbaren Gegenständen durchforstete, einfach aus der Tür ging, um den Hund (einen schwarzen Pudel, der Bananen liebte) mal Gassi zu führen, statt für dieselbe Tätigkeit erst einmal zehn Kilometer mit dem Auto zurückzulegen, und vorschlug, auf dem fast vollen Parkplatz des Einkaufszentrums einfach die hintere Parklücke zu nehmen, auch wenn man dann etwas weiter laufen musste, statt Runde um Runde monoton im Kreis zu fahren, um das Auto möglichst nahe am Supermarkt parken zu können und damit die Beinmuskeln zu schonen (aber meine Geduld zu strapazieren), oder erklärte, dass ich lieber in der Wildnis auf Steinen und am Boden schlief, als in einem teueren, schicken Hotel zu übernachten …

Obwohl uns außer unserer Größe nichts verband, haben wir uns dennoch prima verstanden.

Eines Morgens, ich hatte mich gerade durch den nicht enden wollenden Papierwust der *Los Angeles Sunday Times* bis zur Rubrik Reisen vorgearbeitet, fiel mein Blick auf ein Angebot für einen Flug nach Hawaii für 109 Dollar. Schon am nächsten Sonntag saß ich im Flieger, den Pazifik unter mir, auf dem Weg in den »Fünfzigsten Bundesstaat des Himmels«. Neben mir saß die dunkelhäutige Monique aus Martinique, die der Hare-Krishna-Bewegung angehörte. Als ich das Flugzeug betrat, fand ich sie selig summend in andachtsvolle Meditation vertieft auf meinem Fensterplatz vor. Dabei rollte sie eine Kette bunter Holzkugeln zwischen ihren Handflächen hin und her und verströmte den süßen Duft von Sandelholz. Nach ungefähr zwei Stunden nahm sie ein Buch aus ihrer Tasche, schrieb eine Widmung hinein und überreichte es mir.

»Für Sie«, sagte sie. »Danke, dass Sie mir Ihren Platz überlassen haben.«

Das Buch, geschrieben von »Seiner göttlichen Gnaden« A. C. Bhaktivedanta Swami Prabhupada, hieß *Beyond Birth and Death.* Darin liefert »der bekannteste vedische Lehrer Indiens Beweise für die unglaubliche Reise der Seele nach dem Tod«. So ausgesetzt, hoch in den Wolken auf schwankenden Flügeln schwebend, all meinen Glauben auf eine glorifizierte fliegende Blechdose gerichtet, erfüllte mich Moniques Geschenk mit dunklen Vorahnungen.

6

Das Leben? Ein Strand!

»Man hat das Paradies asphaltiert und darauf einen Parkplatz gebaut.«
(Joni Mitchell)

Der 2400 Meilen lange Flug sollte mich an ein Reiseziel bringen, das Mark Twain einmal als »die lieblichste Flotte von Inseln, die je im Meer vor Anker lag«, bezeichnet hat. Von den insgesamt 162 Inseln Hawaiis sind nur sieben bewohnt und ich befand mich gerade auf dem Weg nach Oahu, der Insel mit der höchsten Bevölkerungsdichte von allen.

Vor meiner Ankunft dachte ich, Hawaii sei eine tropische Insel, auf der sich nur hüftenschwingende Hulamädchen in Grasröckchen und die Filmcrew von *Hawaii Fünf-Null* herumtreiben. Aus dem *National Geographic* hatte ich erfahren, dass der Staatsfisch, ein winziges Wesen mit einem schweinerüsselartigen Maul, den Namen Humuhumunukunukuapua'a (Aussprache: humu-humu-nuku-nuku-apu-a-a) trug. Allerdings erwies sich nur Letzteres als korrekt, und ein Fisch würde mir nicht viel weiterhelfen, genauso wenig wie die Tatsache, dass ich Rad-los war. Ich hatte mein Gefährt in Moorpark zurückgelassen, weil sowohl die Airline als auch das Reisebüro mich darüber aufgeklärt hatten, dass Fahrräder im Flugverkehr zwischen den Inseln nicht transportiert wurden. Ich stellte mir ein Grüppchen kompakter Inseln vor und hatte mich entschlossen, auf jeder einzelnen ein Fahrrad zu leihen und damit dann ein paar Tage lang um die jeweilige Insel zu pesen.

Es war Februar. Als ich in Honolulu (»beschützter Hafen«) aus dem Flugzeug stieg, erschlug mich erstens die tropische Hitze und zweitens ein unbemannter, ungesteuerter Gepäckwagen, der mir unbemerkt von hinten mit Karacho in die Beine fuhr und mir ein ramponiertes Schienbein und einen blauen Fleck am Knöchel bescherte.

Ich fühlte mich ganz verloren, da ich noch nie ohne mein Fahrrad unterwegs gewesen war, und ich vermisste *Starcraft* bereits schmerzlich. Normalerweise hätte ich jetzt einfach meine Taschen auf das Fahrrad verfrachtet und mich dann beschwingt auf den Weg gemacht, stattdessen war ich mit hinderlichem Gepäck beladen und musste mich um ein Transportmittel bemühen, um von hier wegzukommen.

Ich kletterte umständlich in einen Bus namens *TheBus* und geriet mitten in ein kunterbuntes, dicht gedrängtes Gemenge von Fahrgästen. Der Bus bewegte sich indessen mit Kriechgeschwindigkeit vorwärts, Zentimeter für Zentimeter durch den Stoßstange an Stoßstange stehenden, äußerst lebhaften Verkehr in der Innenstadt Honolulus. Mein Fahrtziel war eine der am dichtesten besiedelten Gegenden der Welt: Waikiki (»schäumendes Wasser«), wo sich ungefähr 110 000 Menschen auf Boulevards und an Stränden tummelten, die in ihrer Gesamtfläche nicht mal einen Quadratkilometer ausmachten. Fast die Hälfte dieser Menschenmasse bestand aus Touristen, die anderen 30 000 waren Fahrer, die diese Touristen transportierten, und lediglich 25 000 Personen davon konnten Waikiki tatsächlich als ihren Geburtsort bezeichnen.

TheBus zuckelte in ruckartigen Bewegungen weiter, meine Nase wurde indes immer tiefer in die tropischen Achselhöhlen der dicht gedrängten Fahrgäste gedrückt. Puh, war das heiß! Der Geruch von Körperschweiß raubte mir fast den Verstand.

Unter den Fahrgästen war auch Bob Allnutt aus Maryland, der, gegen eine gläserne Trennwand gedrückt, leicht erhitzt und verunsichert dreinblickte. Ich erfasste sofort das eindeutige Erkennungsmerkmal eines Radfahrers: Über seiner Schulter baumelte eine Lenkertasche. Bob, freier Fotograf aus Maryland, erzählte mir, er sei nach Hawaii aufgebrochen, um in einer zehntägigen Radwanderung die Insel Maui zu umrunden. Er vertraute mir an, dass er sich ein wenig Sorgen mache, weil er nicht genau wisse, wo sich sein Fahrrad befinde. Er zog einen Reiseführer mit dem Titel *Six Islands on Two Wheels* aus der Tasche, der ihn zu seiner Radtour inspiriert hatte. Bob meinte, man habe ihm gesagt, dass der Transport von Fahrrädern auf Flügen zwischen den verschiedenen Inseln kein Problem darstelle.

Carl, der heftig transpirierende Zahnarzt mit aufgeblähtem Bauch auf dem Platz neben mir, sah aus, als würde er jeden Moment das Zeitliche segnen.

»Zähne faszinieren mich von allen Dingen auf der Welt am meisten«, sagte er mir. »Zähne und meine Freundin, natürlich. Aber Zähne kriege ich viel öfter zu Gesicht als sie, weil sie da drüben bei Ihnen wohnt, in Yorkshire. Irgendwie mache ich wohl was falsch, weil ich sie einfach nicht dazu bewegen kann, von Harrogate nach Hawaii zu ziehen.«

Mit einem Blick über seine Schulter auf die Straße, auf der sich gerade ein akuter Verkehrsinfarkt ereignete, entgegnete ich: »Vielleicht wäre es besser, wenn Sie nach Yorkshire zögen.«

Zwei Teenager mit Sonnenbrille, Baseballstiefeln und lässigen, weiten Shorts ließen sich auf den Sitzen hinter Carl nieder.

»Wow, Mann! Zieh dir mal die Braut rein!«, schnurrte einer beim Anblick einer Michelle Pfeiffer ähnelnden Bikinischönheit, die gerade die Straße überquerte.

Ein Mann namens Benny stupste mir seinen Finger in die Schulter und fragte: »Längerer Aufenthalt?« Sein rundlicher Leib steckte in einem eng anliegenden T-Shirt mit der Aufschrift:

ISS
LAUF
BLEIB
FIT

»Weiß noch nicht so genau«, erwiderte ich. »Vielleicht ein paar Wochen. Ich habe vor, alle Inseln mit dem Fahrrad zu umrunden.«

»Sei'n Sie da man bloß vorsichtig. Hier isses nich mehr so, wie's früher mal war. Verteufelt gefährlich isses und bestimmt kein Paradies mehr. Hier wimmelt's von Typen, die 'nen Schlag haben, wenn Sie mich fragen. Erst vor 'ner Woche ist so ein junges Ding auf Big Island vom Fahrrad gezerrt worden – wurde erst vergewaltigt und dann ermordet. Den Mörder hat man nie gefasst. Will Ihnen ja keine Angst einjagen, aber ... na ja, sei'n Sie lieber vorsichtig! Es gibt bessere Orte.«

Ich checkte im *Interclub Hostel* von Waikiki ein und bekam das letzte freie Bett. Die ersten Leute, die ich im staubigen Schlafsaal mit acht Betten antraf, waren zwei Mädchen aus Schweden auf einjähriger Weltreise. Sie trugen identische T-Shirts mit der Aufschrift: ANNA UND TINA AUF WELTREISE.

Erleichtert deponierte ich die Taschen auf meinem Bett und schlenderte an Imbissbuden, Läden voller Hulapuppen aus Plastik und dem *Outrigger Hotel* vorbei hinunter an den weltberühmten Strand von Waikiki, gerade rechtzeitig, um zu sehen, wie die glühend rote Sonne im Meer verschwand.

Meine erste Priorität war es, mir einen fahrbaren Untersatz zu besorgen. Nachdem ich einen ganzen Tag damit verschwendet hatte, jedem Fahrradgeschäft in der Gegend einen Besuch abzustatten, musste ich feststellen, dass eine schlecht gewartete Rostlaube ohne Gangschaltung im Verleih nur fünf Dollar weniger kostete als ein von Autovermietungen wie *Hertz*, *Avis*, *Budget* zu mietender Kleinwagen mit Gangschaltung und ohne Klimaanlage. Am Ende kaufte ich mir ein nagelneues *Raleigh-Eclipse*-Mountainbike, das mir der Händler am Ende meiner Reise für 70 Prozent des Originalpreises wieder abkaufen würde – ein netter kleiner Deal unter Radfreunden.

Ich saß im Schatten einer sanft im Wind raschelnden Palme auf einer Bank am Strand. Hinter mir lag die Kalakua Avenue mit sich dicht drängenden Touristenmassen, hektischem Verkehr und devot lächelnden japanischen Geschäftsmännern, vor mir nur die Sonnenanbeter und Surfhelden, die den Strand von Waikiki bevölkerten. Ich hatte noch nie zuvor ein solch unglaublich buntes Durcheinander unterschiedlichster Gesichter gesehen. Nirgends auf der Welt findet man eine derart gemischte, polyglotte, aber dennoch integrierte Bevölkerungsgruppe.

In Hawaii ist jede größere Rasse vertreten. Über dreißig ethnische Gruppen haben sowohl ihre Gene als auch Traditionen, Bräuche, Lebensstil, Küche, Ansichten und Perspektiven zusammengemischt. Lange Jahre und viele Male hat sich das Blut in Mischehen gekreuzt, dass es mittlerweile oft unmöglich ist, die Menschen einer bestimmten Volksgruppe zuzuordnen.

Die Zahl der Ureinwohner Hawaiis sinkt rapide und ist mittlerweile auf zehn Prozent der Gesamtbevölkerung geschrumpft. Ihre geschichtlichen Wurzeln reichen zurück bis in die Zeit zwischen 500 n. Chr. und 900 n. Chr., als Polynesier (ursprünglich Südostasiaten) von den Marquesas-Inseln und Tahiti sich in ihren riesigen Doppelrumpfbooten auf die Suche nach neuen Siedlungsgebieten machten und mithilfe des Windes, der Dünung und den Sternen über Tausende von Seemeilen hinweg ihren Weg nach Hawaii fanden. Sie brachten auch ihre Familien, Besitztümer, Schweine, Basenjis, Hühner und Ratten (blinde Passagiere), Kokosnüsse, Taro, Zuckerrohr, Brotfrucht, Süßkartoffeln, Bananen und Maulbeersetzlinge mit. Generationen von Inselbewohnern lebten so, unbehelligt von der Außenwelt, in Grashütten, bauten Kanus, stellten Tapa-Rindenbaststoff her und ernährten sich von Taropflanzen, Fisch, tropischen Früchten und Gemüse.

Gegen Ende des 18. Jahrhunderts landete der Engländer James Cook mit Schiffen und einer Horde Matrosen auf den Inseln. Die Hawaiianer nannten diese seltsamen, blassen Neuankömmlinge wegen der auf sie todesähnlich wirkenden Gesichtsfarbe *haoles* oder »Menschen ohne Atem«. Ein Ureinwohner beschreibt nach seinem Besuch auf einem der Schiffe, er habe Männer mit runzliger Haut, sprühenden Augen, weißer Stirn und eckigen Köpfen (Dreispitze) gesehen, die sich in einer merkwürdigen Sprache unterhalten und Feuer gespuckt hätten.

Während der nächsten hundert Jahre hatten die Seuchen des weißen Mannes wie Typhus, Cholera, Masern, Mumps, Grippe, Tuberkulose, Pocken und Geschlechtskrankheiten die hawaiianische Bevölkerung dahingerafft und die Einwohnerzahl um mehr als 80 Prozent dezimiert. Der Strom von Einwanderern aus den verschiedensten Teilen der Erde – Chinesen, Japaner, Samoaner, Koreaner, Briten, Amerikaner, Filipinos, Norweger, Russen, Polen, Deutsche, Spanier, Portugiesen, Afro-Amerikaner, Puertoricaner und Indianer, um nur einige zu nennen – tat sein Übriges, um die Stammbevölkerung der Inseln beinahe aussterben zu lassen.

Ein alter Mann mit Haaren so schlohweiß wie Schnee auf einer Bergspitze und ledriger, runzliger Haut setzte sich neben mich auf die Bank. Er lächelte, drehte sich mit großer Sorgfalt eine Zigarette und las dann in einer chinesischen Zeitung mit Eselsohren. Der Mann trug weite, blaue, wadenlange Hosen und abgetretene Sandalen. Er sah so aus, als sei er gerade von der Arbeit auf den Reisfeldern heimgekommen.

Bald glühten die Wolken am westlichen Himmel in einem leuchtenden Kupferton, die Sonne sank langsam in den Ozean und ich schlenderte zurück zur Herberge.

Man konnte schnell erkennen, dass Hawaii nicht für alle Menschen ein Paradies ist. Als ich durch die Hochhaussiedlungen Honolulus radelte, kam ich an einem Park vorbei, der voller selbstgebauter Zelte und Kartonhütten der Obdachlosen war. Auf ihre eigene Weise hatten diese Menschen aber vermutlich selbst hier eine Art Paradies gefunden. »Wo sonst auf der Welt kann man das ganze Jahr bei Temperaturen von über 20 °C draußen schlafen?«, fragte mich ein Mann, dessen Behausung aus einer Fahrzeugplane bestand.

Einige Tage später las ich im *Star Bulletin* etwas über ihren Protest gegen die Räumung des Parks durch Polizisten. Die nicht in hohem Maße von Tourismus abhängigen Städte auf dem Festland Amerikas sind toleranter gegenüber Mitbürgern, die durch das soziale Netz gefallen sind, aber in Hawaii fürchtet die Tourismusindustrie nichts mehr, als dass Stadtstreicher, Herumtreiber und Habenichtse es sich womöglich an den Stränden Oahus bequem machen könnten.

Die schönsten Strände befinden sich auf der Leeseite der Küste um Waianae. Viele hatten mich gewarnt, diese letzte Bastion der Ureinwohner Hawaiis wegen des extremen Territorialverhaltens der Anwohner nicht ohne Begleitung aufzusuchen. Hier, so sagte man mir, hätten *haoles* keinen leichten Stand, würden schikaniert oder sogar körperlich angegriffen. Es sei nicht sicher, behaupteten sie, und ließen mich im selben Atemzug ebenfalls wissen, dass allein zu reisen überall sonst gleichermaßen riskant, ja sogar gefährlich sei.

Diesen Aussagen entnahm ich eine tiefe Verbitterung. Reiche Außenseiter drangen in das Gebiet der Einheimischen ein, nahmen ihnen ihr Land, das seit Generationen dem eigenen Volk weitervererbt wurde. Man brauchte nicht viel Fantasie, um sich vorzustellen, wie sich zwischen Hawaiianern und *haoles* Verbitterung eingeschlichen hatte und eine tiefe Abneigung entstanden war.

Selbst wenn man versuchte, sich beim Zelten an geltende Gesetze und Vorschriften zu halten, konnte Hawaii einem den letzten Nerv rauben. Bei meiner Ankunft hatte ich noch geglaubt, ich könne mein Zelt ohne weiteres an jedem halbwegs versteckten Ort aufschlagen, der mir geeignet erschien. Da war ich aber schief gewickelt. Auf Oahu wurde einem das legale Zelten so schwer wie nur möglich gemacht, hatte man es doch mit Bürokratie, Formulare-Ausfüllen und griesgrämigen Sachbearbeitern zu tun.

Um auf einem staatlichen Campingplatz zelten zu können, benötigte ich eine Genehmigung. Um diese Genehmigung zu erhalten, musste ich erst einmal das Amt für Forstwirtschaft und danach die Abteilung für Nationalparks in der Innenstadt von Honolulu ausfindig machen. Obgleich mich ein Polizist auf einem Motorroller in die falsche Richtung geschickt hatte, hatte ich es nach viel Sucherei dann schlussendlich doch gefunden. Ich kam allerdings zehn Minuten zu spät: das Amt hatte um 16.15 Uhr geschlossen.

Am nächsten Morgen war ich wieder zur Stelle und wurde von einer sauertöpfischen Dame bedient, die mir mitteilte, ich müsse dem

Amt meinen Namen, Adresse, Telefonnummer und die Anzahl der Personen in meiner Reisegruppe, die genaue Art der benötigten Genehmigung, die Dauer meines Aufenthaltes sowie den Namen des Campingplatzes, auf dem ich zelten wollte, schriftlich mitteilen und das alles *mindestens* eine Woche im Voraus.

Ich sagte ihr, dass ich eine Genehmigung für die folgende Nacht, also Mittwoch, benötigte.

»Unmöglich«, erwiderte sie. »Wie ich Ihnen bereits mitgeteilt habe, müssen Sie die Genehmigung mindestens eine Woche vorher beantragen.«

Flexibilität war verboten. Hatte ich die Genehmigung zum Zelten in einem bestimmten Park ergattert, sollte es aber aus mechanischen oder körperlichen Gründen nicht schaffen, rechtzeitig in der reservierten Nacht dort einzutreffen und stattdessen in einem anderen Park landen, für den ich keine Genehmigung beantragt hatte, würde man mich nicht hereinlassen.

»Was soll ich also tun, wenn ich die letzten zwanzig hügeligen Kilometer nicht mehr schaffe und nicht einfach irgendwo mein Zelt aufschlagen darf?«, fragte ich die sauertöpfische Dame. »Auf dem Seitenstreifen schlafen?«

»Sieht ganz danach aus«, gab sie hilfsbereit zurück und ich glaubte zu erkennen, wie sich ihre Miene bei dieser Vorstellung langsam aufhellte und einen Ausdruck von Befriedigung annahm.

Ich gab auf. Stattdessen versuchte ich mein Glück beim Amt für Parks und Erholungsgebiete der Stadt und Gemeinde Honolulu in der King Street.

»Hallo«, begrüßte ich einen japanisch aussehenden Mann am Schalter. »Ich hätte gerne die Genehmigung, morgen, also Mittwochabend, im *Kualoa Park* und Donnerstag im *Haleiwa Beach Park* zelten zu dürfen.«

»An diesen Tagen können Sie nicht zelten«, informierte mich der Mann. Er schaute mir nicht ein einziges Mal in die Augen – sein Blick war starr auf die Gegend um meinen bedeckten Bauchnabel geheftet.

»Warum nicht?«, wollte ich wissen.

»Weil die Parks an diesen beiden Tagen der Woche geschlossen sind.«

Ich war überzeugt, dass man sich gegen mich verschworen hatte. Ich war ja wohl immer noch in Amerika, einem der Supermächte dieser Welt, und nicht in irgendeinem afrikanischen Provinznest. Aber offensichtlich war es sehr viel einfacher zu heiraten (in Las Vegas kann man sich 15 Minuten nach dem Heiratsantrag trauen lassen), als zu zelten.

Als ich mein japanisches Gegenüber fragte, warum denn die Parks in ebenjenen Nächten geschlossen seien, in denen ich dort zu zelten gedachte, teilte der Mann meinem Bauchnabel mit, dass dies mit dem Obdachlosenproblem in Hawaii zu tun habe. Die Parks an zwei zufällig gewählten Tagen zu schließen sollte illegal campierende Obdachlose davon abhalten, sich dort dauerhaft niederzulassen.

Ich warf endgültig das Handtuch, radelte wieder zurück in Richtung Waikiki und hielt unterwegs an einer Buchhandlung an, um mir die *Südseegeschichten* von Jack London zu kaufen. Als ich so herumstöberte, steuerte eine fröhliche junge Frau mit einem Klemmbrett auf mich zu.

»Verzeihung«, sagte sie. »Ich bin Marcy und ich mache gerade eine Umfrage zum Thema Hygieneverhalten für die Universität. Hätten Sie etwas dagegen, einen Fragebogen auszufüllen?«

Durchaus nicht. Das Formular enthielt Fragen wie:

Waschen Sie sich immer / manchmal / nie nach dem Toilettenbesuch die Hände?

Benutzen Sie immer / manchmal / nie Seife?

Waschen Sie Ihre Hände aus Gewohnheit oder aus Notwendigkeit?
Wer wäscht sich Ihrer Meinung nach länger die Hände, Männer oder Frauen?
Wie viel Zeit verbringt man Ihrer Meinung nach durchschnittlich mit dem Händewaschen, 3 : 5 : 10 : 15 : 25 Sekunden?

Ich legte mein Buch zur Seite und stellte mich in den Gang, um so zu tun, als ob ich mir die Hände wusch: Ich drehte den Fantasiewasserhahn auf, schäumte die Seife gründlich auf und trocknete mich dann sorgfältig mit einem Handtuch ab. Besorgt wich ein Kunde in meiner Nähe ein Stück von mir ab. Ich machte meinen Kreis um die 15. Als ich mir dann das nächste Mal tatsächlich die Hände wusch, achtete ich genau auf die Zeit. Ich brauchte überraschend schnelle 6 Sekunden. Man lernt nie aus.

Als ich Waikiki verließ, wurde ich im Schatten eines alles überragenden Vulkans namens Diamond Head von einem plötzlichen, wolkenbruchartigen Regenschauer überrascht. Warme, feuchte Windböen peitschten mit wütender Macht vom schäumenden Ozean herüber, trugen die Gischt der wilden Brandung ins Land und machten scharfkantige Palmwedel zu wild gestikulierenden Armen.

Ich kam an einem Briefträger in Shorts, langen weißen Socken und durchnässten Schuhen vorbei, der auf dem Kopf einen weißen Helm in Form einer Puddingschüssel trug. Er schenkte mir ein flüchtiges Lächeln und rannte, mir ein freundlich hawaiianisches »Aloha« zurufend, geduckt in Richtung Wagen, um dort Schutz zu suchen. Prompt ertönte ein hektisch ausgestoßenes »Scheiße!«, denn der Mann hatte sich den Kopf am Autodach gestoßen.

Als ich den *State Underwater Park* von Hanauma Bay erreicht hatte, schien wieder die Sonne. Es wurde heißer, die Straßen dampften, der Wind roch salzig, frisch und rau.

Hanauma Bay ist ein berühmtes Schnorchelparadies, aber ich besaß keinen Schnorchel. Es stand mir auch nicht der Sinn danach, mein Geld einfach am Strand zurückzulassen, um eine kleine Runde in den klaren, von grellbunten Fischen bevölkerten Fluten schwimmen zu können. Stattdessen lief ich an den Klippen links der Bucht entlang zur *Toilet Bowl*, benannt nach seinem toilettenschüsselförmigen Becken, wo ich mich in der Sonne niederließ und zwei kleinen Jungen aus der Gegend beim Planschen und Herumalbern zusah. Der Wasserstand in diesem schüsselförmigen Naturphänomen hob und senkte sich mit den Wellen, die durch eine bizarre, aus Lava geformte rohrähnliche Leitung in das Becken hinein- und wieder herausschwappten. Die glänzenden, braungebrannten Körper der Jungs riefen beim Betrachter den Eindruck hervor, als trieben sie in der Schüssel eines riesigen Spülklosetts.

Auf dem Weg zurück zum Highway 72 umrundete ich den Fuß des Kohelepelepe (»fransige Vagina«), eines schlafenden Vulkans, der besser unter dem Namen Koko Crater bekannt ist. In Hawaii gibt es Unmengen von Legenden und die von Koko Crater besagt, dass die große Feuergöttin Pele eine Schwester namens Kapo hatte, die statt eines fliegenden Teppichs eine magische, fliegende Vagina besaß, die sie jederzeit an jeden beliebigen Ort bringen konnte. Als der Schweinegott Kamapua'a versuchte, Pele zu vergewaltigen, eilte ihr Kapo zur Hilfe, indem sie ihre Vagina als Köder einsetzte und Kamapua'a so an den Koko Head lockte, wo sie einen Krater bildete und dann wieder davonflog. Die rätselhafte magische Vagina aber hatte sich bereits in Luft aufgelöst und den in heißer Verfolgungsjagd hinter ihr her hechelnden Kamapua'a unverrichteter sexueller Dinge zurückgelassen. So prickelnd ist die Poesie Hawaiis.

Die warmen Passatwinde wehten mich die Küste entlang, vorbei am Sandy Beach, berühmt als Bodysurfing-Paradies und berüchtigt dafür, die weltweit höchste Anzahl an gebrochenen Hälsen und verletzten Wirbelsäulen verursacht zu haben. Statt diesem traurigen Rekord ein weiteres potenzielles Opfer hinzuzufügen, entschied ich mich fürs Planschen.

Ich befand mich auf dem Weg nach Kailua Bay. Dort wohnte Laura Schmidt, mit der ich mich in Honolulu angefreundet hatte. Als ich am Flugwaffenstützpunkt Bellows (laut meiner Karte nicht mehr benutzt) vorbeiradelte, zog ein klappriger Jeep an mir vorbei, machte dann kehrt, fuhr im Schneckentempo auf der anderen Straßenseite an mir vorbei, wendete erneut und überholte mich wiederum in einem verdächtig langsamen Tempo. Schließlich kam der Wagen knirschend zum Stehen und ein kleiner, gedrungener Mann mit schwarzgelocktem Haar und verschmiertem Gesicht lehnte sich aus der türlosen Fahrerseite. Als ich mich ihm näherte, rief er mir etwas zu. Nachtigall, ick hör dir trapsen, dachte ich mir und wich, den Blick stur geradeaus, auf die leere, gegenüberliegende Straßenseite aus, um einen möglichst weiten Bogen um diesen verdächtigen Kerl zu machen. Mein Herz schlug schneller. Der Jeep überholte abermals, verlangsamte seine Fahrt und hielt an. Erneut rief mir der Mann etwas zu. Dieses Mal blieb ich stehen. Ich hatte keine Lust, von einem »Durchgeknallten« verfolgt zu werden, der mich jeden Moment vom Rad stoßen könnte. Ich beschloss herauszufinden, was er von mir wollte.

»Hey! Willste für'n Boot modeln?«, fragte er.

In meinem Hirn blitzte zunächst der Gedanke an das Zusammenbauen von Miniatur-Modellbooten auf.

»Siehst echt sportlich aus«, sagte er. »Haste Lust, dich in duften Badesachen fotografieren zu lassen? Macht echt Laune und gute

Kohle gibt's auch. Heiße Captain Eddy – echt nett, dich kennenzulernen.«

Als Model arbeiten? Der Vorschlag war geradezu absurd und mit Sicherheit verdächtig. Schon mal von einem 1,50 Meter kurzen Mädel mit pulsierenden Wadenmuskeln gehört, dem man einen Job als Model angeboten hat?

»Hab kein Interesse, danke«, sagte ich.

»Ach komm schon, *Babe*«, meinte er und musterte mich mit einem anzüglichen, verschlagenen Blick. »Du traust mir nicht, hm? Denkst wohl, ich seh schmutzig aus. Das kommt nur, weil ich gerade dem Boot einen neuen Anstrich verpasst habe. Guck mal hier.«

Er zog eine abgegriffene Geldbörse aus der Tasche und ließ sie aufklappen, um mir seinen Polizeiausweis zu zeigen.

»Siehste, bin Teilzeit-Polizist. Ich arbeite für die Polizei in der Innenstadt. Gibt echt keinen Grund, sich Sorgen zu machen – bei mir biste echt in sicheren Händen«, sagte er mit einem listigen Grinsen.

»Verpiss dich!«, erwiderte ich. »Ich treff mich da hinten mit meinem Freund, der ist Bodybuilder und ich glaube nicht, dass der auf so was steht – genauso wenig wie auf dich!«

Alles, was ich jetzt brauchte, war ein Turboantrieb, der mir einen raschen und eindrucksvoll die Botschaft »Pfoten weg!« unterstreichenden Rückzug ermöglichen könnte. Stattdessen fummelte mein Fuß am Pedalriemen herum, ich kam nicht hinein und zuckelte unelegant, mit der Geschwindigkeit einer Schnecke mit Geburtswehen den Hügel hinauf. Um es kurz zu machen, ich war immer noch leichte Beute.

Der Jeep holte mich ein und Captain Eddy schnipste mir seine Visitenkarte zu.

»Überleg's dir!«, sagte er. »Keine Eile. Ich steh so 'n bisschen auf dich und ich glaub', wir sehen uns schon bald wieder!«

Er warf den Kopf in den Nacken und stieß ein abscheuliches Lachen aus, dann wendete er seinen Jeep und brauste in die Richtung, aus der er gekommen war, davon.

Als ich bei Laura und Jack Schmidt ankam, erzählte ich ihnen von meiner Begegnung mit Captain Eddy. Mit besorgter Miene berichteten sie mir, dass es auf dem *Pali Highway* eine Reihe von Überfällen gegeben hatte. Frauen, die auf der Straße angehalten oder eine Panne gehabt hatten, seien von einem Mann, der sich als Polizist ausgegeben hatte, vergewaltigt oder sexuell angegriffen worden. Ich fragte mich: War etwa er das gewesen?

Laura und Jack lebten mit ihren beiden bildhübschen Töchtern Jessica und Jennifer in einem länglichen Holzbungalow. Als Pilot bei *Hawaiian Airlines* war Jack zuständig für den Flugverkehr zwischen den Inseln und somit jeden Abend zu Hause. »Das Leben ist gut«, sagte er zu mir. Vor ungefähr 16 Jahren sei er aus dem verregneten Seattle nach Oahu gezogen, aber über die Jahre hinweg habe er zunehmend seine Illusionen über Hawaii verloren.

»Es ist nicht mehr das Paradies, das es einmal war«, meinte er. »Die Gewalt ist überall. Die Zahl der Überfälle, Vergewaltigungen, Morde und Touristenentführungen ist mittlerweile zu hoch. Es gibt verdammt viel Rassenhass da draußen. In so einer Umgebung möchte ich meine Töchter einfach nicht aufwachsen sehen. Ich habe mir schon überlegt, auf die Cook-Inseln zu ziehen, da scheint man richtig gut leben zu können.«

Ich ging ein paar Schritte in den Garten und wurde sogleich von einem schwarzen Hund wütend angekläfft. Laura klärte mich unter großen Entschuldigungen auf.

»Wir haben ihn noch nicht so lange«, sagte sie. »Seit bei uns eingebrochen wurde, halten wir ihn als Wachhund. Bevor das passiert ist, fühlten wir uns immer so sicher hier. Jack und ich haben nachts wegen des Durchzugs immer die Verandatür neben unserem Schlafzimmer aufgelassen. Das machen wir jetzt nicht mehr. Wir verschließen alle Fenster und Türen.«

Sie erzählte mir von dem Einbruch. »Es war spät am Abend. Jack telefonierte in seinem Büro am anderen Ende des Hauses und ich hatte mich auf der Couch ausgestreckt und war ein bisschen eingenickt. Dann wachte ich urplötzlich auf und hatte so ein schreckliches Gefühl, als ob noch jemand im Haus wäre. Und dann sah ich ihn – ein dunkler Schatten stahl sich aus dem Schlafzimmer. Ich schrie und schrie und er rannte durch die Verandatür hinaus in die Nacht. Jack lief schnell zu mir, ich hatte einen furchtbaren Schock. Ich habe lange gebraucht, darüber hinwegzukommen. Es hat mir solche Angst gemacht. Jetzt haben wir uns einen Hund zugelegt, da fühlen wir uns ein bisschen sicherer.«

Ich las Jennifer vor dem Zubettgehen noch eine Geschichte vor. Bei meiner Ankunft hatte sie, mit einem engelsgleichen Feenkostüm bekleidet, vor dem Fernseher gesungen und getanzt und dabei stets mit einem Auge auf einen Videofilm namens *Yeller* geschielt. In diesem Film ging es um einen großen, springenden Hund, der unter das Trommelfell erschütterndem Singsang heldenhafte Taten vollbrachte.

»Fernsehen mag ich auf der ganzen Welt am liebsten«, sagte sie. Ich dachte nur: Wie bedauerlich.

Später erzählte mir Laura beim abendlichen Nudelgericht von ihrem Kater, der eines Tages verschwunden war. Ein paar Tage später sei er tot am Strand gefunden worden. Unter großer Trauer hatte man dem Tier ein angemessen würdevolles Begräbnis mit Blumen und allem Drum und Dran gewährt. Kurz danach habe jedoch eine Nachbarin angerufen und fröhlich verkündet, sie habe den Kater gefunden. Laura habe erwidert: »Aber das geht nicht – er ist tot.«

Es stellte sich heraus, dass sie das falsche Tier bestattet hatten.

Am nächsten Morgen versuchte Jack, mich davon zu überzeugen, meine geplante Tour um die Insel abzublasen.

»Es ist einfach zu gefährlich«, sagte er. »Du kannst gerne noch bei uns bleiben, benutz unser Haus einfach ein paar Tage als Ausgangspunkt – unternimm vielleicht einige kurze Tagesausflüge oder häng einfach am Strand ab. Auf dieser Insel gibt es viele schlechte Menschen und ich möchte nicht, dass irgendeiner von denen dir zu nahe kommt.«

Dann bat er mich, mit seinem australischen Freund und Arbeitskollegen zu sprechen.

»Schauen Sie«, setzte die Stimme am anderen Ende der Leitung an, »es geht hier nicht darum, *ob* Ihnen etwas zustößt, sondern *wann* dies geschieht.«

Mit diesen aufmunternden Worten im Kopf packte ich meine Sachen, umarmte meine Gastgeber zum Abschied, versprach anzurufen und verließ Kailua in nördliche Richtung. Bevor ich die Stadt hinter mir ließ, hielt ich am *Food Pantry* Supermarkt und hatte dort meine erste Begegnung mit einem absurden Kassenautomaten mit Marsmännchenstimme.

»... 59 Cent ... 2 Dollar 65 ... 17 Cent ... 1 Dollar 40 ... das sind 5 Dollar 32 ... und 18 Cent zurück ... Vielen Dank für Ihren Einkauf bei *Food Pantry* ... einen schönen Tag noch ... oh, und nehmen Sie sich in Acht vor Captain Eddy ... denken Sie daran, Sie sind in Hawaii ... ein Paradies voller Durchgeknallter ...«

Ich fuhr weiter die Küste entlang, eine klar umrissene Bergkette, die Koolau Range, im Blick, deren Berghöhen in grellen Violett- und Grüntönen wie ein Bollwerk zu meiner Linken aufragten, während der Pazifik zu meiner Rechten unablässig gegen das Riff krachte. Zertrümmerte und zerdellte Autowracks bildeten einen eigenartig scharfen und hässlichen Kontrast zu der schlichten grünen Schönheit der Landschaft – mit Graffiti beschmiert lagen sie dort wie in einem Grab, verunstalteten die eigentlich wunderschönen Bäche, üppigen dschungelähnlichen Wälder oder setzten an halbmondförmigen, weißsandigen Stränden Rost an. Ich war überrascht von dieser Verwahrlosung. Glassplitter lagen am Straßenrand (Hunderte von zerbrochenen Bierflaschen – man behauptet, die Einwohner würden gerne einen heben), Chips- und Bonbontüten, Zigarettenschachteln und Blechdosen – eine nicht enden wollende Flut von Gerümpel und störenden Schandflecken. Es gab sogar tote Hunde.

In Kahuku hielt ich an, um im Schatten ein wenig auszuruhen. Da hörte ich, wie sich unweit von mir zwei einheimische Jungs in *Pidgin*-Englisch unterhielten. Diese Mischsprache Hawaiis hat einen außergewöhnlichen Klang, einige Worte hört man sofort heraus, sie scheinen bekannt, doch verhelfen sie einem nicht zu einem besseren Verständnis der Unterhaltung. Die Sprache hat sich während der Zeit des Plantagenanbaus im vorletzten Jahrhundert entwickelt, als Hawaiianer und *haoles* mit Einwanderern aus China, Japan und Portugal kommunizieren mussten. Eine einfache gemeinsame Sprache musste geschaffen werden, damit sich die Arbeiter schnell untereinander verständigen konnten, und so entstand das gesellige, bunte hawaiianische *Pidgin*-Englisch.

Das Schwätzchen der beiden Jungen klang für mich so ähnlich wie: »*Hey! Howzit brah? Hele on. Do lolo buggah – one wid da cockaroach – man was he swell head. Li'chs an' Lil'dat da'kine wahine in da'kine trouble, as her big Haiwaiian blalah, get plenty hu hu an'den da tita was hele on. Some say ono dis kaukau! O. K. Les go.*«

Ich konnte nicht viel verstehen, aber ich weiß, dass es bestimmt kein Kompliment ist, wenn man »*lolo buggah pakiki head*« genannt wird.

Ich erreichte den Sunset Beach, den Surfer-Strand, und lehnte mein Fahrrad gegen ein Toilettenhäuschen. Nachdem ich dem reichlich verdreckten WC einen Besuch abgestattet hatte, setzte ich mich zwischen die Grasbüschel einer Düne und beobachtete das Treiben am Strand. Überall sah man braungebrannte, muskulöse Körper, die Surfbretter unter dem Arm oder unter den Füßen. Weiter draußen, in der Nähe des Riffs, führten talentiertere Muskelmänner auf den Wellenbergen ein wahres Ballett auf, virtuos hielten sie ihr Gleichgewicht und glitten über die krachende, rollende Brandung auf dem gewaltigen Meer. Unter günstigen Bedingungen können sich riesige azurblaue Wellenberge von bis zu 12 Metern geballter Wasserkraft auftürmen. An Stränden wie Bonzai Pipeline, Pinballs oder Rubber Duckies werden Surferträume wahr.

James Cook war der erste Weiße, der von Surfern auf Hawaii berichtete. Die Könige der Inseln ritten die Wellen auf *olos*, großen Brettern aus Zuckerrohr und Seidenholz. Den Sport umgab immer etwas Mysteriöses, Rituelles, und als die calvinistischen Missionare auf die Insel kamen, glaubten sie, Surfen sei ein heidnischer Brauch, und verboten es.

Die Surfer am Sunset Beach waren keine Könige, sondern überwiegend Kalifornier, die hierher gekommen waren, um sich einen Traum zu erfüllen. Ihr Leben drehte sich nur noch um verschiedene Surfbrett-Designs (eine Finne, spitz zulaufendes Heck, drei Finnen oder Heck mit V-förmigem Einschnitt), Surfer, Surfen und alles, was mit Surfen zu tun hatte. Der Rest hatte kaum Bedeutung. Nur das Meer zählte.

Ein großer Typ mit dreieckigem Oberkörper kam herüber und setzte sich neben mich. Er sah aus wie einer von den Chippendales.

»Hey, *Babe*«, warf er sich in die Brust, »alles im grünen Bereich?«

Ich habe schon immer meine Probleme gehabt mit dieser saloppen Art, jemanden zu begrüßen, und wusste nicht, wie ich angemessen im Surfjargon antworten sollte. Sollte ich mein Gegenüber mit einer typisch pompös-britischen Antwort wie »Angenehm, Sie kennenzulernen. Wie geht es Ihnen?« schockieren oder besser mit einem lässigen »Alles paletti« antworten?

Keine Variante klang wirklich passend. Ich hörte, wie sich die echt hippen Typen unterhielten, und beschloss, dass ich, wollte ich dazugehören (was nicht meine Absicht war), in einem entspannten, schleppenden Westküstenakzent etwas wie: »Hey, abgefahren – alles cool, Mann« erwidern müsste. Aber so war ich nicht. Stattdessen gab ich Herrn Protz von Chippendale die Antwort: »Gut, danke, aber mir ist ein bisschen heiß.«

»Radelst du weit?«, fragte er.

»Tja, ich habe vor, um die Inseln zu fahren und dann ... ich weiß noch nicht genau ... vielleicht bis nach Mexiko.«

»Echt? Das ist ja total fett, Mann – du bist ja voll besessen!« Dann meinte er: »Hey, ich sag dir was, *Babe* – warum hängst du nicht einfach 'n bisschen bei uns ab? Hier geht echt was ab, is 'ne coole Szene.«

Einer seiner lässigen Kumpel, in derart überkurze, eng anliegende Badehosen gezwängt, dass man um seine Männlichkeit fürchten musste, schlenderte zu uns herüber und warf Herrn Chippendale lässig ein eisgekühltes Sechserpack *Rolling Rock* zu. Er sagte: »Alles lässig, Mann«, und ich dachte: Reden diese Leute *wirklich* so miteinander?

Ich mietete mich ganz in der Nähe ins *Vacation Hostel* ein, einer Absteige für Surfer, und bekam das letzte Bett in einem Zimmer mit drei Jungs. Es war dunkel, schmuddelig und eng. Überall lag Sand: in meinem Bett, auf dem Boden, im Waschbecken. Die Toilette war verstopft, aber das kam nicht vom Sand. Auf dem knirschenden, nassen Boden lagen einige benutzte Kondome.

Ich kam aus dem Waschraum und lief in mein düsteres Zimmer zurück, da begrüßte mich das nackte Hinterteil eines Surfmeisters, der sich die Lycrahosen ausgezogen hatte und gerade dabei war, in seine weiten, neonfarbenen Shorts zu schlüpfen.

»Hoppla! Verzeihung.«

»Hey, null Problemo, Mann«, kam die forsch-fröhliche Antwort. »Wir sind hier alle eine große, glückliche Familie.«

Greg, ein Installateur vom Festland, hatte auf Hawaii Urlaub gemacht, einen Teilzeitjob gefunden und war geblieben. Das war vor fast zwei Jahren gewesen. Er surfte am Morgen, arbeitete am Nachmittag als Installateur und trieb sich in der Nacht auf Partys herum.

»*Yeah* – das Leben ist verdammt cool«, sagte er.

Später lag ich auf dem oberen Lager eines Stockbettes in der schwülen Hitze und lauschte dem Regen, der die ganze Nacht auf das Wellblechdach prasselte. Durch das mit einem Moskitonetz bespannte Fenster konnte ich sehen, wie die Tropfen von den Bananenblättern platschten. Das klang nicht gerade vielversprechend. Aber der Morgen dämmerte klar und kühl. Ich überließ die Surfkönige ihrem Schlummer, dem Sand, dem Meer und ihren Bonzai Pipelines.

Auf dem Weg landeinwärts Richtung Honolulu kam ich an unzähligen Feldern vorbei, auf denen Ananas für Dole und Südfrüchte für Del Monte angebaut wurden. Mittlerweile war es wieder heiß in der Sonne und die Luft roch zuckersüß. Es war, als stecke meine Nase in einer riesigen Schüssel Ananas aus der Dose.

Dann sah ich die *Schofield Barracks,* »Stützpunkt des Infanteriekommandos *Tropic Lightning*«. Hawaii ist der militarisierteste Staat Amerikas und auf meiner Karte wimmelte es von cremefarben markierten, abgegrenzten Militärgebieten. Die Soldaten und ihre Familien neigen dazu, unter sich zu bleiben, sie leben in ihrer eigenen, abgezäunten und abgesicherten Welt, sie schwimmen an ihren eigenen Stränden, gehen in ihre eigenen Schulen und Kirchen und kaufen in ihren eigenen Läden ein. Die einheimischen Hawaiianer mögen keine Soldaten. Sie nennen sie »*jar heads*«, was soviel heißt wie »Flachköpfe«.

Als ich auf dem Hügel stand, von dem aus man einen weiten Blick auf die Hochhäuser von Honolulu und die vielen kleinen Pünktchen der auf dem Meer treibenden Flotte von Booten in Pearl Harbor (das im Jahre 1941 als die sicherste Festung der Welt bezeichnet wurde) hatte, fragte ich mich, wie es hier wohl vor 50 Jahren ausgesehen hatte, als an jenem Dezembermorgen am blauen, wolkenlosen Himmel japanische Flieger aufstiegen, Raketen abschossen und Bomben warfen, als hier Schiffe versanken und fast zweieinhalbtausend Menschen den Tod fanden. Präsident Roosevelt bezeichnete dieses Ereignis als »Tag der Schande«.

Die Amerikaner waren damals völlig überrascht worden. Die Japaner waren so überzeugt vom Erfolg ihres Angriffs, dass die Piloten sich weiße Tücher mit der Aufschrift *Hissho* – »Sicherer Sieg« – um die Köpfe gebunden hatten. Der katastrophale Angriff auf Pearl Harbor löste den Eintritt der Vereinigten Staaten in den Zweiten Weltkrieg aus.

7
Die Insel des flüssigen Sonnenscheins

Es war Valentinstags-Wochenende. Am Flughafen von Honolulu, wo ich das letzte Ticket dieses Tages für einen *Aloha-Airlines*-Flug nach Kauai ergattert hatte, wimmelte es nur so von Liebespärchen und gut gelaunten Urlaubern. Zum Glück erwies sich die Information, die ich in Los Angeles erhalten hatte, als falsch: Ein Fahrrad auf Flüge zwischen den verschiedenen Inseln mitzunehmen war nicht nur möglich, sondern sogar ganz leicht – kein Verpacken, kein Auseinandermontieren, kein Ärger.

Das Geschäft mit Leis hatte Hochkonjunktur. So gut wie jeder war mit einer dieser großen Blumenketten geschmückt, die jedem Inselbesucher traditionell bei Ankunft oder Abreise überreicht werden. Der schwere, berauschende Duft von Mokihana-, Ilima-, Lehua- und Frangipaniblüten vermischte sich mit dem reichlich vorhandenen Schweißgeruch. Es war sehr heiß.

Das Paar vor mir in der Schlange schaute mich unverwandt an. Schließlich drehte sich der Mann, Clarence, um und sagte: »Hallo! Wissen Sie, Sie sehen unserer Tochter zum Verwechseln ähnlich.«

»Ach, wirklich?«

»Donnerwetter«, bemerkte seine Frau, »die Ähnlichkeit ist schon fast unheimlich.«

Ob nun wegen meiner unheimlichen Ähnlichkeit mit ihrem Sprössling oder weil sie einfach nur nett waren, jedenfalls nahmen sie sich meiner mit teilnahmsvoller elterlicher Fürsorge an und versuchten, mir etwas Geld zuzustecken, »zu Ihrer eigenen Sicherheit, Herzchen«. Dann schrieben sie mir ihre Adresse auf (sie lebten in Maryland) und versprachen, dass sie mir, sollte ich sie besuchen, auf einem Berg mit Aussicht auf ihr Heim ein Abendessen spendieren würden. Das Angebot klang appetitlich. Doch wo genau lag Maryland? Irgendwo, meilenweit entfernt.

Wir erreichten Kauai, die »Garteninsel«, in schnellen 18 Minuten mit dem Flugzeug. Beim Landeanflug sah das Land durch das Bordfenster sehr grün aus. Und auch sehr nass.

Auf Kauai bezeichnet man einen kleinen Schauer als »Segen« und Regen wird »flüssiger Sonnenschein« genannt. Doch als ich mich auf der Straße vom Flughafen nach Lihue, gebeutelt von mächtigen Winden, durch sintflutartige Regenfälle plagte, konnte ich dem nassen Wetter nichts Sonniges abgewinnen. Obwohl ich kaum mehr als 4,5 Kilometer zurückgelegt hatte, kam ich völlig durchnässt und erschöpft im *Tip Top Motel* an. Ich schob mein Rad vom Parkplatz direkt in mein Zimmer, schloss die Tür und ließ die Naturgewalten draußen weitertoben. Das *Tip Top* war das allererste Motel, in dem ich je übernachtet hatte. Es war schlicht, aber sauber. Auf dem Linoleumfußboden hörte man jeden Schritt und es gab Nägel statt Haken, auf denen meine Jacke langsam tropfend trocknete.

An diesem Abend stieg gleich nebenan in einer Schule aus Baucontainern eine Valentinstagsparty, die bis in die frühen Morgenstunden tobte. Gelegentlich spähte ich durch die Milchglasscheiben meines Lamellenfensters in den prasselnden Regen und konnte schemenhaft einzelne Pärchen ausmachen, die sich auf dem Tanzboden im Klassenzimmer im Rhythmus der Musik wiegten.

In dieser unruhigen Nacht träumte ich nicht etwa von Romanzen, sondern von einem Rasentrimmer, auf dem ich, wie auf einem motorisierten Hexenbesen, über den Ozean glitt. Ich war auf dem Weg zu einer verlassenen Insel. Am Horizont konnte ich schon ihre Umrisse erkennen, aber noch bevor ich sie erreicht hatte, war mir das Benzin ausgegangen und ich stürzte eine halbe Ewigkeit lang hinab ins Meer.

Am nächsten Morgen wagte ich mich wieder hinauf in die Lüfte, doch in einem Fluggerät, das sich hoffentlich als etwas zuverlässiger erweisen würde als mein fliegender Rasentrimmer. Ich wollte an einem Inselrundflug im Helikopter teilnehmen.

Eigentlich wollte ich zuerst nicht so recht. Nicht etwa aus Angst vor meinem ersten Flug in einem Hubschrauber, sondern weil ich fand, man sollte weder die Lärmverschmutzung noch das respektlose Einfallen einer lärmenden, Begeisterungsrufe ausstoßenden Meute Touristen in entlegene, ansonsten nicht zu erreichende Gebiete finanziell unterstützen. Das war meiner Meinung nach nicht unbedingt die Art, wie diese Insel oder deren Bewohner von anderen beäugt werden sollten. Es schien mir rücksichtslos, verlogen und unredlich, auf diese Weise neugierig dichte, grüne, versteckte Winkel und Ecken zu erforschen, die der Urbevölkerung Hawaiis gehörten, von denen viele an den wohl unwahrscheinlichsten und unmöglichsten Stellen, wie in den bis zu einem Kilometer hohen Klippen der spektakulären Küste von Na Pali, in ihren Kanus zur letzten Ruhe gebettet worden waren.

Als ich aber las, dass Hubschrauber (mal abgesehen vom Lärm, den sie machen) das Ökosystem weniger schädigen als Wanderer, schenkte ich dem zwar keinen Glauben, aber es erleichterte mein Gewissen doch ein wenig. Also buchte ich den Flug.

Bevor die drei anderen Passagiere (Amerikaner) und ich in den Helikopter klettern durften, mussten wir uns zunächst wiegen lassen, um die Last gleichmäßig zu verteilen. Hank, der Pilot, sagte: »Und tauscht keinesfalls die Plätze, sonst gehen wir kopfüber.« Thelma, die eine Hälfte eines Pärchens aus Texas, das sich gerade auf Hochzeitsreise befand, stellte schließlich die Frage, die die meisten von uns bewegte, doch keiner sich zu äußern traute.

»Entschuldigen Sie, Hank«, sagte sie und atmete tief durch. (Wir alle wussten, was jetzt kam.) »Hatten Sie schon mal einen schlimmen Unfall?«

»Nun, soviel ist sicher: In einem Helikopter ist jeder Unfall schlimm. Aber ich gebe Ihnen eine bessere Antwort, wenn wir wieder unten sind.«

Und los ging's. Mit ratterndem Dröhnen schraubten wir uns gen Himmel.

Wie Teppiche schimmerten die smaragdgrünen Zuckerrohrfelder in der Sonne. Doch schon Sekunden später, als wir auf den in Nebel gehüllten Mount Waialeale zuflogen, dem feuchtesten Platz der Erde, der sich stolzer 12 000 Millimeter Niederschlag pro Jahr rühmt, sausten wir bereits durch einen Regenschauer. Im Schwebeflug hielten wir kurz inne und beobachteten, wie sich über den tausenden Wasserfällen, die tosend die üppig bewachsenen Berghänge hinunterstürzten, unzählige Regenbogen aufgespannt hatten, dann schwirrten wir weiter.

Vor uns, die wir durch eine große, wie eine Seifenblase geformte Cockpitscheibe starrten, türmten sich die zerklüfteten roten Felsen des Waimea Canyon auf, der »Grand Canyon des Pazifiks«, hörte ich Hank über meine Kopfhörer sagen. Wenn er nicht gerade seine abgedroschenen Anekdötchen zum Besten gab, bot er uns ein musikalisches Intermezzo, das unseren geräuschvollen Flug über den Alakai-

Sumpf vermutlich auf ergreifende Weise untermalen sollte. Thelma und ihr frisch angetrauter Ehemann Kurt fanden eine solch erhebende musikalische Berieselung bewegend. Sie unterbrachen ihre bis zum Erbrechen wiederholten Ausrufe von »Wow!« und »Boa!« und »Zauberhaft!« und »Mein Gooott!« für einen kurzen Moment, um lächelnd tiefe Blicke und dann einen schmatzenden Kuss auszutauschen. Die andere Mitreisende, eine verhuschte Frau mittleren Alters, gab auf dem gesamten Flug keinen einzigen Mucks von sich.

Ich schob mir die Kopfhörer von den Ohren und steckte vorsichtig meinen Kopf halb aus dem kleinen Schiebefenster an der Seite. »Mein Gooott!«, dachte ich, als mir der kalte, stechende Wind ins Gesicht schlug – das war zauberhaft! Wow! Ich fühlte mich, als säße ich wieder auf meinem fliegenden Rasentrimmer.

Wir schossen so nah an einem steilen, rot zerklüfteten Bergrücken vorbei, dass ich schon erwartete, jeden Moment mit voller Wucht dagegenzukrachen. Als dann der Boden, noch vor einer Sekunde praktisch zum Greifen nah, jäh senkrecht abfiel und einen 12 Kilometer tiefen Abhang hinunter in die wogende See zu stürzen schien, stimmte ich in die bewundernden Ausrufe der Händchen haltenden Flitterwöchner ein und rief ebenfalls: »Boa!« Wir flogen über abschüssige Lava-Täler, die an runzelige, wettergegerbte Gesichter erinnerten, und sahen Klippen, die sich wie gezackte Schutzwälle über Kauais herrliche Küste von Na Pali erhoben.

Der Flugplatz *Barking Sands* und die Raketenstation *Pacific Missile Range* lagen ganz in der Nähe, auf der anderen Seite einer Landzunge mit unzugänglichen, zerfurchten Klippen, und einen Moment lang, als ich mit großen Augen auf die stürmische See hinabblickte, sah ich einige Torpedos, die allerdings weit beeindruckender waren als alles, was jemals von Menschenhand geschaffen worden ist: Buckelwale. Für diese 50-Tonnen-Geschosse war die Wintersaison angebrochen, daher hatten sie sich auf Wanderschaft begeben, um in den warmen, fortpflanzungsfreundlichen Gewässern dieser südpazifischen Inseln herumzutollen, sich zu paaren und ihre Jungen auf die Welt zu bringen.

Als mein Magen wieder an seinem angestammten Platz war, stattete ich der Polizeistation in Lihue einen Besuch ab, da man mir gesagt hatte, ich könne hier eine Campinggenehmigung erwerben.

»Wir haben geschlossen«, teilte mir der Kaugummi kauende Cop mit. Die verspiegelte Sonnenbrille auf dem Kopf, lehnte er sich in seinem Stuhl zurück und legte die Füße auf den Tisch. Unter einer Ansammlung von Telefonen und Papieren, die über seinen Schreibtisch verstreut waren, befanden sich auch ein qualmender Aschenbecher, eine Bierdose und ein Waffenhalfter. Ich hatte das Gefühl, gerade eine lässige Filmkulisse für *Miami Vice* betreten zu haben.

»Wir haben ein langes Wochenende«, sagte er mechanisch. Vor Dienstag bekommen Sie keine Genehmigung.«

Beim Verlassen kam ich an einem Poster vorbei, auf dem stand:

MIT ZUVIEL ALKOHOL KANN AUS IHREM WEIHNACHTS-
FEST EIN TRAUERSPIEL WERDEN. LASSEN SIE ES NICHT
SO WEIT KOMMEN.

Ich fuhr am Hoary-Head-Gebirge vorbei, in dessen Felsformationen man angeblich auch das Profil von Königin Victoria erkennen soll. Ich erblickte einen Felsvorsprung, der gerade so als Nase und Kinn durchgehen konnte, aber Ähnlichkeit mit Königin Victoria – nun, dafür musste man in seiner Fantasie wohl noch ein paar Ausgrabungsarbeiten durchführen.

Ich hatte den »Grand Canyon des Pazifiks« aus der Luft gesehen, jetzt sah (und spürte) ich ihn aus dem Sattel. Hinauf ging's, nur diesmal sehr, sehr langsam. Ich ließ die Hitze, die Zuckerraffinerielager und Waimea (die Küstenstadt, in der 1778 Captain Cook zuerst an Land ging) hinter mir und erklomm die kurvenreiche Canyonstraße, die sich in einem unablässig steilen, erbarmungslosen Anstieg nach oben wand. Überall lag blutrote Erde, der feuerfarbene Staub klebte an meinem T-Shirt und meiner glänzenden, schweißnassen Haut. Dann fing es ganz plötzlich an zu regnen, ein heftiger, trommelnder Guss, der mich statt zu schwitzen schaudern ließ. An den Armen bekam ich eine Gänsehaut, oder *Hühnerhaut*, wie es in der lokalen *Pidgin*-Sprache heißt.

Als ich zurück nach unten schaute, reichte mein Blick über einen weiten, leuchtend grünen Felderteppich aus wogendem Zuckerrohr und eine kleine Ansammlung von Blechdachhäusern bis hin zu strahlend weißem Sand und Meeresbrandung. All das lag tief unter mir und war noch in wunderbar strahlendes Sonnenlicht getaucht.

Der Regen wurde stärker, dann war ich von dichtem, kaltem Nebel umhüllt. So viel zum Thema Sehenswürdigkeiten! Bei meiner Sicht hätte die Schlucht mit ihren tiefen Rot- und Rostbraun-, Lila- und Goldtönen ebenso gut irgendeine beliebige Vorstadt sein können. Während ich mich so Stunde um Stunde den Berg heraufmühte, müde, hungrig und nass, schlich sich ein Gedanke ein: Warum mache ich das eigentlich? Niemand zwingt mich. Es ist schrecklich. Ich muss hier niemandem etwas beweisen. Die Welt wird nicht besser, weil ich es bis zum Gipfel geschafft habe. Worin liegt der Sinn, 12 Kilometer zu radeln, mitten hinein in eine eiskalte, neblige Wolke der Dunkelheit, wenn ich sowieso nichts sehen kann? Ich kann noch nicht einmal auf der anderen Seite eine andere Route hinunter nehmen, weil es keine gibt. Und ich habe diesen Canyon schon aus der Luft gesehen.

Ich machte eine Kehrtwendung und schoss den Berg wieder hinunter. Na ja, eigentlich tat ich das nicht, obwohl ich es hätte tun sollen, wenn ich vernünftig gewesen wäre. Stattdessen packte mich der unerklärliche Drang weiterzufahren – ich durfte nicht aufgeben, obwohl ich jeden schmerzenden Tritt in die Pedale hasste. Es ist schon eine komische Welt: Ich wünschte mir verzweifelt, nicht das zu tun, was ich gerade tat, tat es aber dennoch. Vielleicht wächst sich das bei mir eines Tages noch aus.

In Selbstmitleid badend, führte ich gerade murmelnd und niedergeschlagen zusammenhanglose Selbstgespräche, als plötzlich etwas die bewaldete Böschung herunterstürzte und direkt vor mir in einem unbeholfenen und ziemlich uneleganten Haufen auf der schlammroten Straße landete.

Ich war schockiert.

Es war ein großer, schwarzer und ziemlich mies gelaunter wilder Keiler mit ganz entschieden unsympathischen 10 Zentimeter langen Hauern. Er rappelte sich wieder auf und schnaubte wütend. Dann erblickte er mich.

Er starrte mich an.

Ich stand regungslos, das Fahrrad zwischen den Beinen, und starrte zurück. Wir hatten uns beide erschreckt und starrten uns – voller Angst – an, keiner sicher, was er von dem anderen halten sollte.

Als sich unsere Blicke trafen, konnte ich sehen, wie er dachte: »Du liebe Güte! Was zum Teufel haben wir denn hier?«

Ich dachte ähnlich. Man hatte mich gewarnt, dass wilde Keiler gefährlich sein können. Tatsächlich werden mehr Menschen in südpazifischen Gefilden von Wildschweinen getötet als von Haien. Ich war mir sicher, dass man mit diesem vierbeinigen Schwein nicht reden konnte. Es senkte den Kopf, scharrte mit den Hufen und sah aus, als ob es gleich zum Angriff blasen wollte.

Ich dachte: »*Denk* nicht mal daran!«

Dann schrie ich. Ich glaube, es klang wohl eher wie urzeitliches Kriegsgebrüll, ein Indianergeheul, das von den Felsen widerhallte.

König Keiler blickte etwas verwirrt drein, beschloss, dass ich weder die Zeit noch die Anstrengung wert war, zeigte mir sein Hinterteil und trottete in das dunkle, triefende Unterholz davon.

Endlich erreichte ich den *Kokee State Park*, wo ich am Waldrand auf eine Gruppe von Holzhütten stieß. Eine Hütte war über das Wochenende von einer munteren Clique *New Age Hippies* gemietet worden, die mehrere Geburtstage auf einmal feierten. Die Party war bereits in vollem Gange. Dan, mit langem, zerzaustem Haar, entlud gerade seinen heruntergekommenen, weit gereisten VW-Bus, als ich vor ihm in einem ziemlich mitgenommenen Zustand aus dem Nebel auftauchte. Er gab mir eine Apfelbanane (eine kleine, süße Banane, die nach Apfel schmeckt) und fragte mich: »Scheiße, Mann – wo kommst du denn her?«

Ich hatte keine Lust, mich in wortreichen Details zu ergehen und sagte nur: »Von unten.«

»Heiliger Jesus!«, rief er.

Etwa 15 Leute in unterschiedlichen bierbenebelten Zuständen hatten sich vor einen Kaminofen gehockt, in dem ein Holzscheit brannte, und kifften *pakalolo* (»verrückter Tabak«), so nannten die Einheimischen Marihuana, das in manchen Kreisen auch als gutes altes *Maui Wowie* bekannt war.

Sie kamen alle vom Festland an der Westküste und hatten ihre Heimat verlassen, um dem entspannt-lockeren Lebensstil des *Aloha* auf Hawaii zu frönen. Verglichen mit dem ruhelos rasanten Lebensstil Kaliforniens schien Hawaii eine unglaublich aufgeschlossene und sorglose Atmosphäre auszustrahlen. Es überraschte daher nicht, dass einige Phrasen, wie »Lass hängen, Alter« und »Das Leben? Ein Strand!« immer wieder aufs Neue gedroschen wurden.

Wir saßen stundenlang herum, aßen Taco Chips und plauderten bis spät in die Nacht hinein. Sie meinten, wenn Woody und Abraham etwas rüberrutschen würden, sei in der Hütte mehr als genug Platz für mich zum Schlafen. Ich erwiderte, dass ich es vorziehen würde, mein Zelt draußen im Regen aufzuschlagen. Daraufhin befand Woody, ich müsse verrückt sein.

Am nächsten Morgen hatte der Regen zwar aufgehört, doch es war immer noch sehr kalt und tropfnass. Obwohl Dan mir prophezeit hatte, dass ich wegen des Nebels absolut keine Fernsicht haben würde, verließ ich das Lager und kletterte die letzten 300 Meter nach oben auf die Kalalau-Aussichtsplattform, wo man bei klarem Wetter über einen 1200 Meter tiefen Steilhang nach unten auf die zerklüftete Na Pali Bay blicken konnte. Die Sicht war schlecht, aber ich wartete und wartete. Ich lief in den wallenden Nebelschwaden herum und machte Hampelmänner, um nicht auszukühlen.

Dann tauchte ein Jeep auf und ein gut gebautes Pärchen mittleren Alters aus Ohio kletterte heraus. Mir war danach, sie mit »Oh! Hi, oh!« zu begrüßen, doch ließ das lieber bleiben. Stattdessen sagte der Mann: »Verflucht noch mal!«

»Ich habe dir doch gesagt, dass es sich nicht lohnt, Schatz«, sagte die Frau, »aber du wolltest ja nicht hören. Ich wette, jetzt behauptest du wieder, dass alles *meine* Schuld ist. Richtig?«

»Verdammt, Madge«, antwortete er, »wenn du diese Felsen nicht unbedingt hättest sehen wollen, wäre ich nie hierhergefahren. Willst du mir etwa weismachen, dass du glaubst, ich würde lieber in aller Herrgottsfrühe aufstehen, um mir einen lausigen Canyon anzusehen, als ganz gemütlich eine Runde Golf zu spielen? Jesses!«

Damit drehten sie sich um und verschwanden wieder in der trüben Suppe.

Ich sprang weiter auf und ab und ließ dabei meinen Blick über die Aussichtsplattform streifen, von der aus ich eine Aussicht gehabt hätte, wäre da nicht eine Wolke gewesen. Ich dachte: Ich weiß, du bist da irgendwo. Dann flog ein *apapane*, ein roter hawaiianischer Kleidervogel vorbei. Plötzlich brannte sich ein heller Sonnenstrahl durch den Nebel und ließ die rote, weit in den Pazifik abfallende Felsenschlucht in ihrem Licht erstrahlen. Ein Bindenfregattvogel mit zwei Metern Flügelspannweite segelte in mein Blickfeld – ein fantastischer fliegender Blitz in gestochen scharfem, hartem, gleißendem Licht. In diesem Moment wurde mir klar, dass sich all die Mühe gelohnt hatte. Regen, Keiler, Hampelmänner – einfach alles.

Ich fuhr die *Coconut Coast* entlang und hielt an *Banana Joe's* Obststand, wo ich frostige *Smoothies* und eisige *Frosties* verschlang (im Mixer pürierte tropische Köstlichkeiten), bis ich doppelt so breit war wie vorher. Dann erstand ich noch eine Avocado in der Größe eines kleinen Fußballs (auf Hawaii wird alles riesengroß). Am Leuchtturm von Kilauea, dem nördlichsten Punkt der Hauptinseln von Hawaii, machte ich einen kurzen Spaziergang zum Rand des *Kilauea National Wildlife Refuge*. Am Zaun, der das Wildtierreservat umgab, war ein Schild angebracht:

»Der Bereich hinter diesem Schild ist GESPERRT.
AB HIER NUR FÜR VÖGEL.«

Und ich fragte mich, welche Art von gefiedertem Wundertier man sein musste, um *das* zu verstehen.

Banana Joe hatte mir gesagt, dass ich mit viel Glück hier unten einigen Rotfußtölpeln begegnen würde. Ich ließ meinen Blick über Himmel und Meer streifen, konnte aber keinen Tölpel entdecken. Stattdessen begegnete ich einer anderen Art von Tölpel: Ein Mann saß auf einer Klippe vor einer Staffelei und malte das überwältigende Panorama der unwiderstehlich schönen Tal- und Küstenlandschaft Hanaleis. Auf seinem Kopf trug er eine braune Papiertüte und einen Schnorchel.

Durch eine Taucherbrille betrachtete er aufmerksam prüfend sein Kunstwerk. Als ich neben ihn trat, bewegte er keinen Muskel. Er verharrte so regungslos, dass ich einen Moment lang glaubte, er sei eine dieser Pappfiguren, ähnlich der grellbunten, scheußlichen Reklametafeln, die die Amerikaner so gern in landschaftlich besonders ansprechenden Gegenden aufstellen. Aber das hier war eine sehr intelligente, hoch entwickelte Pappfigur – eine, die Farben mischen, sich kratzen und niesen konnte.

Ich hielt an, starrte und sagte dann »Hallo«. Langsam legte er seinen Pinsel nieder, wischte sich die Hände ab und machte seinen Mund auf. Er erzählte mir, dass er aus Los Angeles komme (nun, Kalifornien ist ja bekannt als das Land der (merkwürdigen) Frücht(ch)en) und früher mal beim *Ku Klux Klan* gewesen sei. Soweit, so gut, aber was ich wirklich wissen wollte war, warum er, wenn er in voller Montur in der Sonne saß und auf einem Hügel ein Bild malte, einen Schnorchel trug.

Mit todernster Miene sagte er: »Ich trage die Taucherbrille immer, wenn ich das Meer male, weil ich so in die Atmosphäre des Ozeans eintauchen und mir das Wasser besser vorstellen kann – so entsteht bei mir ein Gefühl, das ich ausdrücken kann. So etwas wie der sechste Sinn vielleicht.«

Dabei war er so bedachtsam, so aufrichtig, dass ich ihm tatsächlich glaubte.

Als ich den Berg hinunter nach Hanalei fuhr, hörte ich: »Hey – England!« Es waren New Age Dan und Bonnie (aus der Holzhütte im *Kokee State Park*), die gerade aus dem *Big Save Supermarket* kamen und mich entdeckt, aber meinen Namen vergessen hatten. Sie luden mich ein, sie zu besuchen und bei ihnen zu übernachten.

Ihr Haus stand in Halbhöhenlage an einem Hügel und war aus dem Holz einer alten Zuckermühle gemacht. Ich schlug mein Zelt in ihrem dschungelähnlichen Garten zwischen riesigen, großblättrigen Pflanzen und Bananen-, Papaya-, Passionsfrucht-, Orangen- und Limonenbäumen auf. Gewaltige Farnfächer lieferten den perfekten Schatten, die Schönheit der kaskadenartig herabrankenden Bougainvilleen und violette, glockenförmige Blüten der Jacaranda-Bäume vermischte sich mit dem hypnotisierenden Duft von Frangipani-Bäumen und Ingwerblumen. Neben dem Haus stürzte ein glitzernder Fluss den Berg hinab und erfüllte die Luft fortwährend mit seinem munteren Plätschern.

Inmitten von sich sanft wiegenden Hibiskussträuchern und Paradiesvögeln thronte auf ein paar Felsen neben dem Fluss eine alte gusseiserne Badewanne. Zunächst verscheuchte ich einige Frösche, die so groß wie Holzscheite waren, und entfernte einen Teppich aus Sternjasmin, dann goss ich eimerweise kaltes Bergwasser in die Badewanne. Flugs lag ich im Wasser, die Sonne schien auf mich herab und ich spähte hinauf in das leuchtend grüne, sonnengesprenkelte Laub der Bäume, an denen Tarzanlianen herabhingen, die so dick waren wie ein Bein. Farbenprächtige Vögel flatterten hin und her und ich dachte: Kein Fünf-Sterne-Hotel kann diese wunderbare Badewanne übertreffen.

Tief unten im Tal, neben dunklen Lavaklippen und im üppigen tropischen Dschungel, lag ein perfekter Halbmond aus weißem Sand – so wie man ihn in Filmen sieht. Lumahai Beach hatte tatsächlich seinerzeit den einen oder anderen Star gesehen, wie zum Beispiel Mitzi Gaynor, die sich in dem Film *South Pacific* auf allerlei haarige Abenteuer einlässt. An dieser Küste gab es überall Orte, an denen sich Hollywood-Legenden getummelt und unter der Sonne und vor der Brandung des Pazifiks ihre Filme gedreht hatten: *Fantasy Island, Jäger des verlorenen Schatzes, Die Dornenvögel. King Elvis* schwang hier die Hüften für *Blue Hawaii,* und *King Kong* hatte an diesem Ort unter viel Zerstörung sein Lager aufgeschlagen.

Dan, Bonnie und ich machten uns eines Morgens früh auf eine Wanderung, die uns einen mal schlammigen, mal steinigen Weg entlang führte, der sich, wie eine Achterbahn ansteigend und dann wieder abfallend, durch die Landschaft Na Palis (»Die Klippen«) wand.

Ich wurde bei lebendigem Leib von Moskitos aufgefressen, aber es machte mir nichts aus (jedenfalls nicht allzu viel), da mich die Landschaft dafür entschädigte. Ich hatte sie aus der Luft betrachtet, mit dem Rad erobert und jetzt wanderte ich mitten hindurch. Mit seinen steilen Klippenhängen wirkte Na Pali wie eine Festung, uneinnehmbar und sicher. In den letzten Jahren des vergangenen Jahrhunderts hatte sich Koolau, ein Leprakranker, in eines dieser abgelegenen Täler geflüchtet. Er wurde von einer kleinen Armee mit Kanonen gejagt, doch nie gefunden. Die ehrfurchtgebietende, aber freundliche Landschaft Na Palis hatte Koolau das Leben gerettet.

Es war mitten in der Nacht und ich schlummerte gerade friedlich in meinem Zelt am Anini Beach, als ein Mann vor meinem Eingang mich mit lautem Gebrüll unsanft aus dem Schlaf riss.

»Hey! Park Ranger – Genehmigung. Hey! Sie da drinnen. Park Ranger – Genehmigung!«

Ich öffnete den Reißverschluss und wurde von dem gleißenden Lichtstrahl einer Taschenlampe geblendet.

»Ich kann nichts sehen«, sagte ich verärgert und schläfrig. »Können Sie Ihre Taschenlampe kurz ausschalten?«

Unglücklicherweise tat sich hier ein weiteres dieser anglo-amerikanischen Kommunikationsprobleme auf. Der Mann hinter der Lampe muss meine Bitte wie folgt aufgefasst haben: »Können Sie Ihr brennendes Stück Holz kurz ausschalten?« In Amerika heißt die Taschenlampe *flashlight* und nicht etwa *torch*, wie in England. Die Taschenlampe blieb an.

»Hey! Genehmigung?«, schrie er wieder.

»Ich habe keine«, sagte ich. Er sprach von Arrest und dann fiel mir wieder ein, dass Dan mir erzählt hatte, wie streng die Park Ranger hinsichtlich der Genehmigung zum Zelten waren.

Ich entrann meiner misslichen Lage, indem ich dem Ranger erklärte, ich hätte auf der Polizeistation eine Genehmigung besorgen wollen, diese sei aber wegen das Valentinstag-Wochenendes geschlossen gewesen. Als ich erfahren hätte, dass Lihue der einzige Ort auf der Insel sei, an dem man eine solche Genehmigung erhalten könne, hätte ich beschlossen, von einer fast 100 Kilometer langen Rundfahrt nur wegen so einer blödsinnigen Campingformalität abzusehen, wenn ich weitaus lohnendere Dinge tun konnte, wie zum Beispiel mich an zahllosen Mango-, Ananas- und Kokosnusssmoothies bei *Banana Joe* zu laben. Das funktionierte. Er belegte mich mit einer Strafe von fünf Dollar und ging weiter.

Eine Geisterkrabbe weckte mich am nächsten Morgen, weil sie versuchte, irgendwo in der Nähe meines Kopfes ein Loch zu graben. Ich verbrachte die nächste Stunde hauptsächlich unter Wasser, denn ich schwamm zwischen zinnoberroten, smaragdgrünen, türkis- und silberfarbenen Fischen – rotlippige Papageifische, blau-gesprenkelte Kuhfische, Halfterfische, Fähnchen-Falterfische – am Riff entlang, und alle funkelten wie Juwelen im sonnenbeschienenen Ozean.

Am Strand im Schatten einer sanft mit den Wedeln raschelnden Palme sitzend, vertilgte ich ein Büschel frisch gepflückter Bananen zum Frühstück und hörte die Nachrichten im Radio. Sie klangen nicht gerade vielversprechend. Auf Oahu war ein Mann von einem Hai getötet worden. Sein Surfboard war mitten entzweigebissen worden. Ich hörte auf, meine Banane zu kauen, und beschloss, in Zukunft vielleicht besser nur planschen zu gehen.

8

Lass hängen, Lanai

Die Twin Otter landete auf dem birnenförmigen Lanai, dem Eiland der Ananas. Ich war eine von vier weiteren Fluggästen, aber abgesehen von einer Kiste Hühner war ich die Einzige, die ausstieg. Nur wenige Touristen besuchen Lanai und das ist einer der Gründe, warum dieser Ort etwas ganz Besonderes ausstrahlt.

Der winzige Flughafen befand sich buchstäblich inmitten einer Ananasplantage. Ich schob mein Fahrrad über die Asphaltpiste und fühlte mich, als beträte ich ein italienisches Dorf während der Siesta. Nichts rührte sich. Die Sonne brannte erbarmungslos vom Himmel. Es herrschte absolute Stille.

Dann kam Tarsus. Meine Anwesenheit schien ihn genauso zu überraschen wie seine mich. Tarsus war Gepäckabfertiger, Mechaniker und Flughafenwart in einer Person, doch ich vermute, er hatte bei unserer Landung ein Nickerchen gehalten. Er rieb sich die Augen und gähnte, legte sich dann auf eine Bank und sah zu, wie ich mein Fahrrad belud. Tarsus war eindeutig ein Anhänger der entspannten Lebensweise, die hier mit *Hang Loose* umschrieben wird.

Nach einer Weile hatte er genug Kräfte gesammelt, um sich auf einem Ellenbogen aufzustützen, sich seine Oakley-Sonnenbrille mit neonfarbenem Rahmen vor die Augen zu schieben und mir zu erzählen, er sei zwar auf Lanai aufgewachsen, aber im Teenageralter nach Oahu gezogen. Erst vor kurzem sei er wieder nach Lanai zurückgekehrt, weil er, obwohl gerade erst 30 Jahre alt, das Leben dort als »zu hektisch« empfunden habe. An ein paar Abenden in der Woche arbeitete er in der Bar des neu errichteten *Manele Bay Hotel*.

Bevor ich weiterzog, überreichte Tarsus mir noch einen Hamburger und vier Packungen *Aloha-Airline*-Orangensaft. »Mach's gut!«, sagte er.

Es herrschte immer noch absolute Ruhe, auch auf meinem Weg nach Lanai City, einem kleinen Ort mit einem ehrgeizigen Namen, in dem fast alle 2500 Einwohner dieser Insel lebten. Ich hoppelte mit meinem Fahrrad über holprige, unbefestigte Nebenstraßen und wich im Slalom einigen aufgescheuchten Hühnern, dem einen oder anderen frei laufenden Ziegenbock oder Schwein aus. Ich kam an kleinen Siedlungen mit bescheidenen, bunt gestrichenen, mit Schindeln verkleideten und Wellblech gedeckten Häuschen vorbei, in deren Vorgärten eine verschwenderisch blühende, dschungelähnliche Pflanzenpracht gedieh. Überall standen Papayabäume, die voller gelb-orangefarbener Früchte hingen, tropische Blumen und farbenprächtig blühende Büsche wucherten an Mauer und Zaun. Wundersamerweise herrschte kein Verkehr. Es gab weder Übelkeit erregende Abgaswolken noch das Kopfschmerzen verursachende Schrillen launischer Autoalarmanlagen. Stattdessen war die Luft frisch und klar, man hörte nur krähende Hähne, bellende Hunde, singende Vögel und die glücklichen Stimmen spielender, lachender Kinder.

Als ich die Jacaranda Avenue entlang fuhr, trottete gerade ein ältlicher Filipino mit einem abgetragenen, weitkrempigen Hut über die Straße und grüßte mich. »Hallo, wie geht's? Ich bin Victor.«

»Hallo, Victor!«, grüßte ich zurück.

»Willkommen auf Lanai«, sagte Victor herzlich und schüttelte meine Hand. Das war nicht etwa eine Vorstellung für Touristen, sondern ein Beispiel für die aufrichtig gute Laune der Menschen hier.

Ich radelte weiter und kam an einen mit Norfolk-Kiefern umstandenen Platz. Einige Schulkinder mit sonnig fröhlichen Mienen spielten auf der Wiese Fangen und ein kleines Grüppchen Achtzigjähriger bevölkerte die Bänke, sie hielten ein Schwätzchen und rauchten Zigaretten. Viel mehr tat sich hier nicht. Auf der anderen Straßenseite gab es zwei Holzhütten, in denen Lebensmittel verkauft wurden. Drinnen war es dunkel und unaufgeräumt, Dosen und Kartons standen wild übereinandergestapelt am Boden.

Hier hatte man keine sterile, moderne Einkaufspassage errichtet – es gab nur Läden mit Charakter und den Kunden ging es mehr um den neuesten Klatsch als ums Einkaufen. Keiner hatte es eilig.

Auch hier gab es Probleme mit Genehmigungen. Auf Lanai war das Gelände, auf dem man zelten durfte, sehr begrenzt, und an anderen Orten war es verboten. Ich fand das Verwaltungsgebäude, aber eine hawaiianische Dame mit einem aufgesetzten Amtslächeln verweigerte mir die Genehmigung.

»Sie müssen uns einen Monat vorher anrufen, um einen Platz zu reservieren«, klärte sie mich lächelnd auf.

Ich sagte ihr, dass ich versucht habe, von Kauai aus anzurufen, die Leitung aber ständig besetzt war. Auch meine Versuche, sie vom Flughafen von Lanai aus zu erreichen, seien erfolglos geblieben.

»Ah, das liegt daran, dass wir momentan nicht über ein Telefon verfügen«, erklärte sie.

»Tja, und wie soll ich hier anrufen, wenn Sie keinen Apparat haben, mit dem Sie meinen Anruf empfangen können?«

Die Dame zuckte mit den Schultern und lachte. Ich fragte sie, wie viele Plätze der Campingplatz denn habe.

»Sechs.«

»Und die sind alle belegt?«

»Drei sind belegt«, erwiderte sie, »aber die anderen drei sind gesperrt. Die Zahl der Zeltplätze wird streng reguliert.«

Als ich wissen wollte, warum, blickte sie auf ihre Fingernägel und kicherte. Ich hatte nicht das Gefühl, bei ihr etwas zu erreichen.

»Können Sie nicht für eine Nacht einen gesperrten Platz öffnen?«, fragte ich.

»Nein, geht nicht.«

»Dann muss ich wohl losziehen und mir ein kleines Plätzchen am Strand suchen, an dem ich mein Zelt aufschlagen kann«, meinte ich, bockiges Kind, das ich nun einmal bin.

»Nein, das geht nicht. Die Strände werden bewacht und man wird Sie vertreiben«, sagte sie mit bemerkenswerter Schadenfreude.

»Kommt das daher, dass Lanai Privatbesitz ist?«

»Aber natürlich!«

Im Jahre 1922 hatte der Unternehmer James D. Dole die Insel für 1,1 Millionen Dollar einer alten Missionarsfamilie abgekauft, also für das 29 mal 21 Kilometer große Eiland einen Preis von nur 5 Dollar pro Hektar Land bezahlt. Er verwandelte das Ackerland in eine gigantische Plantage und baute auf dem rund 6500 Hektar großen Land Ananas an. So entstand die größte einzelne Ananasplantage der Welt.

Heute gehört der Konzern *Castle & Cook*, den *Dole* in den Fünfzigerjahren übernahm, dem mächtigen David Murdoch und daher ist Lanai auch unter dem Namen *The Private Isle* bekannt. Der Anbau von Ananas, seit den Siebzigerjahren die Haupteinkommensquelle der Inselbewohner, verliert aufgrund des erhöhten Wettbewerbs aus anderen Ländern wie den Philippinen und Lateinamerika, wo die Frucht erheblich billiger angebaut werden kann, zunehmend an Bedeutung.

Vor kurzem steckte Murdoch einige Millionen Dollar in den Bau von zwei Luxushotels auf der Insel – *The Lodge* bei Koele und *Manele Bay* – und gab arbeitslos gewordenen Plantagenarbeitern bei der Einstellung von Personal den Vorzug. Aber Billigcamper waren von Murdoch dennoch nicht erwünscht.

Die Antwort schon im Voraus ahnend, sagte ich: »Also, wenn ich nicht auf dem Campingplatz schlafen kann und auch sonst auf der Insel nirgendwo mein Zelt aufschlagen darf, wo kann ich dann bitte übernachten?«

»Nun, wir haben auf der Insel zwei neue Hotels, die Ihnen jeden erdenklichen Komfort bieten«, antwortete die Frau mit hämischer Freude. Bei Preisen zwischen 275 Dollar für ein einfaches Doppelzimmer und 1000 Dollar für eine Suite mit Butler konnte man ja wohl auch etwas Komfort verlangen.

Cindy Heckman, Wohnungsbeauftragte bei *Castle & Cook* hatte meine fruchtlose Unterhaltung mit ihrer grinsenden Kollegin mitgehört. Cindy, groß, fröhlich und auf Anhieb sympathisch, nahm mich am Arm und führte mich nach draußen.

»Hören Sie zu«, sagte sie, »ich bin aus Oklahoma und ich weiß, mit wem Sie es hier zu tun haben – Bürokratie mit der Flexibilität einer Betonwand. Sie sind herzlich eingeladen, bei mir zu übernachten.«

Ich zeltete drei Nächte unter Pinienbäumen in Cindys Garten. Sie forderte mich auf, mich in ihrem weißen, mit Schindeln gedeckten Bungalow wie zu Hause zu fühlen, und sagte mir, wenn sie auf der Arbeit sei, könne ich kommen und gehen, wie es mir passe. Cindy gab mir keine Schlüssel, weil sie ihr Haus nie absperrte und auch die Zündschlüssel zu ihrem *Station Wagon* nicht abzog. Ein alter Chinese sah mir zu, wie ich unten am Dorfplatz mein Fahrrad abschloss, und meinte nur: »Brauchen Sie nich, nimmt keiner was weg hier.«

Ich fragte Cindy, wie es sei, nach Oklahoma auf der kleinen, ruhigen und friedlichen Insel Lanai zu leben.

»Großartig«, meinte sie, »aber mindestens einmal im Monat muss ich mit dem Boot nach Maui rüber, sonst drehe ich durch.«

Eines Morgens machte ich mich früh auf eine Radwanderung auf dem *Munro Trail.* Der Weg führte über einen mit hochgewachsenen, dürren Norfolk-Kiefern bewaldeten Grat, der aufgrund dieser borstenartigen Vegetation das Aussehen einer gereizten, buckelnden Katze mit gesträubtem Fell hatte.

Der Pfad stieg stetig an. Er führte mich durch Schlamm und Regenwald, vorbei an Guavenbäumen und wuchernden Zimthimbeerbüschen. Es gab auch Erdbeeren. Die nächste Stunde widmete ich eher dem Futtern als dem Radeln. Als ich mir gerade den Mund so richtig mit Früchten vollgestopft hatte, erblickte ich plötzlich einen Axishirsch, der wagemutig auf einem kleinen Vorsprung in der roten Felsenlandschaft thronte. Genau diesem Tier galt die Aufmerksamkeit einiger reicher Jäger, die sich im *Lodge* in Koele einquartiert hatten. Später sah ich ganz in der Nähe einen dieser Männer auf der Pirsch durch das Unterholz kriechen. Im Tarnanzug, das Gesicht in Kriegsbemalung und das Gewehr im Anschlag konnte man meinen, er hielte sich für Rambo.

Zu meiner Linken lagen knapp 600 Meter tiefe Schluchten, die sich wie große rote Wunden in Lanais Luvseite gruben und steil zum Meer hin abfielen. Vor langer, langer Zeit hatten die Krieger von Lanai sich hier mit Kalaniopuu, dem siegreichen kriegerischen König, und seinen wilden Kämpfern von Big Island diverse Schlachten geliefert. Im Süden breitete sich tief unter mir ein weitläufiger Talkessel aus, den die Ananasplantagen mit grünen Sprenkeln überzogen.

Ich war allein auf weiter Flur. Abgesehen von Rambo hatte ich unterwegs niemanden getroffen. Ein paar Stunden und wilde Guaven später machte ich keuchend oben am 1027 Meter hohen Lanaihale Rast. Welch ein Ausblick! Ich saß in eine sonnige Felsspalte geschmiegt, mampfte mein mitgebrachtes Mittagessen und blickte auf den tiefblauen Pazifik. Die Sicht war so klar, dass ich fünf weitere Inseln des Archipels erkennen konnte, die wie eine Fata Morgana schimmernd aus dem Meer ragten. Die sonnenbeschienenen, kegelförmigen Gipfel ihrer größten Vulkane – Haleakala auf Maui sowie Mauna Loa und Mauna Kea auf Big Island – ragten steil in die Luft und schwammen wie himmlische Inseln auf einem Wolkenmeer, scheinbar körperlos in der Atmosphäre, überirdisch und doch fest mit der Erde verbunden.

Hier oben auf dem Berg, auf einer kleinen Insel mitten im Pazifik, erfüllte mich ein großes Glücksgefühl. Wie ein Stromstoß durchzuckte dieses Gefühl meine Adern und ich saß einfach nur völlig zufrieden da, ein entrücktes Lächeln auf den Lippen.

Ein paar Meter weiter unten kam ich jenseits des Wegs an einem Felsen vorbei, in den folgende Zeilen eingraviert waren:

> »Wenn sich die Gipfel am Munro Trail in Nebel hüllen,
> wenn ranke Kiefern in ruhelosen Wolken zu Schemen werden,
> Wenn die Schleier nur kurz den Blick auf die sich tief unten im Meer spiegelnde Sonne freigeben –
> dann steht die Zeit auf Lana'i still.
> In diesen Momenten kann man die Erde hören ... die Luft spüren ... den Duft der Beute des Windes wahrnehmen und die Geschichte erkennen.
> Hier auf Lana'i kannst du die reine Seele des Menschen berühren.«
>
> David H. Murdoch

Da dachte ich mir, Murdoch, du romantischer Schwadroneur, du. Aber ich wusste ja, mit wem ich es zu tun hatte.

Als ich auf der anderen Seite des Berges wieder hinunterfuhr, entfesselte der Rückenwind meine ungezähmte Natur. Ich sprang auf meinen Drahtesel und sauste in halsbrecherischem Tempo durch lichte Wälder, die Räder drehten sich schnell und immer schneller und ich holperte und stolperte über Baumwurzeln, legte mich in staubig-schmutzige Kurven, wich im Wege liegenden Felsbrocken aus und bretterte mit Vollgas über Wasserrinnen. Heißer Wind zerzauste mein Haar, Schweiß bildete kühle Rinnsale auf meiner Haut und ich wurde eins mit dem rauen roten Boden unter mir. Der Berg gehörte mir allein. Ich war die Herrscherin des Temporeichs vom Munro Trail, eine losgelöste, rasende Rennmaschine.

Dann jedoch wurde ich mit einem lauten WUMMS! auf den harten Boden der Tatsachen zurückbefördert. Mein Vorderrad versank im Sand und ich flog aus dem Sattel, schoss wie ein Torpedo durch die Luft und landete rücklings auf einer feuerroten Düne. Plötzlich hatte sich der Wind gelegt und der Geschwindigkeitsrausch war vorbei. Es herrschte Stille und ich lag bewegungslos da, kein Muskel zuckte. Ich schlug die Augen auf und starrte in den Himmel. Die Shorts in Fetzen, das Gesicht mit Schlamm bespritzt, musste ich mich fragen: Was mache ich da eigentlich? Verhält sich so eine 26-Jährige? Ich dachte an zu Hause, an meine Freunde, die meisten von ihnen waren verheiratet mit Kindern und hatten einen »vernünftigen« Beruf. Hätte ich mich, so überlegte ich, nicht ein wenig schicklicher benehmen, etwas mehr Stil an den Tag legen können? Kurz gesagt: Sollte ich mich nicht besser meinem Alter und nicht meiner Handschuhgröße entsprechend benehmen?

Aber wozu? Hawaii hatte mich in seinen Bann gezogen, in Hochstimmung versetzt und mir den Kopf verdreht. Ich war verliebt in diesen Ort. Ich war glücklich und ich dachte: Was für ein Gefühl – was für ein Tag!

In Lanai war man ganz offensichtlich nicht interessiert daran, es den Touristen recht zu machen, und ich hoffe inständig, dass es dabei bleibt. Es gibt keine Hinweisschilder, die einem den Weg zur nächsten Sehenswürdigkeit weisen, man muss die Einheimischen fragen oder einfach der eigenen Intuition folgen. Bei der Ankunft wird man nicht von kitschigen Souvenirbuden voller nutzlosem Kleinkram, hässlichen Parkplätzen für Busse und Autos, Eisständen, Schnellimbissen oder Hinweisschildern für TOILETTEN empfangen. Genauer gesagt: Es gibt keine Touristen. Dieser Ort gehört ganz dir und er hat sich, wie der *Garden of the Gods*, seit der Zeit, da dort die menschenfressenden Geister und teuflischen, Furcht einflößenden Dämonen der Legendenwelt hausten, nicht verändert. Lanai wurde nicht umsonst »Verbotene Insel« genannt. Erst Anfang des 15. Jahrhunderts, nachdem König Kaalaneo von Maui seinen unfolgsamen Sohn nach Lanai verbannt hatte, um die Geister von der Insel zu vertreiben, hatten sich hier die ersten Menschen niedergelassen.

Eine Frau in einem Krämerladen namens *Dis 'n' Dat* skizzierte mir grob den Weg zum *Garden of the Gods*. Eine Schotterpiste über rote Vulkanerde verlief im Zickzack durch grün-goldene Ananasfelder und führte mich hinein in eine tunnelgleiche, mit bleichen Pinien bestandene Allee, durch die der Wind mit langen, unheimlichen Seufzern heulte. Dann radelte ich wieder hinaus in die heiße Sonne und in die harte, ausgetrocknete und mit riesenhaften Yuccapalmen bestückte Wüstenlandschaft.

Der *Garden of the Gods* war ein seltsam und unwirklich anmutendes Plateau in verwitterten Lavafelsen, deren Farbe je nach Stand der Sonne von Violett über Rot und Orange bis hin zu einem feinen abgestuften Schwefelgelb changierte.

Im Schatten unter einer Palme am Strand von Hulopo'e lauschte ich den Lokalnachrichten in meinem Mini-Radio. Ein weiterer Surfer war Opfer eines Haiangriffs geworden und hatte bei dem Unglück zwar seinen Fuß verloren, war aber mit dem Leben davongekommen. Auf Oahu war der Fahrer eines Krankenwagens, den man zu einem Infarktpatienten gerufen hatte, auf der rasanten Einsatzfahrt selber einer Herzattacke erlegen. Das Infarktopfer verstarb, weil der Krankenwagen, dessen Fahrer ums Leben kam, nie eintraf.

Dann folgte die Sendung *Linda will's wissen*. Darin ging es um den Fall einer Frau namens Cindy-Lu, die aus einem Versandhauskatalog sechs Paar Strumpfhosen zum Schnäppchenpreis bestellt hatte, am Ende aber statt des in der Werbung ausgewiesenen einen doppelt so hohen Preis dafür bezahlen sollte. Vier Monate, viele Telefonate und mehrere Briefwechsel später traf die Ware endlich bei ihr ein, doch als sie die Strumpfhosen anprobierte, reichten diese ihr gerade mal »bis zum ... na, Sie wissen schon, eben nur bis zu einer bestimmten Stelle. Es waren nämlich Kinderstrumpfhosen.«

Linda wollte es wissen und fühlte der Sache auf den Zahn – mit dem Ergebnis, dass Cindy-Lu so viele Gratisstrumpfhosen erhielt, dass sie in ihrem Hinterhof einen Verkaufsstand für »STRUMPFHOSEN ZUM SONDERPREIS« aufmachte und diese dort wie eine überreiche Ernte an Karotten unter die Leute brachte.

Ich hatte die nebelig-kalten Hügel von Lanai City hinter mir gelassen und war bis hinunter an den Strand von Hulopo'e gerollt. Dies war der Strand, an dem ich laut Auskunft der Dame mit dem erstarrten Lächeln aus dem Verwaltungsgebäude nicht zelten durfte. Doch aus Erfahrung wusste ich es besser. Zu keinem Zeitpunkt musste ich eine Genehmigung vorweisen und auch der Campingplatz war keineswegs »voll«. Hier kampierte nur ein einziges Pärchen. Annette und Warren, Restaurantbesitzer aus Breckenridge,

Colorado, waren die ersten Radwanderer, die ich seit meiner Ankunft in Amerika vor zwei Monaten getroffen hatte. Sie waren ursprünglich als Urlauber für einige Wochen nach Hawaii gekommen, hatten dann aber beschlossen, hier zu leben. Einfach so. Genauso war es auch bei allen anderen, die ich traf. Die meisten kamen vom Festland, wollten hier eigentlich Ferien machen, waren dann aber komplett begeistert von dem, was sie hier sahen, und wollten nie wieder weg.

Eines Morgens tauchte auf dem Platz ein Mann mit einem Kajak auf und schlug sein Kuppelzelt direkt neben meinem auf. Ron bot auf Maui Kajakkurse an. Außerdem war er ausgebildeter Masseur. So dauerte es nicht lange, bis er mich auf einem Picknicktisch am Strand flachgelegt und mich einmal »kräftig rangenommen« hatte, wie er sich ausdrückte. Ich muss zugeben, es war herrlich. Unter mir der heiße weiße Sand, über mir raschelnde Palmwedel, zwischen denen einige rote Papageien umherhüpften, und ein, zwei Schritte entfernt das Tosen und Rauschen des Pazifiks. Auf einmal, mein Steißbein erlebte gerade ungeahnte Wonnen des Wohlgefühls, erspähte ich einen 15 Meter langen Buckelwal, der wie ein 40 Tonnen schwerer Torpedo aus dem Wasser schoss. Als Ron meine Schulterblätter zur Ekstase knetete, hatte sich eine Schar Schweinswale und Delfine in der Bucht zu einem munteren Stelldichein versammelt. Dieser Massagesalon hatte wirklich was zu bieten.

Bei meiner Ankunft am Strand von Hulopo'e hatten Annette und Warren mich vor den dornigen, in der Umgebung wachsenden Mesquite-Bäumen gewarnt. Der Sand an unserem Campingplatz war übersät von ihren teuflisch scharfen Nadeln, die nicht nur das Laufen schwierig machten (die zentimeterlangen Dornen bohrten sich durch Schuhsohlen wie spitze Nägel), sondern auch meinen Fahrradschlauch durchlöchern konnten. Ich beschloss also, mein Fahrrad bis zum Zelt zu tragen. Dieser Plan erwies sich allerdings als wenig tauglich, trat ich doch auf eine Nadel und ließ mein Fahrrad mit einem lauten Aufschrei prompt auf das Äquivalent eines ganzen Nagelbrettes fallen. Ich hatte ganze zwei Monate lang ohne Loch im Reifen durchgehalten und jetzt hatte ich mir innerhalb von Sekunden gleich 14 Stück davon zugezogen. Ron meinte, ich solle die Missionare dafür zur Verantwortung ziehen, denn sie sollen die Mesquite-Bäume eingeführt haben, weil sie die nackten Ureinwohner dazu bringen wollten, endlich Schuhe zu tragen.

Mir wurde schnell klar, warum die Behörden alles in ihrer Macht Stehende taten, um das Zelten am Strand zu unterbinden. Oben am Hügel hinter unseren Lagern thronte das *Manele Bay Hotel*. Das Management sah es gar nicht gerne, dass ein paar Gammler vor den Augen der 500 Dollar pro Zimmer zahlenden Hotelgäste umsonst am Strand übernachteten.

Das *Manele Bay Hotel* war im Stil einer filigranen, eleganten mediterranen Villa gebaut – Stuck, helle Fliesen und terrassenförmig angelegte, prächtige Anpflanzungen mit Steingärten, Stufen und Wasserfällen. Nachts wurden die Gartenpfade mit Fackeln erleuchtet.

Jeden Tag ging ich den hoteleigenen Kiesweg hinauf, um die Anlage ein wenig auszukundschaften, mir Eis in den Mund zu stopfen, in Toilettenräumen mit dem Flair eines Ritz meine Zähne zu putzen, kleinere Wäschestücke zu waschen (nur, wenn mich keiner sah) und in der Bibliothek zu lesen. Ich gehörte genau zu der Art von Personen, die im *Manele Bay* unerwünscht waren. An diesem Ort roch von der Architektur über die Ausstattung bis hin zu den Gästen alles nach Geld.

Einmal, als ich in einem Buch mit dem Titel *Hawaiian Antiquities and Folklore* blätterte, fragte mich ein beleibter Herr in exklusivem Aufzug mit juwelenbesetzter Rolex: »Interessieren Sie sich für Legenden?«

»Immer mehr«, antwortete ich. »Hawaii hat einige gute zu bieten.« Dann erzählte ich ihm, was ich gerade über den *Garden of the Gods* gelesen hatte. »Waren Sie schon mal dort?«, fragte ich.

»Du liebe Güte, nein, Kirchen interessieren mich nicht.«

»Das ist keine Kirche«, sagte ich, »sondern eine Steinformation.«

»Ein Grund mehr, sich den Besuch zu sparen, wo immer es auch liegen mag. In der Natur herumzuspazieren macht mir keinen Spaß. Ich bin hier, um Urlaub zu machen, und ich bewege mich nicht von diesem Pool weg.« Dann meinte er: »Nettes Hotel. Gerade angekommen?«

»Na ja, ehrlich gesagt«, gestand ich, »gehöre ich nicht zu den Gästen. Ich zelte am Strand.«

»Ach, tatsächlich. Sie sind also eine von denen, hm?« Dann zog er von dannen.

Einer der vielen Anziehungspunkte von Hawaii ist die Tatsache, dass es auf den Inseln keine Schlangen gibt. Doch es existieren dort genug Gänsehaut auslösende Kriechtiere und Gewürm. Mit einer dieser Kreaturen sollte ich noch an diesem Abend auf dem Weg zurück vom Hotel Bekanntschaft machen.

Ich kroch gerade in mein Zelt, da bewegte sich unter meinem Schlafsack plötzlich etwas, das aussah wie ein langes, mobiles Würstchen. Ich wich hastig zurück, kroch schleunigst wieder aus dem Zelt und überlegte mir zitternd, was ich tun sollte. Da drin war etwas, was ich definitiv nicht mochte. Wie war es hineingekommen? Der Zugang zu meinem Zelt war fest verschlossen gewesen. Vorsichtig erkundete ich, mit meiner Fahrradlampe bewaffnet, zaghaften Schrittes mein Zelt. Ich fand ein kleines Loch.

Ich überdachte meine Lage erneut. Was auch immer sich in meinem Zelt befand – es hatte Zähne. Mit Zweigen bewaffnet stellte ich mich der Bedrohung, bereit, den Kampf aufzunehmen. Was ich vorfand, war nicht angenehm. Das mobile Würstchen entpuppte sich als riesiger, giftiger Hundertfüßler – eine Schlange mit Füßen, die sich blitzschnell bewegte.

Nach einigem Kreischen und Aufspringen meinerseits und pfeilschnellen, schlüpfrigen Gleitbewegungen seitens des Hundertfüßlers gelang es mir schließlich, das Tier ins Weltall zu katapultieren. Wenigstens dachte ich das – bis es zurückkam. Gerade unsanft von mir hinausbefördert, kehrte es wie eine rachsüchtige, durchgedrehte Brieftaube immer wieder zu mir zurück. Schließlich ersann ich eine Falle, mit deren Hilfe das Tier in meinen Kochtopf für Haferbrei (zu diesem Zeitpunkt leer) plumpste. Die Arme weit von mir gestreckt und von Furcht getrieben, hastete ich mit dem Topf in den Händen bis ans andere Ende des Strandes, um es dort wieder freizulassen. In dieser Nacht fand ich nur wenig Schlaf. Die ganze Zeit meinte ich zu hören, wie die Zähne des Wesens sich durch mein Zelt nagten. Am nächsten Morgen erwartete mich eine böse Überraschung, als ich das Ding zusammengerollt zwischen den Blättern meiner frisch gepflückten Ananas erblickte.

Danach verließ ich Lanai.

9
Jawaiianische Delikatessen

Hawaii ist die Heimat des Wili-Wili-Baums (wird zum Kanubau verwendet) und des *Phallic Rock,* eines Felsens in Phallusform, der dem Volksglauben nach Frauen zu einer Schwangerschaft verhelfen kann. Die Ureinwohnerinnen Hawaiis hatten ihm in der Hoffnung auf Fruchtbarkeit Opfergaben dargebracht. Das Motiv des Felsens eignet sich bestens für aparte Postkarten, mit denen man Touristen (wie mich) zum Kichern bringen und die man mit einem hintersinnigen Pennälerspruch versehen in die Heimat schicken konnte. Ich dachte, dass meine Mutter vermutlich etwas irritiert wäre, wenn meine Postkarte, auf dem ein erstarrter, 1,80 Meter großer, einsatzbereiter Apparat zu sehen ist, durch ihren Briefkastenschlitz fiele, aber nein: Überraschenderweise erhielt sie einen Ehrenplatz an der Pinnwand in ihrer Küche, wo sie auch heute noch hängt. Anscheinend trägt das Motiv immer wieder zu angeregten Unterhaltungen bei, wenn ihre Freundinnen auf einen Kaffee am Morgen vorbeischauen.

Um den alten Felsen zu besuchen, musste ich mich zunächst an Bord der *Maui Princess* begeben, einer Personenfähre, die auf dem Auau Channel zwischen Maui und der pantoffelförmigen Insel Molokai verkehrt. Als ich an Deck nach Walen Ausschau hielt, traf ich auf eine Dame mit birnenförmigem Leib und einer kugelsicheren Dauerwelle. Nancy kam aus Nashville, Tennessee.

»Wissen Sie, ich wollte eigentlich überhaupt nicht hierherkommen«, erklärte sie, »aber zu Hause hat mich Hal, mein Ehemann, zur Verzweiflung getrieben. Er ist Schmetterlingsforscher, wissen Sie – hat für Käfer und Schmetterlinge mehr übrig als für mich, spießt sie immer mit Nadeln auf. Mit dem zu sprechen ist in etwa so hochgeistig wie eine Unterhaltung mit QE2 – das ist unser Goldfisch. Also beschloss ich abzuhauen, nur für eine Woche, und fuhr zu einer Freundin nach San Diego. Wissen Sie, Herzchen, ich fühlte mich wie neugeboren. Das ist jetzt drei Wochen her und ich hatte so viel Spaß, dass ich mir dachte, na, wieso nach Hause fahren? Ich habe Hal eine Postkarte geschickt, um ihn daran zu erinnern, dass er QE2s Wasser immer wieder austauschen soll, und um ihm zu sagen, dass im Gefrierfach noch ein Stapel Pizzas liegt. Ist Hawaii nicht einfach entzückend? Ich sag Ihnen mal was: Es gibt im Leben viel mehr als nur den Ehemann!« Mit dieser Erkenntnis watschelte sie Richtung Bug davon.

Die Fähre dockte am Anleger in Kaunakakai an und ich überließ die beim Einsteigen in den Minibus aufgeregt winkende Nancy ihrer Tagestour um Molokai und ihrer neu entdeckten Freiheit. Ich radelte am riesigen »ALOHA«-Schild vorbei und begab mich dann auf meine Pilgerreise zum Phallusfelsen.

Einige Stunden später entdeckte ich ihn. Er stand in einem Pinienwald, umzingelt von einem Trupp feixender Schuljungen, die den unzähligen bereits in den Fels geritzten Widmungen und Sprüchen weitere Graffiti hinzufügten, kaum dass die Lehrerin ihnen den Rücken zugekehrt hatte. Von allen Seiten hagelte es spöttische Bemerkungen und anzügliche Sprüche. Ein frecher Bursche meinte: »Wenn ich groß bin, will ich so phallisch sein wie dieser Fels!«, womit er brüllendes Gelächter erntete. Nach diesem Ausspruch führte die beschämte Lehrerin die Gruppe fort und es kehrte wieder Frieden ein.

Ein kurzer Waldspaziergang brachte mich zu einem Aussichtspunkt, dem *Kalaupapa Overlook*. Ganz in der Nähe erhoben sich die mit über 1000 Metern höchsten Steilklippen der Welt wie ein gewölbter Rücken über der tosenden Brandung an der Nordküste Molokais. Tief unten ragte die grüne, flache Landzunge der Kalaupapa-Halbinsel, durch eine 500 Meter hohe, senkrecht abfallende Lavawand von Molokai getrennt, in die wogenden Fluten. Wegen seiner abgeschiedenen und unzugänglichen Lage wurde der östliche, windgepeitschte Teil von Kalaupapa (Kalawao) 1866 als Kolonie für entstellte Lepraopfer bestimmt.

Anhand wenig ausgereifter diagnostischer Tests wurde jeder, der unter irgendeiner Form von Hauterkrankung (sogar Sonnenbrand) litt, von erbarmungslosen Jägern, die auf der ganzen Inselgruppe nach ihren Opfern suchten, aufgespürt und in Gewahrsam genommen. Man riss die bedauernswerten Gefangenen mitten aus ihren Familien und Dörfern, sperrte sie in Käfige und segelte mit ihnen in die tückischen Gewässer vor Kalaupapa, wo man die Käfige öffnete und sie allesamt über Bord beförderte. Keiner wurde verschont; ob jung oder alt, alle wurden ins Meer geworfen. Schwache und Kranke ertranken. Diejenigen, die es bis ans Ufer nach Makanalua (»das gegebene Grab«) schafften, wurden von einer Schar verunstalteter Wesen begrüßt. Von Familie, Freunden, Geliebten, ihrer Heimat und oft sogar von Gott getrennt, waren diese Menschen zu unzivilisierten Wilden geworden. Die Neuankömmlinge wurden von grauenhaft entstellten und verwahrlosten Kreaturen mit Knüppeln traktiert, geschlagen und vergewaltigt – unschuldige Aussätzige, deren einziges Verbrechen es gewesen war, mit Lepra infiziert zu sein.

Die Menschen in Kalawao durchlitten qualvolle, entbehrungsreiche, von Anarchie und Elend geprägte Zeiten, die Außenwelt hatte den Leprakranken den Rücken gekehrt, bis 1873 der Belgier Joseph de Veuster, ein katholischer Priester, der unter dem Namen Pater Damien bekannt wurde, die Kolonie besuchte. Während seines ursprünglich für eine Dauer von zwei Wochen geplanten Aufenthalts auf Hawaii erfuhr er vom traurigen Schicksal der vergessenen Vertriebenen von Molokai und beschloss, den Rest seines Lebens auf der Insel zu verbringen. Er betrachtete die Leprakranken nicht als verhexte und tollwütige Bestien, sondern als Kinder Gottes. Er lebte mit ihnen, sorgte für eine zivilisierte Organisation und widmete sein Leben dem seelischen Beistand sowie der körperlichen Pflege dieser Menschen, bis er nach 16 Jahren aufopferungsvollen Einsatzes im Jahre 1889 selber an der Seuche erkrankte, im Alter von 49 verstarb und zum »Märtyrer von Molokai« ernannt wurde.

Ich hatte eigentlich vorgehabt, hier oben auf den Klippen in der kühlen Bergluft des *Pala'au State Park* zu zelten, besann mich dann aber eines Besseren. Der übelriechende, bewaldete Campingplatz war heruntergekommen, dunkel und unheimlich. Der Wind hatte Müll über den ganzen Platz verstreut. Es gab kein Wasser und das schmuddelige Toilettenhäuschen war mit anzüglichen Schmierereien überzogen. Es herrschte eine unangenehme, bedrohliche Atmosphäre an diesem Ort und mir war es, als würde ich beobachtet, obwohl keine Menschenseele zu sehen war. Selbst der Wind, der seufzend durch die Bäume fuhr, klang unheimlich und bösartig. Das Scheppern einer vom Wind über die Steine gefegten, leeren Bierdose ließ mich erschrocken herumfahren. Ich hastete zu meinem Fahrrad und fuhr zurück zur Straße. Es war die richtige Entscheidung gewesen. Später an diesem Abend erzählte mir in Kaunakakai ein Einheimischer von einem Mädchen, das vor kurzem dort oben ermordet worden war. Und das auf Molokai, das doch als »Freundliche Insel« gilt.

Ich setzte meinen Weg fort und machte später Rast, um neben einem Kokospalmenhain am Meer mein Thunfischsandwich zu verdrücken. Eine Kokospalme ist ein hochgewachsener, eleganter Baum, den Mark Twain einmal als »Staubwedel, in den der Blitz eingeschlagen hat«, bezeichnete. Holzschilder warnten vor herabfallenden Kokosnüssen, weshalb man nicht unter diesen Palmen spazieren gehen sollte. Es gibt aber immer wieder Menschen, die es vorziehen, alle Warnungen zu ignorieren. Wenn dann der Wind auffrischt, bezahlen manche den Luftangriff der auf ihren Kopf herabsausenden, bis zu zwei Kilo wiegenden Schwergewichte mit dem Leben.

Die meisten Einwohner Hawaiis steckten gerade mitten in einer Anti-Drogen-Kampagne mit dem Motto *Say No to Drugs*. So auch die kleine, nichtssagende und staubige Ortschaft Kualapuu, aus der mich eine Horde Kleinkinder eskortierte, an deren Dreirädern eine Flagge mit der Aufschrift *No Hope in Dope* flatterte.

Eine Ecke weiter traf ich auf ein Wasserreservoir, von dem behauptet wird, es sei das weltweit größte seiner Art. Ich verweilte einen Augenblick in den das Ufer säumenden Kaffeeplantagen, bemühte mich eifrig, einen angemessenen Enthusiasmus für dieses wässrige Wunder zu entwickeln, und fragte mich, ob ich dem Leben durch meine Betrachtungen vielleicht eine neue Bedeutung abringen konnte. Ich befand, dass dem nicht so war, und fuhr deshalb weiter.

Auf Molokai gestaltete sich meine Suche nach Wasser bisweilen schwierig. Bevor ich mit dem Fahrrad den Puu Nana erklomm, hielt ich noch an einem Bauernhaus, um mir dort Wasser für meine Trinkflaschen zu erbitten. Ein Mann in einem verstaubten Overall entschuldigte sich und teilte mir mit, sie hätten keins, weil sie nicht an das Versorgungsnetz angeschlossen seien. Die nächste Möglichkeit gebe es beim kleinen Flughafen ein paar Meter weiter. Der Bauer ließ mich wissen, wie erbost er über das neu erbaute Urlaubszentrum an der Küste bei Kaluakoi war. Obgleich Molokai über das weltgrößte Reservoir verfügte, hatte die Insel kaum genug Wasser für die Bewohner der Insel, geschweige denn für verschwenderische, ausgebuchte Hotelanlagen. Er meinte, dass er seit Jahren darauf warte, an das Wasserversorgungsnetz angeschlossen zu werden, nun aber Kaluakoi höchste Priorität genieße. Er war verbittert, fühlte sich betrogen und erzählte mir, dass jeder Tourist auf Hawaii bis zu zehn Mal mehr Wasser und Strom verbrauche als ein durchschnittlicher Einwohner.

»Kein Wunder, das unsere Ernten immer schlechter ausfallen«, schloss er.

Giraffe, Steinbock, Kudu, Elenantilope, Oryxantilope, Mähnenspringer, Zebra, Sika und Hirschziegenantilope haben auf dem halbtrockenen, mit Gestrüpp bestandenen Weideland des Tropical Safari Park von Molokai eine Heimat gefunden, aber ich fuhr daran vorbei und zeltete mit einem Pärchen aus Alaska am Strand von Papohoku. Was für ein Strand! Kein Vergleich mit dem Sardinenbüchsen-Feeling von Waikiki. Hier hatten wir wirklich meilenweit nichts als Sand und Wellen nur für uns. Papohoku, der größte Strand Hawaiis, hatte tatsächlich so viel Sand, das man ihn in den Fünfzigerjahren ausgebaggert und nach Oahu verfrachtet hatte, um den Mangel an Sand dort zu beheben.

Vom Absatz der pantoffelförmigen Insel radelte ich entlang der Sohle durch Kaunakakai, den Hauptort der Insel, in dem kein Gebäude höher ist als eine Kokospalme, dann weiter auf der großartigen Küstenstraße, einen 1500 Meter hohen, messerscharfen Berggrat an meiner Seite. Ich fuhr auf einer engen, kurvenreichen

Straße den Hügel von Puuo Hoku (»Sternenhügel«) hinauf und schoss auf der anderen Seite wieder hinunter zum großen Zeh von Molokai, dem Halawa Valley.

Über Jahrhunderte hatten die Bauern Halawas hier auf ihren geometrisch angelegten Terassenfeldern Taro angebaut, das Grundnahrungsmittel der Inselbewohner. Die Wurzel dieser Pflanze mit ihren herzförmigen Blättern wurde gemahlen und zur Herstellung von *poi* verwendet, einem Gericht, das aussieht wie Tapetenkleister und auch so schmeckt. Doch 1946 überschwemmte ein 10 Meter hoher Tsunami das Tal und hinterließ eine Salzschicht, die alle Pflanzen absterben ließ. Heute leben zwischen den verfallenen Holzhütten und inmitten der unter der üppigen tropischen Bodenvegetation verborgenen hawaiianischen Begräbnisstätten nur noch ein paar Einwohner.

Vor den schäumenden Gewässern der Bucht erstreckt sich das Halawa Valley etwa vier Meilen landeinwärts durch einen tiefen Graben dichten Dschungels mit einer üppigen Vegetation aus wildem Ingwer, Avocado-Früchten, Mangobäumen, Tigerlilien und winzigen Erdbeeren bis hinauf zu einem 150 Meter hohen, von silbrigem Sonnenlicht beschienenen Wasserfall.

Auf meiner Fahrt zurück über den Sternenhügel führte mich der Weg durch den Kalanikaula Grove, ein Wäldchen, in dem *kukui*, Kerzennussbäume mit grauen Baumstämmen, wachsen. Diese Bäume verdanken ihren Namen ihren Nüssen, die früher einmal als Lichtquelle genutzt wurden. Dieser Hain gehört zu den heiligsten Orten Hawaiis.

Molokai wird seit Jahrhunderten als heilige Stätte, an dem die mächtigen *kahuna* oder Priester ihre Rituale verrichten, verehrt. Der Kahuna Lanikaula pflanzte einst das *Kukui*-Wäldchen, um seinem Haus Schatten zu spenden, und jetzt umgibt es schützend seine

Grabstätte. Als das Unternehmen Del Monte das Land roden wollte, um darauf Südfrüchte anzubauen, fand es keinen einzigen hawaiianischen Arbeiter, der bereit gewesen wäre, auch nur einen Baum zu fällen. Die alte Tradition bestimmt, dass die Bäume nur mit der Fürsprache eines Priesters berührt werden dürfen.

Wieder zurück an der Küste traf ich auf Strände, an denen sich kein einziger *haole* in der Sonne braten ließ. Stattdessen saßen dort nur einige Einheimische mit ihren Familien unter leuchtend blauen Sonnensegeln, labten sich an ihren mitgebrachten Speisen und Bier, lachten und lauschten der Musik, die aus den aufgepeppten Trucks mit ihren weit geöffneten Türen dröhnte. Als ich vorbeirollte, begrüßte man mich mit ausgelassenen Rufen und Winken. Ein Mann, der mich an einen Sumo-Ringer erinnerte, kletterte erstaunlich agil die Felsen vom Strand herauf, um mir ein eisgekühltes *Budweiser* und einen frisch gegrillten Maiskolben zu reichen. Er klopfte mir kräftig auf die Schulter und erzählte mir, er habe gesehen, wie ich vor einigen Stunden den Berg hinaufgefahren war.

»Diese Straße ist echt fies«, meinte er, »da macht ja fast der Truck schlapp, von einem Fahrrad mal ganz abgesehen.«

Er schüttelte mir mit enthusiastisch-eisernem Griff die Hand und kehrte dann zurück zu seiner feucht-fröhlichen Strandparty. Auf der Rückseite seines T-Shirts prangten die Worte: LASS HÄNGEN.

Später traf ich eine Frau, die mich meine Wasserflaschen an ihrem Schlauch auffüllen ließ (das Wasser war warm und schmeckte nach Gummi) und mich mit einer Tüte frisch gepflückter, zuckersüßer Mangos aus ihrem Dschungelgarten versorgte. Als ich danach meine Reise fortsetzte, kam ich an einem Schild vorbei, das darauf hinwies, dass ich mich hier genau an jener Stelle befand, wo Smith und Bronte am 14. Juli 1927 mit ihrem Flugzeug eine Bruchlandung erlitten hatten, nachdem sie den ersten Zivilflug über den Pazifik in knapp über 25 Stunden geschafft hatten. Sie krachten zwar unelegant in einen schlammigen Mangrovensumpf, kamen aber dafür mit dem Leben davon.

Weiter ging meine Reise entlang der Südküste mit ihren Riffen, ich musste hie und da einem kleinen Mungo ausweichen, der mir mit behänder Kralle vor das Rad geriet, und erblickte dann im seichten Wasser die verfallenen Mauern eines Bauwerkes aus Stein und Korallen. Es handelte sich um die Relikte der alten königlichen Fischteiche, die zwischen dem 15. und 18. Jahrhundert hier errichtet worden waren, um die *ali'i*, also die Häuptlinge Hawaiis, stets mit frischem Fisch versorgen zu können.

Als ich im *One Ali'i Beach Park* eintraf, wo ich an diesem Abend unter kokosnussfreien Palmen am Strand mein Lager aufschlagen wollte, versank die Sonne gerade im Meer. Ich errichtete mein Zelt am Logenplatz direkt neben den sanft ans Ufer schwappenden Wellen, doch irgendwie beschlich mich ein ungutes Gefühl. Es war keine Menschenseele zu sehen und die Lage war zu exponiert – nicht unbedingt im Hinblick auf das Wetter, sondern eher in Bezug auf unwillkommene Blicke. Ich war müde, konnte mich aber nicht entspannen. Mein ganzer Körper befand sich in Habachtstellung. Wieder einmal hatte ich das Gefühl, beobachtet zu werden.

Plötzlich fuhr ein Pickup unter lautem Dröhnen auf den Campingplatz und ließ das Licht seiner Scheinwerfer wie einen suchenden Blick durch die Dämmerung streifen. Ich versteckte mich im Gebüsch und beobachtete, wie der Wagen und seine Insassen mit dröhnender Musik und unter lautem Grölen mit quietschenden Reifen im staubigen Sand ihre Runden drehten, immer und immer wieder. Leere Flaschen wurden in die Dunkelheit geschleudert, ich hörte, wie sie am Felsen zersprangen. Dann legten sie einen Kavaliersstart hin und brausten endlich mit laut quietschenden Reifen davon. Ich beschloss zu verschwinden, ehe sie zurückkamen.

Als ich hastig meine Fahrradtaschen packte, löste sich ein Mann aus den Schatten. Mein Herz schlug mir bis zum Hals. Er sah unheimlich aus und hatte einen verschlagenen Blick. Er hockte sich auf die Fersen, zündete seine abgerissene Kippe wieder an und fragte mich, was ich da machte.

»Ich gehe gerade«, sagte ich.

»Aber biste nich gerade erst angekommen?«

»Tja, vielleicht schon, vielleicht auch nicht. Aber jetzt gehe ich«, antwortete ich ausweichend und zusammenhangslos.

»Sag mal, Mädel, biste allein?«

»Nein, nein«, erwiderte ich, und in meinem Kopf schrillten sämtliche Alarmglocken. »Ich erwarte einen Wagen voller Freunde, die mich hier jede Minute abholen.«

Ich hatte so eine böse Ahnung, dass er mich gleich von hinten anspringen würde.

»Willste mit mirn bisschen am Strand spazieren gehen?«, fragte er mich. »Is echt ne wunderschöne Nacht.«

Klar würde ich mit ihm spazieren gehen. »Sorry«, sagte ich, »geht leider nicht. Die würden sich ja fragen, wo ich bin.«

»Weißt du, ich mag keine Lügner – die gehn mir ziemlich aufn Sack. Klar?«

»Klar? Oh, ja klar. Die mag ich auch nicht, aber einige sind O. K., und manchmal kann man die Leute ja auch verstehen«, sagte ich. Ohne zu wissen, was ich da eigentlich plapperte, doch überzeugt davon, dass ich unbedingt weiterreden musste, stopfte ich meine Habseligkeiten in die Taschen. »Jeder hat seine Höhen und Tiefen und ... ähmmm ... tja, nett, dich kennengelernt zu haben«, log ich, schwang eiligst mein Bein über *Starcraft* und machte mich wie ein geölter Blitz Richtung Straße davon.

Ich jagte mit rasendem Herzen durch die Nacht zurück nach Kaunakakai, trat wie wild in die Pedale, aber ich wusste eigentlich nicht genau, wohin. Die Lust aufs Zelten war mir gründlich vergangen und die Insel hatte nur drei Hotels, alle kosteten umgerechnet um die 60 Euro pro Nacht. Trotzdem hielt ich am ersten Haus, das ich finden konnte: das *Hotel Molokai*.

Als ich die hell erleuchtete Empfangshalle betrat und mein Blick nach draußen auf die vielen Pärchen auf Urlaub fiel, die sich an der Poolbar entspannten und amüsierten, fühlte ich mich wunderbar sicher und geborgen. Zwischen diesem Ort und dem dunklen, bedrohlichen Campingplatz, wo mir verängstigt, allein und in Angstschweiß gebadet alles Mögliche hätte widerfahren können und keiner es je erfahren hätte, lagen Welten. Hier ertönten aus dem Hintergrund die einzigartig sehnsüchtig-rhythmischen Klänge der heiteren hawaiischen Musik, das Geräusch von Gläsern, die beim Anstoßen klirrten und klangen, mischte sich mit heiteren Stimmen und warmes, romantisches Kerzenlicht flackerte an den unter freiem Himmel stehenden Tischen des Strandrestaurants. Ich wollte unbedingt eintauchen in diese ausgelassene Stimmung, fürchtete mich aber davor, wieder in die Nacht hinausgehen zu müssen – in die Dunkelheit mit ihrem lichtscheuen Gesindel.

Ich stand noch eine Weile unentschlossen am Empfang herum und genoss das Gefühl von Sicherheit, während ich meinen nächsten Schritt plante. Dann schlenderte ich ein wenig auf und ab, sah mich um und entdeckte an der Wand einen Zettel mit der Aufschrift:

> RESTAURANT & BAR
> Das Hotel Molokai hat ein reizendes Restaurant am Strand.
> Dort werden exquisite amerikanische und jawaiianische
> Speisen serviert.

Da ist doch was faul, dachte ich bei mir. Vielleicht lokale Delikatessen, so etwas wie »Toast Jawaii«?

Ein zum Dinner herausgeputztes, nach Seife duftendes und in eine Wolke Aftershave gehülltes Pärchen aus Australien mit hochglänzenden Schuhen betrat eng umschlungen die *Laaaby* des Hotels. Sie musterten mich verdutzt, ihre Blicke wanderten auf mein an die Glastüren des Foyers gelehntes Fahrrad und dann wieder zurück zu mir. In meinem aufgelösten und eindeutig schmuddeligen Zustand – ich trug verstaubte Shorts, T-Shirt und ausgelatschte Schuhe und mir rannen Schweißperlen über das Gesicht – sah ich wohl nicht gerade aus wie ein normaler Hotelgast.

Die Frau an der Rezeption hatte langes, rabenschwarzes Haar. Ich fragte sie nach dem billigsten Zimmer: Es kostete umgerechnet 57,50 Euro zuzüglich Steuern. Ich dachte an meine Kreditkarte und daran, dass ich wegen Deckungsmangels ständig Probleme hatte, damit zu bezahlen, und setzte meine verzagteste und bedauernswerteste Miene auf. Ich zögerte noch ein wenig, dann ging plötzlich ein Lächeln über das Gesicht der Frau und sie teilte mir mit, sie könne mir für »'nen Zwanni« ein Zimmer geben. So einfach war das! Ich dankte dem Wohlwollen der Götter Hawaiis und verbrachte den Rest des Abends mit ein paar Einheimischen und einer Handvoll Touristen in der lauen Nachtluft, schaute den üppigen Hulamädchen zu, die ihre Hüften schwingen und kreisen ließen und im Rhythmus der Handtrommel und zu den nasalen Klängen der Saiteninstrumente gekonnt mit den richtigen Körperteilen wackelten. Eine echte Touristenveranstaltung, doch ich amüsierte mich bestens und, was noch viel wichtiger war, hier befand ich mich in Sicherheit.

10
Maui Wowie

Auf der Überfahrt nach Maui gerieten wir in einen Sturm, der Wind wütete und peitschte die Wellen zu regelrechten Mauern auf. Die Fähre schwankte, schlingerte und ruckelte wie auf einer Achterbahn durch den Kalohi Channel. Unter Deck in den Kabinen wurden viele der Passagiere von explosionsartigen Übelkeitsattacken heimgesucht. Ich hüllte mich in meine Jacke und erklomm vorsichtig die Schiffsleiter, um mich auf dem menschenleeren »Sonnendeck« der Macht der Naturgewalten auszusetzen.

An Deck ging es mir sofort erheblich besser. Es war erfrischend und lustig. Die salzige Gischt fegte mit der Kraft einer Wasserkanone über Deck und durchnässte mich innerhalb von Sekunden. Ich band mich mit einem Seil im Windschatten des Steuerhauses fest, machte es mir dort bequem und genoss die Fahrt. Im heftigen Auf und Ab des Bootes, das mit harten, markerschütternden Stößen von Welle zu Welle katapultiert wurde, geriet mir mal das Meer, mal der Himmel ins Blickfeld.

Nach einer Weile erblickte mich Roger, der Kapitän, und lud mich zu sich ins Steuerhaus ein, wo Bruce Springsteen mit rauer Stimme sein *Hungry Heart* schnurrte. An der Fensterscheibe sah man, wie tausende Tropfen Meerwasser kaulquappengleich das Glas hinunterrannen. Roger meinte, sie sähen aus wie Spermien. Samson, der Schiffsmaat, suchte beharrlich mit seinem Fernglas die Wellenberge nach Walen ab. Gelegentlich kam einer ganz in der Nähe an die Oberfläche und stieß eine eindrucksvolle Wasserfontäne aus. Dann änderte Roger abrupt den Kurs. Er berichtete, dass ein Tragflügelboot vor einigen Jahren mit 80 Stundenkilometern gegen einen Wal geprallt sei. Das gab eine echte Sauerei, meinte er.

Auf dem Kamm einer Welle erspähte ich backbord weit draußen vor dem Hafen einen gigantischen schwimmenden Schuhkarton (es hätte allerdings auch steuerbord sein können).

»Das ist eine Containerplattform, die von einem Schlepper gezogen wird«, erklärte Roger. »Da wird von der Klimaanlage bis zum Vieh alles verladen, was man sich vorstellen kann.«

Wenn sich Kühe darauf befanden, dann taten sie mir herzlich leid. Das war wirklich nicht das richtige Wetter zum Wiederkäuen auf hoher See.

Das Boot fuhr in den Pailolo Channel und plötzlich legte sich der Sturm. Als wir uns dem Hafen von Lahaina auf Maui näherten, kam sogar die Sonne wieder zum Vorschein. Passagiere, noch grün im Gesicht, wankten an Deck. Sie sahen genauso aus, wie man eben aussieht, wenn man eine Stunde damit verbracht hat, einen Würgereiz auslösenden Spuckbeutel »für die Seekrankheit« mit Inhalt zu füllen.

Ein Pärchen aus Colorado hatte allerdings keinerlei Übelkeitsgefühle empfunden und ich beobachtete belustigt, wie die beiden ein Fotoshooting abhielten. Bob versuchte, eine »natürliche« Aufnahme von seiner Frau Sandy zu machen.

»Liebling, wie wär's, wenn du einfach so lächelst, als ob du dich amüsieren würdest«, flötete er in peinlichem, Aufmerksamkeit erregendem Ton. »Nimm die Hände aus den Taschen – lass mal den Hut auf – und lehn dich ganz lässig an die Reling. Nee, das ist auch nicht gut. Schau mich nicht an! Hey, so ist gut, Liebling, nicht bewegen ... ja, spitze.«

Endlich, als ein verkrampftes Lächeln über ihr Gesicht huschte, machte Bob seinen Schnappschuss. Ich hätte fast applaudiert.

Als ich an der Anlegestelle an Land hüpfte, blickte ich direkt in das Angesicht eines Marlin, der unelegant zappelnd auf der Seite lag. Während ich diese haifischgroße Kreatur anstarrte, hatte sich ein Pirat mit Augenklappe herangeschlichen. Er lebte auf einem schwimmenden Museum, der *Carthaginian II*, einer imposanten Brigg mit rechteckigen Rahsegeln, die hinter mir vertäut war.

»Hallihallo! Ich bin Wally«, sagte er, »und das hier ist *Catastrophe*, der Schiffskater.«

Während ich ihn streichelte und er schnurrte (der Kater natürlich), erklärte Wally: »Das da ist ein 80 Kilo schwerer Blauer Marlin. Ein ziemlicher Winzling.«

Ein Winzling! Der war mindestens doppelt so lang wie ich.

»Marline sind die Falken der Unterwasserwelt«, führte Wally weiter aus. »Mit ihrem messerscharfen Blick erspähen sie ihre Beute in über 30 Metern Tiefe, dann stürzen sie wie aerodynamische Kampfjets hinab.«

Mit einem Blick auf sein tödliches, speergleiches Maul bemerkte ich: »Da möchte ich aber nicht gerne Beute sein.«

»Komm, ich zeig dir mein Schiff«, schlug Wally vor.

Ich nahm Wallys Einladung ein und musste feststellen, dass es sich bei diesem Schiff um ein besonders ansprechendes Exemplar handelte, eine sanft schaukelnde Schönheit aus altem, knarrendem Holz. Unter Deck sah ich gebannt bei der Geburt eines Waljungen zu. Der Dokumentarfilm über das Leben eines Buckelwals hinterließ bei mir einen bleibenden Eindruck. Als ich eine Stunde später wieder in das grelle Sonnenlicht kletterte, war mein Kopf voll mit berauschend faszinierenden Fakten über Wale: Das Gehirn eines Buckelwals ist fünf Mal größer als das eines Menschen, seine Lungen sind so groß wie ein Kleinwagen, die Zunge wiegt zwei Tonnen und er bläst mit einer Geschwindigkeit von 480 km/h Wasser durch sein Atemloch. Ich kam mir langsam wie ein buckliger Wissenschaftler vor.

Anfang der Neunzigerjahre des 18. Jahrhunderts lockte König Kamehameha der Große die Verteidigungstruppen des Königs von Maui in eine Falle und metzelte sie nieder. Dann machte er die Hafenstadt Lahaina (»gnadenlose Sonne«) zur Hauptstadt seines Königreichs. Fünfzig Jahre später, als die Walfänger zu Hunderten in den warmen Gewässern rund um die Inseln Jagd auf Pottwale und Buckelwale machten, erlangte der Ort als Hauptstadt des pazifischen Walfangs Weltruhm. Die Seeleute machten nicht nur auf diesem Gebiet fette Beute. Nackte und kurvenreiche Inselmädchen schwammen freiwillig hinaus zu den vor den Inseln ankernden Schiffen und tauschten körperliche Zuwendungen gegen Krimskrams und Novitäten wie Nägel (ausgerechnet!). Als die Missionare landeten und versuchten, dem unmoralischen Treiben einen Riegel vorzuschieben, waren einige der Seefahrer so verschnupft über diese Art von Rechtschaffenheit, dass sie einige Kanonenkugeln auf das Missionshaus abfeuerten.

Ich mietete mich im traditionsreichen, grün-weiß gestrichenen und direkt am Hafen gelegenen *Pioneer Inn* mit seiner doppelten Veranda ein, in dem, wie mir die Putzfrau stolz berichtete, bereits berühmte Persönlichkeiten wie Errol Flynn und Spencer Tracy logiert hatten. Die ursprünglichen Hausregeln aus dem Jahre 1901 (dem Jahr, in dem das Haus errichtet wurde) hingen an der Rückseite der Tür zu meinem Hotelzimmer, das ich für umgerechnet rund 19 Euro die Nacht gemietet hatte.

»FRAUEN IST NICHT ERLAUBT IN DEIN ZIMMER;
WENN DU BETT NASS MACHEN ODER VERBRENNEN,
DU GEHEN;
DU NICHT ERLAUBT, BETT AN FREIND ZU GEBEN
WENN FREIND NACHT BLEIBT, DU MÜSSEN ZU DIREKTOR.
NUR AN SONNTAG DU KÖNNEN GANZEN TAG SCHLAFEN.
DU NICHT ERLAUBT UNTEN IN WONZIMMER ODER
ESSENZIMMER ODER KÜCHE WENN BETRUNKEN.
WENN DU DIESEN REGELN NICHT GEHORCHEN KÖNNEN
BITTE NICHT ZIMMER MIETEN.«

Ich stellte fest, dass es in Lahaina einige merkwürdige Straßennamen gab. Als ich die Stadt verließ, radelte ich die Kipulu (»Ort des Düngers«) hinauf und die Niheu (»Straße der schicken Frisur«) hinunter, umrundete schließlich die Nordwestküste mit den Betonburgen des *Kaanapali Resort*, wo viele identisch aussehende Touristen in ihren identisch aussehenden gemieteten Cabrios an mir vorbeirauschten, folgte dieser Straße immer weiter, bis sie nur noch eine Schotterpiste war. Diese war perfekt für Radfahrer geeignet. Der Verkehr blieb auf der Strecke (auf Schotterpisten durfte man in Mietwagen nicht fahren) und ich radelte auf dieser hügeligen, eng an der Küste entlang verlaufenden Piste, bis ich in ein winziges, unberührtes Fischerdorf mit vielen von Wind und Wetter gezeichneten Hütten und Tarofeldern kam.

In dieser Nacht schlief ich auf *Superman*-Laken im *Northshore Inn* in Wailuku (»Blutiges Wasser«). In der Koje gegenüber, auf Laken mit Motiven aus *Raumschiff Enterprise* gebettet, übernachtete Ted aus Texas. Mit seinen spitzen, verstaubten Stiefeln, dem großen Hut und seiner Gitarre sah er aus wie der perfekte Cowboy aus dem Wilden Westen, war aber in Wirklichkeit Vorarbeiter in einem Klärwerk und lebte bereits seit zwei Jahren auf Big Island. Er erzählte mir, dass er an diesem Tag das erste Mal seit seinem Zuzug die Insel verlassen habe.

»*Yeah*, heute hab ich's hingeschmissen«, sagte er. »Hab diesen Drecksjob und die verlauste Bande, mit der ich gearbeitet habe, hinter mir gelassen. Die haben mir das Leben so richtig schwer gemacht und heute Morgen hab ich denen gesagt: ›Wisst ihr, Jungs, ich find euch nicht so klasse. Ihr geht mir aufn Keks, also werdet ihr mich von heute an nicht mehr hier sehen.‹«

Dann war er in seinen Lastwagen geklettert und hatte die Jungs und seinen 8-Dollar-Job im Stich gelassen. Nun durchsuchte er die Tageszeitung von Maui nach Stellenangeboten und schaute ein wenig verunsichert drein.

Draußen auf der Veranda traf ich auf Brendan aus Auckland, der sich, wenn ich ihn richtig verstanden hatte, während der letzten fünf Jahre ununterbrochen auf Reisen befunden hatte, die er mit selbst verdientem (er war einmal Besitzer eines HiFi-Geschäfts gewesen und hatte außerdem ein Ultraleichtflugzeug gebaut) oder geerbtem (bei diesem Thema war er etwas zurückhaltend) Geld finanzierte. Er hatte in Sydney ein viermonatiges Seminar mit dem Titel »Mein inneres Wesen verstehen« belegt, das ihm meiner Meinung nach mehr Schaden als Nutzen gebracht hatte. Anscheinend verließ er nie das Gästehaus und man konnte darauf wetten, ihn entweder vor der Mattscheibe beim MTV-Schauen (ein Sender, der den Zuschauer mit einem unablässigem Strom von Rockvideos bombardiert) oder draußen auf der Veranda bei der andächtigen Lektüre von zutiefst tiefenpsychologischer Literatur zu erwischen. Er war auf dem Selbsterkundungstrip, nahm sich selber ziemlich wichtig, hinterfragte das Leben und die Bedeutung seiner Existenz auf diesem Planeten. Es war reine Zeitverschwendung, Brendan die üblichen banalen Fragen des Reisens zu stellen, wie etwa: Wo kommst du her? Wie lange bist du schon hier? Wo warst du schon? Wo willst du hin? Das Einzige, was er darauf erwiderte, war: »Ich verlasse Maui, wenn es sich tief drinnen für mich richtig anfühlt. Ich muss vorher noch über vieles nachdenken.«

Ich überließ Brendan seinen ernsthaften Gedanken und gab mich während des Sockenwaschens ganz dem Sinnieren über kosmische Absonderlichkeiten hin. Nachdem ich das erledigt hatte, sehnte sich mein Kopf nach etwas leichter Unterhaltung, daher blätterte ich in einem Gratis-Touristenheftchen. Auf einer Seite fand ich eine Liste von Verhaltensregeln in Hawaii, die mich unter anderem über Folgendes aufklärten:

(1) HUPEN SIE NICHT. IN HAWAII GILT DIES ALS DER GIPFEL DES SCHLECHTEN BENEHMENS.

(2) TRAGEN SIE WÄHREND DES MOPEDFAHRENS IMMER EINE BRILLE ODER TAUCHERBRILLE! HELME SIND NICHT ZWINGEND, AUGENSCHUTZ ABER GESETZLICH VORGESCHRIEBEN! ALSO BRILLE TRAGEN ODER STRAFZETTEL RISKIEREN.

(3) VERSUCHEN SIE NIE, DIESE SÜSSE BLAUE BLASE ANZUFASSEN, DIE DA IM MEER SCHWIMMT ODER IM SAND LIEGT: ES HANDELT SICH UM EINE PORTUGIESISCHE GALEERE.

(Was man hier vergessen hatte zu erwähnen, war, was man tun sollte, wenn man diese süße blaue Blase tatsächlich angefasst hatte und mit ihrem Gift in Berührung gekommen war. Nämlich: mit Fleischzartmacher oder Urin behandeln.)

(4) LASSEN SIE IHRE ESSSTÄBCHEN BEI ESSPAUSEN ODER ZWISCHEN DEN GÄNGEN NICHT IN IHREM REIS STECKEN. DAS BRINGT UNGLÜCK.

(5) HALTEN SIE NICHT MITTEN AUF DER AUTOBAHN AN, WENN SIE EINEN WAL SEHEN. SO VERSTÄNDLICH DIESE REAKTION AUCH SEIN MAG, SIE IST MEHR ALS RISKANT.«

(Was hier wiederum nicht näher ausgeführt wurde, war, was so ein Wal überhaupt auf der Autobahn zu suchen hatte.)

Dann traf ich Claire und Jaqui aus Bristol, die gerade mit dem Zug quer durch Amerika »gegondelt« waren. Sie hatten festgestellt, dass ihnen Maui gefiel, und wollten bleiben, doch dafür brauchten sie ein wenig Geld. Der Versuch, im ein paar Häuser weiter gelegenen *Banana Hostel* zu jobben, hatte keine Früchte getragen, da man ihre *Green Cards* zu sehen verlangt hatte. Daher hatten sie ihre ganze Aufmerksamkeit auf die Frisuren der Gäste des *Northshore Inn* gerichtet, denen sie Haarschnitte oder aufwendige Flechtfrisuren mit bunten Perlen angedeihen ließen. Außerdem boten sie ihren nach dem Motto *Rent-a-Wreck* gemieteten Wagen für Taxidienste an. Immer, wenn sie dienstfrei hatten, hockten wir uns zusammen auf den sonnenüberfluteten Balkon mit Blick auf die fantastische und gewaltige Silhouette des Vulkans Halaekala und aßen anderer Leute Ananas.

Vor dem *Maui Boy Restaurant* traf ich den 36-jährigen Craig Handfinger. Er kam ursprünglich aus Philadelphia, hatte aber während der letzten fünf Jahre mit der Handelsmarine die Welt bereist. Dann war er nach Hawaii gekommen, hatte an dem, was er da sah, Gefallen gefunden und – Überraschung! – sich entschlossen zu bleiben. Das war drei Jahre her. Während dieser Zeit hatte er, hand- und fingerfertig wie er war, bereits diverse Jobs ausprobiert und sich schließlich als Reiseführer für amerikanische Bustouristen verdingt. Das hatte er drei Wochen durchgehalten, denn, wie er es ausdrückte: »Mein Hund is intelligenter als der Durchschnittsami. Die haben kein Interesse an Kultur, sondern nur daran, dass alles leicht und bequem ist und ob man das Essen gut verträgt. Die stellen einem die dümmsten Fragen, zum Beispiel: ›Kann man sehen, wie eine Avocado wächst?‹ oder ›Wie viele WCs gibt's oben am Vulkan?‹ Aber die Frage, die mich zur Kündigung veranlasste, lautete: ›Ist diese Insel vollständig von Wasser umgeben?‹«

Eines Tages kam in den Nachrichten, dass ein Tourist beim Wandern in der Nähe des Iao-Tals, in dem ein beeindruckender, nadelförmiger Basaltfels 370 Meter steil in den Himmel ragt, ermordet worden sei. Dem Gerücht nach habe der Tourist die markierten Wanderwege verlassen, sei in das Hinterland eingedrungen und so in ein Feld mit Marihuana *(Pakalolo)* geraten, das von denen, die dort anbauen, aufs Strengste mit Tretminen und bewaffnetem Personal bewacht wurde. Offensichtlich hatten sie für Schnüffler oder verirrte Touristen nicht viel übrig. Mit *Pakololo*, dem gewinnträchtigsten Saatgut der Inseln, das bei den Einheimischen als wichtige landwirtschaftliche Einnahmequelle geschätzt wird, kann man auf Hawaii ein Mordsgeschäft machen. Dieses »verrückte Kraut« erfreut sich einer Vielzahl von Bezeichnungen, auf Big Island ist es als *Kona Gold* oder *Puna Butter* am geläufigsten, auf Maui ist es unter dem Namen *Maui Wowie* bekannt.

Als ich auf meinem Zweirad in Paia einlief, wurde mir schnell klar, dass man hier mit *Pakalolo* große Geschäfte machte. In der Stadt mit ihren farbenprächtigen Ladenfassaden wimmelte es nur so von hippen Windsurfertypen mit sonnengebleichtem Haar in Neonklamotten und bärtigen Hippies im Batikdress auf der Suche nach dem Paradies.

Als ich vor dem *Mana Store* etwas trank, kam ein behaarter, barfüßiger Typ auf mich zu, der bis auf einen sich unattraktiv über seinen Rücken windenden langen, dünnen Rattenschwanz, an dessen Ende eine Feder prangte, kurze Haare trug. Er löffelte eifrig aus einem großen Becher Carob-Soja-Eis. Nachdem er sich kurz über Ausgangspunkt, Zweck und Endpunkt meiner Reise erkundigt hatte, stellte er sich mir als Prophet namens Licht vor. Ich habe es schon immer schwer gefunden, Leute wie ihn ernst zu nehmen, daher fing ich natürlich an zu lachen. Dann fragte ich ihn, woher er komme. Ohne eine Miene zu verziehen antwortete er: »Von nirgendwo. Ich bin einfach erschienen.«

»Aber von irgendwoher musst du doch erschienen sein«, wandte ich ein. »Wo bist du denn geboren?«

»Ich bin nirgendwo geboren. Ich bin die Verkörperung einer größeren spirituellen Macht.«

Ich unterzog ihn in diesem höchst streitbaren Punkt einer etwas eindringlicheren Befragung, so dass er schließlich zugeben musste, dass er in einem Vorort von Los Angeles Gestalt angenommen habe. Dann habe er in Oxford Jura studiert, seine Pläne aber verworfen, als er feststellen musste, dass alle Rechtsanwälte »gequirlte Scheiße« von sich gäben.

Er lud mich ein in seine Haschischhöhle, eine Grashütte am Strand, wo »Leben eine neue Bedeutung erhält« und »manische Dinge abgehen, Mann«. Soweit ich ihn verstand, ging es ihm vor allem darum, mir eine Predigt über Liebe, Frieden, Harmonie und spirituelles Gleichgewicht zu halten, und *Maui Wowie* sollte dann den Rest besorgen. Ich verkündete, dass ich grundsätzlich nicht mit absonderlichen Personen an absonderliche Orte gehen würde. Er bediente sich einer sehr blumigen Ausdrucksweise, um mir genau zu beschreiben, was er von mir hielt, und machte sich dann aus dem Staub. Damit tat er genau das, was ich von ihm gewollt hatte.

Die »laute Stadt« war voller Blumenkinder mittleren Alters, die aus den Sechzigerjahren übrig geblieben waren und die neben dem Praktizieren allerlei merkwürdiger Gepflogenheiten auch gerne mal ihre Namen änderten. Im *Mana Store* (einem riesigen Naturkostladen) traf ich neben dem Korb mit fettfreiem, zuckerfreiem Granolamüsli ohne künstliche Zusätze eine mit einer Ladung Alfalfa- und Mungobohnensprossen beladene Yogalehrerin und Kristallheilerin mit Namen *M'ocean* (ausgesprochen »*moschen*«, wie das englische Wort *motion*). Mir liefen Leute namens *Starlight*, *Moonshine* oder *Sunbeam* über den Weg, die alle ganz große Stücke auf alternative Heilmethoden hielten.

An der Wand vor dem *Mana Store* prangte ein großes Schwarzes Brett voller handgeschriebener Zettel, die über Veranstaltungen und Angebote in der Gegend informierten. Es gab Zimmer zu vermieten an »Nichtraucher, Veganer mit positiver Einstellung zum Leben«, Kurse in »Yoga, Aromatherapie, Akupunktur, geistiges Heilen ...« und andere interessante Informationen:

> »Birkenstocksandale verloren – linker Fuß.«

> »Probleme mit dem Videorekorder? Ich kann helfen!«

> »SCHWANGERE MAMIS GESUCHT!
> Kommen Sie zu uns in die Frauengruppe für ›Aufgeklärte Geburt und Elternschaft‹ ... wir führen Wassergeburten durch – eine Erfahrung, die frau gerne öfter machen möchte!«

Es gab auch eine »alternative« Mitteilung eines »Alternativen«, der scheinbar eine Alternative zum Miete-Zahlen gefunden hatte:

> »Wir hoffen, dass die Leute gegen Grundbesitzer, die zu hohe Mieten verlangen, vor Gericht ziehen. Wir, die Mieter, bezahlen Euch dafür, dass wir uns um Euch kümmern und eigentlich

solltet Ihr *uns* dafür *bezahlen*, dass wir uns um Euch kümmern. Wir werden voll unterdrückt, uns geht's wie versklavten Niggern. Es ist eine Sünde, jemanden fürs Schlafengehen zu bezahlen, besonders weil Mutter Erde Euch ja auch nicht dafür abkassiert, dass ihr hier sein dürft.
Mitgefühl, Wahrheit + Liebe«

Aber der Aushang, der mich wirklich fesselte, warb ausführlich für ein »TANTRISCHES SEXSEMINAR«:

»ERLEBEN SIE IHRE SEXUALITÄT SO BEWUSST WIE DEN REST IHRES LEBENS?«

Darauf folgte wortreicher, aber nicht minder faszinierender Nonsens über »tantrische Weisheit«, die »heilende Kraft der Planeten«, »die Reise zu dem spirituellen Potenzial der sexuellen Liebe«, »die esoterische Seite einzelner Teilbereiche des Tantras« und die »Kunst des bewussten Liebens«, dann ging es ans Eingemachte:

»TECHNIKEN ZUR STEIGERUNG IHRES ENERGIEFLUSSES UND LUSTGEFÜHLS
Darunter verstehen wir Techniken zur Harmonisierung der Stimmung und der Energiefelder, esoterisches Küssen, transformatives Berühren, verschiedene Positionen. Der Mann lernt, sein *lingam* als energetischen Zauberstab des Lichtes einzusetzen, so, wie ein Meister den Pinsel benutzt, und die Frau erlernt, die *yoni* bewusst zu massieren und zu spielen wie ein Saiteninstrument von exquisiter Schönheit.«

Die Anzeige schloss mit dem Satz: »Sex ist Gottes Erfindung, aber die Menschheit hat ihn verdorben.« Jede Menge Stoff zum Nachdenken und auch für andere Zwecke, dachte ich.

Dieses Seminar über die »Kunst des bewussten Liebens« wurde von Chuck und Carol Muir abgehalten, deren Foto an dem Werbezettel befestigt war. Dieses Foto ließ mich dann doch innehalten und nachdenken. Über Carols Gesichtszüge konnte ich nun wirklich nichts Abwertendes sagen, sie war sogar recht attraktiv, aber Chuck ... nun ja, er sah aus wie eine Mischung aus der Hauptfigur im Film *Planet der Affen* und einem Pfingstochsen. Die Vorstellung, auch nur in die Nähe seines *lingam* zu kommen, war, um ehrlich zu sein, nicht sonderlich prickelnd.

Das Schwarze Brett der »lauten Stadt« hatte mich in seinen Bann gezogen, doch immer, wenn jemand vorbeikam, war es mir doch ein wenig peinlich, derart fasziniert zu sein von »exquisiten mehrsaitigen *yonis*«, daher wandte ich meinen Blick rasch einem anderen Aushang zu und tat so, als würde ich angestrengt über das rätselhafte Verschwinden der linken Birkenstocksandale nachgrübeln.

Ich stieg weiter in die Pedale und diesmal ging es in die Höhe. Meine Route verlief ins Inselinnere und hinauf auf den Haleakala (»Haus der Sonne«), den höchsten erloschenen Vulkan der Erde. Sein Krater ist über 1000 Meter tief und hat den unglaublichen Umfang von fast 34 Kilometern – darin hätte ganz Manhattan Platz. Es hieß außerdem, man lege bei seiner Besteigung auf kürzestem Weg so viele Höhenmeter zurück wie sonst nirgends auf der Erde.

In etwa 60 Kilometern ging es vom Meeresspiegel hinauf auf 3055 Meter. Der Aufstieg hatte also das qualvolle und sinnlose Potenzial einer amüsanten Herausforderung, deshalb machte ich mich auch prompt auf den Weg. Aber langsam, sehr langsam.

Tatsächlich bewegte ich mich so langsam vorwärts (nicht nur wegen der Steigung, sondern weil ich ständig anhalten und mich an heruntergefallenen, unwiderstehlichen Mangos gütlich tun musste), dass ich nach 6 Kilometern beschloss, es gut sein zu lassen. Die

Nacht brach schnell herein, denn in den Tropen gibt es keine ausgedehnte Morgen- oder Abenddämmerung, es wird plötzlich und ohne Übergangsphase Tag oder Nacht. Ich musste daher schleunigst einen Platz finden, an dem ich mein Zelt aufschlagen konnte. Eine der erleuchteten, Alfalfa verzehrenden Königinnen aus Paia hatte mir vom *Rainbow Park* erzählt, wo man übernachten könne, ohne dass man von umherwandernden Park Rangern auf der Jagd nach Genehmigungen im Licht der Taschenlampe unsanft aus dem Schlaf gerissen werde.

Ich fand den Campingplatz. Für Mangosüchtige war es paradiesisch, aber ich fühlte mich dort nicht wohl – es lag nicht am Campingplatz selber, sondern an den Leuten dort. Unweit der stinkenden Mobiltoilette saßen zwei zwielichtige, zittrige alte Männer neben einem grellorangefarbenen Wohnmobil. Beide waren bereits betrunken und tranken weiter, vor ihnen scharrte eine Bestie von Hund wie ein Stier auf dem Boden und knurrte mich zähnefletschend an. Ich dachte: hier bleibe ich nicht. Also machte ich mich davon. Als ich gerade im Aufbruch begriffen war, hörte ich einen der Männer rufen: »Mensch, Hank, Sattel müsste man sein!«

Ich war soeben an der *Makawao Union Church* vorbeigeradelt, da kam mir in der nicht immer ganz zutreffenden Annahme, dass man bei heiligen Männern sicher sein Zelt aufschlagen kann, die Idee, den Ortsgeistlichen aufzusuchen.

Die Kirche war verschlossen und im Haus nebenan lebte eine weitere Riesendogge. Ich versuchte es beim Haus daneben und hatte Glück. Dort wohnten der Reverend Tom Jackson und seine Frau Marge, ein älteres kanadisches Ehepaar mit 11 Kindern, 23 Enkelkindern und einigen Urenkeln dazu, das vorher in Honolulu gewohnt hatte. Die Jacksons waren hierhergekommen, um für ein Jahr an der *Makawao Union Church* auszuhelfen, nachdem der Vorgänger sich mit einem Trost suchenden Gemeindemitglied »eingelassen« hatte und dann mit ihr zusammengezogen war. In der religiösen Gemeinschaft des Dorfes war man davon nicht angetan gewesen und Tom war abberufen worden, um die Stelle vertretungsweise zu bekleiden. Nun hatten sie den Jahresvertrag fast erfüllt und freuten sich, wieder zurück ins Zentrum von Honolulu, zu Haus, Freunden, Verwandten und der Hitze zurückkehren zu dürfen. Tom fand die frische, kühle Luft in den Ausläufern des Haleakala-Gebirges ein wenig zu kalt für seine »armen alten Knochen«.

All dies erfuhr ich bei einem Plausch mit Tee und Kuchen im Wohnzimmer mit Blick auf ein Feld mit hochgewachsenen, im Winde raschelnden Zuckerrohrpflanzen. Erst als ich schon etwas länger bei den Jacksons war, wurde mir klar, dass Marge nicht mehr richtig sehen konnte. Blutgerinnsel auf ihrer Netzhaut drohten, sie vollständig erblinden zu lassen. Es war wirklich beeindruckend, sie in Aktion zu erleben. Ihre Hände ersetzten ihr das Augenlicht. Alles musste berührt werden. Sie werkelte in der Küche und kochte viel besser als mancher, der sein Augenlicht noch besaß, doch, so erzählte sie mir, mochte sie in Schränken und Schubladen nicht gerne nach Dingen tasten, weil sich dort auch die Küchenschaben aufhielten. Was mich wirklich erstaunte, war ihre eindrucksvolle Fähigkeit, Kleider zu nähen, und sie zeigte mir ein kompliziert gearbeitetes Ensemble aus einem Rock und einem Oberteil mit Taschen, das sie selber angefertigt hatte. Sie gab allerdings zu, dass das Einfädeln der Nähseide in ihrer alten, handbetriebenen Singer-Nähmaschine doch ein wenig verzwickt war!

Die Jacksons boten mir großzügig ihr Sofa als Schlafgelegenheit an, aber ich war mehr als zufrieden damit, in ihrem Garten unter einer Bananenstaude zu zelten. Marge ließ nachts die Hintertür für mich offen, damit ich die Toilette benutzen konnte, wenn es nötig sein sollte – was es dann auch war. Das Schlimmste an meinen nächtlichen Erleichterungsversuchen war nicht etwa, mich aus dem gemütlichen Kokon meines *North-Face-Blue-Kazoo*-Schlafsacks schälen zu müssen, sondern die Tatsache, dass ich gezwungen war, im Lichte der Taschenlampe durch die Garage zur Hintertür zu laufen. Weil sich das Haus direkt an einem ausgedehnten Zuckerrohrfeld befand, erwarteten mich ganze Horden von Riesenkrabbenspinnen an der Decke und den Wänden der Garage, die mit den Geckos um einen guten Platz rangelten. Ich hatte nichts gegen die Geckos mit ihren Saugnapffüßen, aber die Spinnen waren riesig und schauerlich, mit gigantisch langen Beinen und Körpern so dick wie ein großer Zeh. Außerdem bewegten sie sich blitzschnell.

Mein schlimmstes Erlebnis hatte ich, als ich eine Riesenkrabbenspinne auf dem Toilettensitz vorfand, die mich anstarrte, als hätte sie einen Anspruch darauf, dort zu sitzen. Mein Bedürfnis, auf dem Lokus Platz zu nehmen, war allerdings so dringend, dass ich mich, in einem seltenen Anflug von Heldenmut, bereit machte, sie mit einem Handtuch zu Boden zu fegen, als plötzlich Verstärkung in Form von zwei weiteren achtbeinigen Monstrositäten heraneilte. Eine schoss seitlich die Dusche hinunter und hielt mit alarmierender Eilfertigkeit direkt auf meine nackten Füße in Badelatschen zu, die andere galoppierte die Toilettenschüssel hinauf und positionierte sich strategisch an vorderster Front direkt neben Kapitän Krabbenspinne. Ich hatte verstanden und trat schleunigst den Rückzug an.

Ich verbrachte einige Nächte bei Tom und Marge, aber nicht am Stück. Da sie mehr oder weniger im Zentrum von Maui lebten, bestanden sie darauf, dass ich ihr Haus zu meinem Basislager machte, zu dem ich nach meinen sporadischen Radausflügen zur Inselerkundung immer wieder zurückkehren konnte.

Am Morgen nach meiner ersten Übernachtung bei ihnen quälte ich mich weiter den Vulkan hinauf – ein Aufstieg, der den ganzen Tag dauern sollte. Nicht lange, nachdem ich Tom, Marge und die Horde Spinnen zurückgelassen hatte, kam ich in Makawao an, das als wahre Cowboystadt bekannt ist. Zwar gab es dort durchaus Cowboys, doch schien es mir, als seien die *New Age Hippies* auch hier in der Überzahl. Vor dem Naturkostladen *Down to Earth* gab es auch ein öffentliches Schwarzes Brett mit einer Fülle von Werbezetteln für die üblichen alternativen Heilmethoden wie: »DIE ZEIT DES KRISTALLS IST GEKOMMEN – bringen Sie Ihr Leben für immer zum Funkeln« und dazwischen immer wieder auch Anzeigen wie diese:

»LIEBESBOUTIQUE – LUSTPARTYS
Liebe ist wie ein Kuchen – wir haben den Zuckerguss!
Erotische Wäsche für Sie und Ihn –
AUSGEFALLENE LUSTSPIELE FÜR ERWACHSENE.
Hochgenüsse für die Göttin in jeder Frau.«

Als ich mit meinem Achtkorn-Tofu-Tahin-Sandwich aus dem Laden trat, schlenderte ein beweihräuchertes Pärchen gemächlich an mir vorbei.

»Krass, Mann, bin ich fix und foxy! ... Morgen muss ich ersma fasten ... ja, hundert pro, hab mir gestern Abend 'ne Menge Mist reingezogen ... hat mir echt nicht gut getan ... *yeah* ... muss mich wieder innerlich reinigen.«

Als ich weiter bergauf Richtung »Haus der Sonne« radelte, kamen mir regelmäßig Radfahrer auf dem Weg nach unten entgegen – na ja, eher rundliche amerikanische Touristen mit Vollschutz-Motorradhelmen auf dem Kopf, die auf *Cruisern*, deren Rahmen sich unter ihrem Gewicht zu biegen schienen, mit dicken Reifen hockten. Sie nahmen an einer der Veranstaltungen teil, die eine Gruppe von Anbietern mit Namen *Maui Downhill* oder *Cruiser Bob* nach dem Motto »Radeln Sie einen Vulkan hinunter« als Tour anboten.

Man ließ hundert Dollar springen, wurde dann an seinem Hotel um drei Uhr in der Früh abgeholt und genau zum Sonnenaufgang (wenn das Wetter es zuließ) auf den Gipfel des Haleakala gebracht. Vom Leiter der Tour wurde man mit einem massiven Schutzhelm, dünnem Regenzeug (meist regnet es irgendwann auf der 65 Kilometer langen Abfahrt aus 3000 Metern Höhe) ausgerüstet und folgte dem Tourleiter dann – in quälend langsamem Tempo, Überholen war nicht erlaubt – auf die längste Freilaufstrecke für Radfahrer der Welt. Ich hatte gelesen, dass Bob Kiger oder »*Cruiser Bob*«, wie man ihn auf Maui auch nannte, als Erster auf die Idee gekommen war, die von der amerikanischen kartografischen Organisation *US Geological Survey* als steilste Straße der Welt ausgewiesene Strecke auf einem Fahrrad, ohne zu treten, herunterzurollen. Dieses Abenteuer beginnt am Rand des immensen Kraters von Haleakala, den Mark Twain einmal als »das erhabenste Naturschauspiel, das ich je gesehen habe« bezeichnete.

Meinem Eindruck nach waren die meisten Bergabfahrer Mauis recht unförmige Menschen, die vermutlich seit mindestens 40 Jahren nicht mehr auf einem Fahrrad gesessen hatten und die sich ihrem gequälten Gesichtsausdruck während der Abfahrt nach zu urteilen wohl wünschten, sie hätten es dabei belassen. Natürlich ereigneten sich auch Unfälle. Marge erzählte mir, dass ein im Radfahren ungeübter Kandidat in einer Haarnadelkurve die Kontrolle verloren hatte und vom Reifen eines herauffahrenden Reisebusses plattgewalzt wurde.

Als diese behelmten Freiroller in gemächlichem Tempo an mir vorbeizogen, wurde ich des Öfteren zur Zielscheibe des naheliegenden Kommentars: »Hey, Mädel! Du radelst in die falsche Richtung!«

Von allen polynesischen Inseln ist Maui die einzige, die nach einem Halbgott benannt wurde. Das kam daher, dass Maui mehr zu bieten hatte als nur Wowie. Er war ein echter Held. Der Legende nach brachte er den Menschen das Feuer, zog alle 132 Inseln Hawaiis vom Grund des Meeresbodens nach oben und hob den Himmel an, um der Menschheit den aufrechten Gang zu ermöglichen. Doch er brachte eine noch eindrucksvollere Leistung zustande. Die Sonne zog so schnell über das Firmament, dass die Tage zum Fischen oder für das Einbringen der Ernte zu kurz waren. Seine Mutter Hina beschwerte sich, dass die Sonne schon lange untergegangen war, bevor sie noch ihre *tapa* (das polynesische Material für Rindenbaststoff) trocknen konnte. Maui bat die Sonne vergeblich, ihr Tempo zu drosseln. Also stieg er, mit dem Kieferknochen aus dem Grab seiner verstorbenen Großmutter als Haken bewaffnet, auf den Vulkan Haleakala. Er besaß außerdem ein aus den Schamhaaren seiner Schwester gewobenes Seil, mit dem er den Sonnengott an seinen Genitalien einfing. Sozusagen mit heruntergelassenen Hosen ertappt, war die Sonne schnell dazu zu bewegen, ein wenig langsamer über den Himmel zu ziehen. So wurde Halaekala zum »Haus der Sonne«.

Ich radelte keuchend durch einen Eukalyptuswald, vorbei an padelförmigen Kakteen, blühenden Jacarandabäumen und grünem Weideland. Dann befand ich mich plötzlich auf den *Terrible Twenty-Nine,* einem steilen Streckenabschnitt mit engen Kehren, die sich wie ein Korkenzieher den Berg hinauf winden. Drei Tage bevor ich mich dieser Herausforderung stellte, war eine Japanerin tödlich verunglückt, weil sie mit ihrem Mietwagen in einer dieser Haarnadelkurven über die Böschung gestürzt war.

Die Temperatur sank stetig um fast 2 Grad Celsius pro 300 Meter, die ich hinaufstieg, so dass es am Gipfel um 18 Grad kälter sein würde. Die Sonne, die noch den unteren Teil des Kraters beschienen hatte, war nach meinem Geschmack viel zu schnell verschwunden und ich plagte mich weiter voran, zuerst durch kalten Dunst, dann durch nassen Dunst und schließlich durch kalten, nassen und dichten Nebel. Um meinen apathischen Verstand von meinen vor Schmerzen aufschreienden Gliedern abzulenken, versuchte ich eifrig zu katalogisieren, wie viele verschiedene Arten von Regen ich gerade erlebte – ich kam auf ganze zwölf. Er kam von der Seite, diagonal, normal, nicht normal und von unten nach oben. Es pritschelte, goss, pisste, prasselte, schüttete wie aus Kübeln, regnete Bindfäden und in Strömen. Mit einem Wort, der Regen war nass.

Gelegentlich tauchte die eine oder andere Wagenladung miesepetriger Touristen aus der trüben Brühe auf. Als sie mich erblickten und ich mit mürrischem Blick zurückstarrte, huschte für einen Moment ein Ausdruck von Überraschung über ihre Leichenbittermienen. Dann verschwanden sie wieder im Nebel. Einem Pärchen jedoch zauberte mein Anblick ein Lächeln auf die Gesichter und sie hielten neben mir an. Es handelte sich um Sandy und Bob (der Fotograf mit dem Faible für natürliche Aufnahmen: »Lächle so, als würdest du dich amüsieren ... setz deinen Hut auf ...«) von der Fähre nach Maui. Wir standen an einem Abhang, hielten ein Schwätzchen, rissen ein paar Witze und tauschten Erfahrungsberichte aus. Ich sagte ihnen, dass es weiter unten nass sei, und sie informierten mich darüber, dass es oben heiß und sonnig sei. »Wir haben uns die Nasen verbrannt, aber ich habe ein großartiges Foto von Sandy gemacht, auf dem sie genauso lächelt wie jemand, der sich amüsiert!« Dann überreichte Sandy mir ihre Visitenkarte (»*Talisman* Schmuck und Handwerk – Werkstatt für Schmuck, Kristalle, Keramik und Zinnarbeiten) und lud mich ein, bei ihnen zu übernachten, sollte es mich nach Boulder, Colorado, verschlagen.

Die Rücklichter ihres Wagens wurden immer undeutlicher, bis der Nebel sie schließlich ganz verschluckt hatte. Ich kroch mit tauben Fingern, aber frohen Mutes weiter, wusste ich doch, dass die

Sonne irgendwo da oben auf mich wartete. Doch ich hatte immer noch über 1500 Höhenmeter vor mir, die ich in einem derart lächerlich langsamen Tempo zurücklegte, dass ich die Sonne an diesem Tag nicht mehr zu Gesicht bekam.

Mit Beinen wie Gummi und aus dem letzten Loch pfeifend, bog ich auf den »Campingplatz« *Hosmer Grove* ein, auf dem ich in der dicken Suppe gerade mal ein einziges weiteres Zelt ausmachen konnte. Ich kletterte in meinen Schlafsack und aß noch sechs Bananen, bevor ich in einen komaähnlichen Schlaf fiel.

Später – viel später – weckten mich die Bewohner des anderen Zeltes auf, als sie, in schweren Stiefeln und durchnässter Regenbekleidung aus dem dunklen, tropfnassen Gehölz kommend, an meinem Zelt vorbeistapften und prompt über die Heringe stolperten. Sie klangen nicht sehr fröhlich.

»Scheiße. Was für ein lausiger Tag. Das ist das letzte Mal, dass ich mich verflucht noch mal auf deinen lausigen Orientierungssinn verlasse! Himmelherrgott!«

Ich vermutete, dass die beiden sich ein bisschen verlaufen hatten. Übel gelaunt und gereizt krakeelten und stritten sie bis tief in die Nacht. Weil ich nicht wieder einschlafen konnte, suchte ich in meinem Radio den *BBC World Service* und erfuhr, dass ein Verrückter in der Schweiz Amok gelaufen war. Er hatte bei Leuten geklingelt und dann die armen Unglücksraben, die an die Tür gekommen waren, einfach erschossen. Die traurige Bilanz: sechs Tote und viele Verletzte. Mit diesen aufheiternden Nachrichten schlief ich ein.

Spät in der Nacht hatte es aufgehört zu regnen und gegen 3 Uhr Früh trampelten meine Nachbarn geräuschvoll an meinem Zelt vorbei, zurück in die Dunkelheit des Waldes, zweifellos, um sich ein weiteres Mal zu verlaufen. In der dünnen Luft setzte auch ich eine halbe Stunde später heftig keuchend meinen Weg fort, um rechtzeitig vor Sonnenaufgang am Gipfel anzukommen.

Eine ganze Karawane von Autofahrern pilgerte an mir vorbei und schon bald würde auch ich mitten unter ihnen, die in ihre Hoteldecken gehüllt, heftig zitternd mit gezückten Kameras parat standen, warten. Als ich hinaufkraxelte, brach der gerade noch in Dunstschleier gehüllte Himmel auf und erstrahlte in opulenter Farbenpracht, die von zartem Lila über Rosa bis zu Gold reichte.

Ich fühlte mich komisch – eine unheimliche Mischung aus halb lebendig und halb tot. Halb tot wegen der Schwindel erregend dünnen Luft und den kaltschweißigen Qualen des frühmorgendlichen Aufstiegs; halb lebendig ... na ja, abgesehen von der Tatsache, dass ich noch atmete, weil sich sowohl unter als auch über mir ein wahrhaft beeindruckender Anblick darbot. Aus dem riesigen Krater stiegen die Nebelschwaden in schnellen, kreisenden Wirbeln zu einem riesigen Luftstrudel auf, der von der noch nicht sichtbaren Sonne in ein wirbelndes Kaleidoskop der Farben verwandelt wurde.

Nachdem ich mich außer Riechweite eines Mannes mit Mundgeruch gebracht hatte, konnte ich die wunderbar frisch und rein duftende Luft genießen. Die Hänge des Kraters mit ihrem schwarzen Vulkangestein setzten sich als scharfer Umriss gegen den in kunterbunten Farben leuchtenden Himmel ab.

Die Menge wandte sich gen Osten. Plötzlich schienen alle gleichzeitig den Atem anzuhalten, Kameras klickten und klackten und jäh barst der erste dünne Lichtstreifen der aufgehenden Sonne über den flirrenden Horizont und erleuchtete alles, was er berührte, mit der strahlenden Helligkeit eines lodernden Feuers. Dann wirbelten genauso plötzlich dunkle, boshafte Nebelschwaden auf, die innerhalb von Sekunden nicht nur die Sonne, sondern alles und jeden verhüllten. Das war's. Die Show war vorbei. Ein schneidender, eisiger Regen ging auf uns hernieder und der Wind frischte wieder auf.

Unter der sich nur zögerlich auflösenden Zuschauerschar machte sich Enttäuschung breit. Die Sonne war aufgegangen und sogleich wieder verschwunden. Sie dachten: Was für ein Schwindel! Welch Gaunerei! Eine Frau gab dem Park Ranger die Schuld. »Aber ich bin nicht in dieser verdammten Herrgottsfrühe den *ganzen* Weg hier hoch gefahren, um mir statt des Sonnenaufgangs eine verdammte Waschküche anzuschauen«, heulte sie, »und jetzt wollen Sie mir weismachen, dass es keine Garantie für einen farbenprächtigen Sonnenaufgang gibt. Herrgott noch mal – damit sind Sie aber ein bisschen spät dran!«

»Tja, das tut mir wirklich leid, gnädige Frau, aber wir können das Wetter nicht kontrollieren, wissen Sie?«, sagte der Ranger teilnahmslos.

Ihre erbitterten Quengeleien waren garstig anzuhören. Ich zog mir die Kapuze über den Kopf und machte mich, von nassen Windböen gebeutelt, davon. Ich fühlte mich überhaupt nicht betrogen. Trotz des Wetters war ich mehr als zufrieden – ich war selig. Ich war, ohne tot umzufallen oder über einen Abhang zu stürzen, bis hinauf zum Haus der Sonne geradelt und hatte eine wundersame Vorschau vom Sonnenaufgang erlebt. Ich schwebte in jeder Hinsicht auf Wolke sieben. Außerdem standen mir noch über 60 Kilometer Abfahrt bevor. Was wollte ich mehr?

Unten am Parkplatz stand ein etwas traumatisiertes Häufchen frierender und durchnässter *Maui Downhillers* und *Cruiser Bobbers*. Sie schauten alles andere als zufrieden aus der Wäsche, hatten sie doch 100 Dollar ausgegeben, um einen nicht stattgefundenen Sonnenaufgang zu bewundern, und waren nun kurz davor, bei eisigem, strömendem Regen einen Vulkan hinabzufahren, den sie nicht einmal sehen konnten. Dazu kam, dass sie jetzt gleich losfahren mussten, ob sie wollten oder nicht, denn ihr Gruppenleiter hatte es so angeordnet.

Mit angemessener Schadenfreude wünschte ich ihnen eine angenehme Abfahrt und ging hinüber zum Besucherzentrum, um mich dort ein wenig aufzuwärmen. Dort erhielt ich vom *House of the Sun National Park* eine Urkunde, die mir Folgendes bescheinigte:

»ICH HABE DIE 60 KILOMETER LANGE FAHRT VOM MEERESSPIEGEL ZUM GIPFEL DES HALEAKALA-VULKANS (3055 METER) ÜBERLEBT UND DABEI DIE STEILSTE STEIGUNG DER WELT ÜBERWUNDEN.«

Später strich ich das »FAHRT« durch und schrieb »RADSTRECKE« darüber. Für besonders schlaue Sonderlinge wie mich, die den Berg mit dem Fahrrad hinauffuhren, druckten sie nämlich keine Urkunden.

Ich spazierte ein wenig umher, bis es sonnig und heiß wurde. In dieser Höhe holte ich mir innerhalb von Minuten einen Sonnenbrand an den Ohrläppchen. Nachdem ich eine Halbwanderung in den Krater unternommen hatte und in der Nähe der *Science City* (eines supermodernen Forschungszentrums der *University of Hawaii* und des Verteidigungsministeriums) umhergeschlendert war, beschloss ich, besser den Heimweg anzutreten, solange es noch so schön war.

Weiter und immer weiter ging es nach unten – Kilometer um herrlichen Kilometer fiel, schwebte, kurvte und wirbelte ich mal hier, mal dort hinab. Manchmal musste ich im Slalom einer gelegentlich aufgeschreckt über die Straße watschelnden Haiwaiigans *(nene)* ausweichen (dem seltenen Wappentier Hawaiis, eine Vogelart, die nur am Haleakala und an den Vulkanen auf Big Island vorkommt). Einmal hielt ich an, um Silberschwerter zu bewundern, eine bedrohte Pflanzenart mit silbrig-glänzenden, spitz zulaufenden Blättern. Wäre ich vor 100 Jahren oder früher hier Rad gefahren, hätte ich noch anderen Hindernissen ausweichen müssen. In dem Reiseführer, den Charles Nordhoff in den frühen Siebzigerjahren des 19. Jahrhunderts verfasst hatte, findet man den praktischen Ratschlag: »Wenn Sie ein Gewehr mit sich führen, kann es sein, dass Sie beim Auf- oder Abstieg einen wilden Truthahn schießen können«.

Ich sauste wie der Wind, schoss um die Kurven, saß auf den geraden Abschnitten weit nach vorne gebeugt und der Fahrtwind ließ mir Tränen über die Wangen rinnen. An einer Stelle traf ich auf ein fettes Ungetüm von einem Abgase hustenden Touristenbus, das langsam den Berg hinuntertuckerte und dabei die gesamte Breite der Straße einnahm. Es ist zutiefst frustrierend, auf seinem Gefährt wie ein geölter Blitz den Berg hinunterzuflitzen und dann bremsen zu müssen, weil ein motorisierter Koloss einem den Weg blockiert – besonders, wenn man vorher zwei Tage lang unter höchster Herzmuskelanspannung den Weg nach oben gestrampelt ist.

Die Straße wurde enger, ich hatte die *Terrible Twenty-Nine* und mein Adrenalinspiegel den Höchststand erreicht. Ich war im Geschwindigkeitsrausch, war Miguel Induráin bei der *Tour de France*, der unter dem Jubel der Zuschauer einen Berghang hinunterbretterte, und dieser motorisierte Dickwanst würde mir nicht den Spaß verderben. Mit einem halsbrecherischen Spurt zog ich blitzschnell auf die Gegenfahrbahn und schoss wie eine Kanonenkugel an dem Bus vorbei.

Um ein Haar wäre das schiefgegangen. Eine Sekunde später und ich wäre entweder zwischen dem Bus und einem herauffahrenden Transporter zerquetscht worden oder auf den Spuren der japanischen Autofahrerin über die Böschung gerast – der schnelle Weg nach unten.

Puh! Das war echter Nervenkitzel. Ich zog mir den Asphalt rein, Kilometer um Kilometer. Ich stürzte weiter hinab, ließ den Sonnenschein hinter mir und stob für einige Kilometer durch eine nasse Nebelbank, es machte Spaß, nicht zu wissen, wo der Abhang ist. Genauso plötzlich kam ich wieder zurück ins gleißend helle Tageslicht und raste weiter hinab, wieder vorbei an dem Eukalyptuswald, den Kakteen, dem Weideland, der Hippie-Cowboy-Stadt, den Ananasplantagen und den Zuckerrohrfeldern. Alles zog wie ein bunter Reigen an mir vorüber und bevor ich noch wusste, wie mir geschah, war ich schon wieder zurück bei Tom und Marge, vom Wind zerzaust, von der Sonne verbrannt und in absoluter Hochstimmung.

Plötzlich war alles still, ruhig und warm. Meine Reise zum Haus der Sonne war vorüber. Zwei Tage hatte mein Aufstieg gedauert, zwei Stunden der Abstieg.

Im Morgengrauen döste ich noch ein Weilchen in meinem Schlafsack und lauschte dem Regionalsender:

»Hier ist Radio KHEI. Wie geht's, wie steht's, Leutchen? Wir wünschen euch einen großartigen Start in den Tag. Es ist heiß ... der Sound ist gut ... und wisst ihr was? Wollt ihr mal was hören, was euch so richtig wach machen wird? Josephine Cochran hat vor 120 Jahren den Geschirrspüler erfunden. Oh ja, hundert pro! Sie kam aus Witt, Illinois.«

Das war ja mal wieder eine von diesen absolut überwältigenden Nachrichten, die einen auf der Stelle umhauen, selbst wenn man sowieso schon liegt. Amerika erstaunt mich immer wieder.

Ich radelte auf dem Hana Highway, einer engen Küstenstraße voller Spurrinnen, die sich, holterdiepolter, wie eine Achterbahn um die Nordküste von Paia nach Hana schlängelt. Über eine Strecke von fast 50 Kilometer rumpelte ich über 54 einspurige Brücken und durch ungefähr 617 Haarnadelkurven. Bei den meisten Autofahrern gilt diese Straße als Höllenstrecke (im *Hasegawa Store* in Hana gab es T-Shirts mit der Aufschrift »Ich habe die Straße nach Hana überlebt«), doch für Radfahrer war dieser Weg das reine Vergnügen.

Ich kam jedoch nicht weiter als bis zum *Hookipa Beach Park*, wo ich fasziniert von ein paar Dutzend Windsurfern, die im Höchsttempo auf den Schaumkronen der Wellen ritten und buchstäblich direkt über die aufgepeitschten hohen und schäumenden Wellen flogen, ein kleines Päuschen einlegte. Hier fand alljährlich die Windsurfing-Meisterschaft *O'Neill International Windsurfing Championship* statt, wo die Braungebrannten und Durchtrainierten für den mit 10 000 Dollar (rund 7580 Euro) dotierten Preis ihre Show abzogen.

Ich konzentrierte mich wieder auf meine Tour und war bald mitten im Dschungel. Bergauf und bergab ging es auf der sich steil windenden Straße. Auf einer Seite donnerte das tiefblaue, wirbelnde Wasser des wilden Pazifiks gegen das Lavagestein der Küste, auf der anderen rauschten und sprudelten reißende Bäche und Wasserfälle die Berghänge hinab. Hängelianen schwangen sich wie dicke Seile von saftig-grünen Bäumen mit riesigen Blättern, in denen fremdartige Vögel flöteten, fiepten und trällerten. Ich fuhr durch dichte Bambuswälder, sah die beeindruckenden Stämme der Regenbogen-Eukalyptusbäume, deren Rinde in vielen bunten Schattierungen leuchtete, so, als habe man eine Mischung aus verschiedensten Farben noch nass den riesigen Stamm hinunter und ineinander laufen lassen.

Es regnete mal mehr, mal weniger, doch meistens mehr. Ich rollte über holprige Brücken mit Namen wie Kole'a (»Vom Wind getragene Freude«), Haipuena (»Glühende Herzen«), Waiohonu (»Wasser der Schildkröte«) Keaaiki (»Brennender Stern«), Hana-wi Elua (»Zweiter pfeifender Wind«) und Puaaka'a (»Offenes Lachen«). Wie sollte man da nicht glücklich sein? Irgendwo auf dem Weg füllte ich an einer Bergquelle meine Flaschen mit dem Wasser, das von den Einheimischen als »lebendig« bezeichnet wird.

Ich hatte gut daran getan, etwas Zeit damit zu vertrödeln, die Windsurfer zu beobachten, denn der dichte morgendliche Touristenverkehr nach Hana hatte mich schon lange überholt, um auf dieser Straße, die (für Mietwagen) in eine Sackgasse mündete, noch vor Einbruch der Dunkelheit wieder zurückzufahren. Von einigen Einheimischen in Pick-up-Trucks abgesehen, war die Straße mein, genauso wie die Beute, die ich am Wegesrand machte. Ich stopfte mir beide Taschen und den Wanst mit Guaven, Malayäpfeln und Papayas voll. Auf dem Highway ging die einzige Gefahr von den faulen Mangos aus, die, von Autoreifen zu Matsch gefahren, unter meinen Reifen eine glitschige Rutschfläche bildeten.

An jeder Ecke traf man hier auf den besten Freund des Radfahrers: die Banane. Hawaii besitzt über siebzig Arten mit hundert Varianten. Es ist daher kaum überraschend, dass sich bei den Einheimischen viele Legenden um die Banane ranken. So bringt es Unglück, wenn man von ihnen träumt, jemanden trifft, der sie trägt, oder wenn man sie zum Fischen mit aufs Boot und Meer hinaus nimmt. Es war ein Tabu, dass Frauen zusammen mit den Männern aßen, ebenso war der weiblichen Bevölkerung (unter Androhung der Todesstrafe) der Verzehr von Bananen und Kokosnüssen untersagt.

Nachdem ich ein paar Wochen auf Hawaii verbracht hatte, fand ich heraus, dass Bananen gar nicht an Bäumen wachsen. Die Pflanze ist ein riesiges Staudengewächs, deren steife Blattscheiden sich nicht nur als Material für Hausdächer, Regenschirme und Regenhüte eignen, sondern auch zum Abdecken von Schüsseln und Schalen sowie als Tischdecke, Zigarettenpapier, Kleidungsstück und vorübergehend auch als Sandale, Futtermittel für Vieh, Färbemittel, Verpackungsmaterial, Friedensflagge und zum Abdecken von Gerichten, die im traditionellen *imu* (Erdofen) gebacken werden. Die Knospen der Blätter werden als Gemüse verzehrt, die Blattscheiden dienen als Wasserrinnen auf den Feldern und als Transportbehältnis für Leis und Pflanzen. Blattfasern finden ebenfalls auf Hausdächern und beim Flechten von Leis Verwendung, werden zu Kleidung, Stoffen und Garn gewoben, während die Stämme als Rollen dienen, auf denen Kanus zu Wasser gelassen werden. Bananen haben außerdem einen medizinischen Nutzen, sie verfügen über eine antibiotische Wirkung und man behauptet sogar, sie könnten die Schmerzen von am Sitzfleisch wundgescheuerten Radfahrern lindern: Man muss sich nur ein paar geschälte Exemplare in die Radlerhosen stopfen und schon sollen wahre Wunder geschehen.

Ich folgte weiter dem Verlauf der Küste mit Ausblick auf die sanften, grünen Hügel der Insel. Ganz in der Nähe befand sich der *Puaa Kaa Park* (»Park der rollenden Schweine«), der seinen Namen in vergangenen Zeiten erhielt, als plumpe Wildschweine angeblich die rutschigen, steilen Abhänge hinunterzurollen pflegten. An einer Stelle traf ich auf ein Schild, auf dem stand: »VORSICHT, FERKEL«. Ich hielt die Augen offen für den Fall, dass mir ein rollendes Spanferkel über den Weg purzeln sollte, musste mich aber mit zermatschten Mangos zufrieden geben, die die Fahrbahn in eine Rutschpiste verwandelten.

Kurz vor Hana machte ich an einem windschiefen Obststand Rast und kaufte einer kleinen, alten Frau namens Annie eine riesige Kokosnuss ab. Ihr freundliches, wettergegerbtes Gesicht war von Runzeln zerfurcht und als ich ihr sagte, dass ich aus England käme, wurde sie mit einem Mal sehr gesprächig.

»Mein Großvater kam aus Dartmouth. Kennen Sie es vielleicht?«

Dann erzählte sie mir, dass George Harrison nur ein paar Meter weiter sein Haus habe. »Der kommt auch aus England, wissen Sie? Kennen Sie den vielleicht?«

Ich trank die eiskalte Kokosmilch aus der Nuss. Annie nahm ein kleines Hackebeil, teilte die Kokosnuss mit einem geschickten und kräftigen Schlag in zwei Hälften und schichtete das süße, nussige Fruchtfleisch in eine Plastiktüte. Davon würde ich Tage zehren können.

Im nahe gelegenen *Waianapanapa State Park* schlug ich an einem kleinen Strand mit schwarzem Sand neben mit Gischt bespritzten Felsen mein Zelt auf. Ich lief durch eine Allee aus dicken Weinranken und fand den legendären Treffpunkt für Verliebte – riesige, badewannenförmige, aus Lava geformte Höhlen, in die man nur gelangte, wenn man in einen kleinen See tauchte und unter Wasser hineinschwamm. Vor langer Zeit soll Popoalaea, eine hawaiianische Prinzessin, vor ihrem eifersüchtigen Ehemann Kakae geflohen sein und sich in einer dieser Höhle versteckt haben. Nach eingehender Suche soll er sie schließlich gefunden und umgebracht haben. Immer wieder färbt sich das Wasser in der Höhle rot, angeblich wegen des blutrünstigen Mordes, aber in Wirklichkeit wegen der winzigen roten Minigarnelen, die die Höhlen zu bestimmten Jahreszeiten bevölkern.

Wieder zurück in meinem Zelt, aß ich ein Bananen-Honig-Sandwich und lauschte den 7-Uhr-Nachrichten des lokalen Radiosenders. Ein Mann in Honolulu hatte im Vorbeifahren einigen Joggern einen kräftigen Schlag mit einer Eisenstange verpasst. Offenbar war er noch immer auf freiem Fuß.

Am nächsten Morgen radelte ich nach Hana (»Pause vom schweren Atmen«), eine kleine Stadt, die im Jahre 1946 zerstört worden war, als ein Erdbeben auf den zu Alaska gehörenden Aleuten riesige Flutwellen verursachte, die Hunderte Häuser wegschwemmten und vielen Menschen den Tod brachten.

Jetzt schien hier alles sehr ruhig zu sein.

Das war keineswegs ungewöhnlich. In Hana passierte eben nicht viel. Ich stand vor einem kleinen Lebensmittelgeschäft und las die

Lokalzeitung, aus deren Schlagzeilen ich erfuhr, dass das Highlight des Monats die »FEIER ZUR NEUERÖFFNUNG DER RENOVIERTEN POST« sei. Die Öffentlichkeit war zu diesem spektakulären Ereignis eingeladen, bei dem »ERFRISCHUNGEN GEREICHT« würden, wie man stolz verkündete.

Ich ärgerte mich schwarz, dass ich eine Woche zu früh nach Hana gefahren war, weil man nicht oft die Gelegenheit erhält, einer Eröffnungsfeier für eine renovierte Post beizuwohnen, bei der auch noch Erfrischungen gereicht werden.

Nach Hana wurde die Straße bald enger, ausgefahrener und holpriger. Als ich an einem kleinen Haus vorbeifuhr, erblickte ich an dessen Zaun ein großes Schild mit der Aufschrift:

»KAPU – ZUTRITT VERBOTEN!
JA, DICH MEINE ICH!«

An den *Seven Sacred Pools* (es gab viel mehr als sieben), die sich als riesige, von kühlem Bergwasser aus zahlreichen Bächen und Wasserfällen gespeiste Kaskaden die Hänge hinunterstürzten, gesellte ich mich zu einigen planschenden Touristen.

Von hier an waren Touristen mit Mietwagen gezwungen zu wenden und auf dem gleichen Weg, den sie gekommen waren, wieder zurückzufahren, weil der Fahrbahnbelag im weiteren Verlauf immer maroder wurde und es ratsam war, diese Strecke nur mit einem stabilen Gefährt mit Vierradantrieb zu befahren. Das kam mir sehr gelegen, da es von jetzt an keinen Verkehr mehr gab. Die Straße war zwar nicht gut, aber so schlecht war sie nun auch wieder nicht. Ich rollte holpernd und klappernd über Vertiefungen und Schlaglöcher und schlitterte abermals über unzählige Mangos. Ich aß auch sehr viele Mangos. Über die genaue Zahl möchte ich mich eigentlich gar nicht genauer auslassen, tue es aber dennoch, weil ich diese Tatsache durchaus erwähnenswert finde. Ich aß genau neun Stück – eine nach der anderen. Ich gebe zu, es waren nicht die allergrößten, aber sie besaßen dennoch einen stattlichen Umfang. Ich hatte gehofft, meinen persönlichen Rekord von sechs Mangos verdoppeln zu können, aber Mango Nummer neun machte mir einen Strich durch die Rechnung. Als ich zu meinem Fahrrad zurückwatschelte, versuchte ich, die Tatsache zu verdauen, dass ich Mangos eigentlich noch nie richtig gemocht hatte. Diesen Sachverhalt fand ich wirklich erstaunlich.

Ziemlich unvermittelt änderte sich die Landschaft: Statt in üppiger Vegetation fand ich mich plötzlich in einer ausgetrockneten, spröden Vegetation wieder. So ist Hawaii nun einmal. Jede Insel ist wie ein Mini-Kontinent, auf dem man innerhalb von wenigen Kilometern auf beide Extreme des Wetters, also intensive Sonneneinstrahlung und schwere Regenfälle, trifft. So passierte es mir regelmäßig, dass ich in wild überwachsener Regenwaldvegetation durch wolkenbruchartigen Regen strampelte und schon einen Moment später hinter der nächsten Wegbiegung in sengender Hitze durch eine mit Kakteen bestandene Wüstenlandschaft radelte. Maui ist ein perfektes Beispiel für dieses seltsame Phänomen. In Lahaina fallen lediglich 432 Millimeter Niederschlag im Jahr, während der nur 11 Kilometer weiter gelegene Mount Puu Kukui im Jahr sehr nasse 1000 Zentimeter Niederschlag aufweist.

In Hana hatte ich an verschiedenen Stellen meines Fahrrads fast 8 Liter Wasser verstaut, um diese heiße, öde und hügelige Wüste überwinden zu können. Ungefähr einmal jede Stunde kam ein Fahrzeug an mir vorbei. Einmal hielt ein Jeep, in dem vier coole Typen mit nackten Oberkörpern und Baseballkappen saßen. Sie fragten mich, ob sie mich mitnehmen sollten.

»Du musst noch fast 1000 Meter bergauf, und das in dieser Hitze!«, informierten sie mich zuvorkommend. »Los, komm, spring auf, wir nehmen dich mit auf eine Reise, die du so schnell nicht vergessen wirst.«

Schnaufend und schweißüberströmt antwortete ich: »Mir geht's gut, danke. Hab mich nie fitter gefühlt.«

Sobald sie verschwunden waren, setzte ich mich hinter einen Stein und ruhte mich aus.

Später hielt neben mir ein leuchtend orangeroter VW Käfer. Hinter dem Lenkrad saß ein Trompeter aus Toronto (oder *Terranno*, wie er es aussprach). Er war Mitglied eines kleinen Orchesters, das durch Hawaii tourte. Er warf mir eine Orange und eine Flasche Limo zu und machte dann flugs mit einer Hand noch ein Foto von mir.

»Ich bin beeindruckt«, meinte er, »aber du hast doch echt 'nen Vogel!«

In dieser Nacht, ich hatte mich wieder bei Tom und Marge unter der Bananenstaude einquartiert, träumte ich, dass ich in einem rasant abstürzenden Helikopter saß. Wie ein Ballonfahrer, der seine Sandsäcke fallen lässt, um wieder aufzusteigen, warf ich hektisch ganze Gepäcktaschenladungen von Mangos ab, um Ballast loszuwerden. Doch mein Bemühen trug keine Früchte. Nach einem schier endlos scheinenden Sturzflug machten wir schließlich eine Bruchlandung und ich sah mich selber, wie ich auf einem Kinderdreirad in die Wüste radelte.

Ich rief Ron an, den Kajak fahrenden Masseur aus Lanai. Er hatte mich eingeladen, bei ihm und seinen Freunden John und Bryer zu übernachten, sollte mich mein Weg nach Kihei führen, und er hatte mir versprochen, mich auf eine Kajakfahrt mitzunehmen.

Ich war nur einmal zuvor mit einem Kajak gefahren – na ja, nicht wirklich gefahren, als mich vielmehr mit aller Macht darin festgeklammert, als es die rund 27 Kilometer langen, wilden Stromschnellen der Schluchten des französischen Flusses Ardèche hinabsauste. Jetzt sollte es auf eine 16 Kilometer lange Rundfahrt durch die von Walen bevölkerten Gewässer des Pazifiks zur kleinen, halbmondförmigen Vulkaninsel Molokini gehen. Ich war ein wenig nervös. Wir fuhren als Gruppe, zusammen waren wir zu acht. Weil ich totale Anfängerin war, beschloss Ron, mich auf den vorderen Platz von *Big Bertha*, einem Zweisitzer-Kajak, zu platzieren, vor John, der seine Haare zu einem Pferdeschwanz zusammengebunden hatte.

Das war gut. Leichte Übung. Alles, was ich zu tun hatte, war, so zu tun, als paddelte ich. John erledigte den Rest – uns vorwärts bewegen und steuern.

Das Meer war ruhig, wir hatten Rückenwind und innerhalb einer Stunde waren wir auf Molokini. Als ich Monate später las, dass dieser spektakuläre Krater jeden Tag von nicht weniger als tausend Schnorchlern und Tauchern besucht wird und dass der Besucheransturm nicht nur Auswirkungen auf die Fischpopulation hat, sondern dass sich wegen der Sonnencreme auch eine Fettschicht, ähnlich dem Schmutzring an einer Badewanne, um die Kraterwand gebildet hat, war ich überrascht.

Als unsere Kajakkolonne ankam, hatten wir die Insel für uns allein. Ron stellte sein Kajak quer und gab mir einen Schnorchel. Ich ließ mich über Bord ins Wasser fallen. Unter mir im klaren, türkisfarbenen Meer wimmelte es von Fischen, es handelte sich um die größte Ansammlung verschiedener Fischarten von ganz Hawaii – über 700 Arten – und dazu noch mehrere hundert Algenarten sowie Tausende Meeresbewohner und Korallen, alle waren auf engstem Raum versammelt. Es kam mir vor, als wäre ich in einem Aquarium mit tropischen Fischen gelandet. Durch meine Taucherbrille schaute ich auf ein buntes Kaleidoskop aus schwimmenden Schuppen, Flossen und Luftblasen ausstoßenden Mäulern, die mal hierhin, mal dorthin wimmelten und zuckten. Es war eine Unterwasser-Wunderwelt.

Als wir wieder an Bord gingen, nahm das Drama langsam seinen Lauf. Eine erfahrene Kajakfahrerin aus unserer Gruppe krümmte sich vor Bauchschmerzen. Unter Stöhnen klagte sie, dass sie in ihrem Zustand unmöglich acht Kilometer zurück durch die unruhige See mit ihren immer höher wachsenden Wellen paddeln könne.

Zuvorkommend (und dusselig) wie ich war, erbot ich mich, ihren nicht besonders stabilen Einsitzer zurückzupaddeln und sie auf meinem Logenplatz in *Big Bertha* Platz nehmen zu lassen. Ich musste sie nicht lange überreden. Ron meinte, ich würde das schon schaffen.

Das Meer war zwar blau, aber aufgewühlt. Als wir uns von der Landzunge entfernten, wurde der Wellengang stärker. Plötzlich war ein Wind aufgezogen. Kräftige Wellen stießen an mein Boot und ließen es schaukeln, als sei es aus Styropor. Ich ruderte wild mit den Armen, musste aber bald feststellen, dass ich die Kontrolle verloren hatte und auf einen felsigen Abschnitt der Küste Molokinis zutrieb. Vor meinem geistigen Auge blitzten Bilder von Schiffsunglücken auf, da hörte ich im Tosen der Wellen die Stimme von Ron, der brüllte: »Du hältst das Paddel verkehrt herum!« Und dann: »Versuch, mit deinen Füßen zu steuern!«

Bei hohem Wellengang gegen die tobenden Wassermassen des Pazifiks ankämpfend, befindet man sich nicht gerade in der günstigsten Ausgangsposition für seine erste Kajakstunde. Dieser Gedanke kam mir in dem Moment, als ich feststellte, dass die bedrohlichen Felsen immer näher rückten. Außerdem dachte ich: Es gibt doch sicher attraktivere/vernünftigere/sicherere Gewässer dafür – ein Planschbecken vielleicht?

Aus Gründen der Selbsterhaltung musste ich etwas unternehmen, und zwar zügig. Es war mir völlig neu, dass diese hochentwickelten Boote ein Fußruder besitzen, aber diese doch nicht ganz unerhebliche Erkenntnis kam mir reichlich spät. Um mit meinen kurzen Beinen das Fußruder zu erreichen, musste ich mich auf den Boden des Bootes legen, was wiederum meine Navigationsfähigkeit erheblich einschränkte, ganz zu schweigen von der Möglichkeit zu paddeln. Wenn ich es recht bedachte, war Beten das einzig Sinnvolle, was ich in dieser Lage tun konnte. Um die Situation noch zu verschärfen, wurde ich plötzlich auch noch seekrank, doch ich glaube, meine Übelkeit wurde wohl eher durch Angst als durch das Meer ausgelöst.

Die Vorstellung, dass mein Leben zu Ende sein sollte, ohne dass ich noch eine Mango verspeisen könnte, durchzuckte mich und trieb mich zum Handeln. Ein heftiger Adrenalinstoß brachte mich dazu, in bizarrer Rückenlage zu paddeln, und so gelang es mir, mich der drohenden Katastrophe – und, na ja, vielleicht auch dem drohenden Tod – zu entwinden. Dann schoss mir plötzlich durch den Kopf, dass ich gerade das Revier von Buckelwalen durchquerte.

Der Anblick eines 15 Meter langen, sich aus dem Wasser katapultierenden Wals ist eine tolle Sache, wenn man sicher auf trockenem Festland steht. Dieses Schauspiel zu erleben, wenn man sich mitten unter ihnen befindet, ist phänomenal furchterregend: Es ist phänomenal zu beobachten, wie diese riesigen und ehrfurchtgebietenden Kreaturen aus der Tiefe an die Wasseroberfläche aufsteigen, den unbeschreiblichen Klang des Luftstroms zu hören, der aus dem Blasloch des Wals dringt, und zu spüren, wie die Hinterflosse mit einer Wucht auf das Wasser klatscht und prallt, die einen innerhalb von Sekunden erschlagen könnte; doch die nicht abwegige Vorstellung, einer dieser Wale könnte jeden Moment seinen gigantischen Leib direkt unter mein schwankendes, wenig solides Bötchen bringen und dann aus dem Wasser schleudern, war furchterregend.

Gerade als ich dachte, mich würde das gleiche Schicksal wie Jona ereilen, hatte ich das Ufer erreicht. Ich kam mir vor wie eine tote

Portugiesische Galeere: wie wabbelige Gallertmasse, aber ohne die Schlagkraft von Nesselkapseln. Nach zwei Stunden Kampf gegen den Wind hatte ich in meinen Arm- und Nackenmuskeln diverse Schmerz- und Verkrampfungszustände zu beklagen. Ron meinte, er habe sich keine Sorgen um mich gemacht, und das, obgleich ich die erste Anfängerin gewesen sei, die er nach Molokini mitgenommen habe. Er sei sich sicher gewesen, dass ich es schaffen würde.

»Ich ging davon aus, dass jemand, der verrückt genug ist, zum Haus der Sonne hinaufzuradeln, auch diese Situation meistern kann.«

Ich war froh, dass er mir das, was als Nächstes kam, erst nach meiner abenteuerlichen Seefahrt erzählte und nicht schon vorher: »Vor kurzem sind einige Kajakfahrer da draußen ertrunken. Sie sind in sehr hohe Wellen geraten, die Kräfte reichten nicht mehr und sie gaben auf.«

Ich war froh, wieder auf meinem Sattel zu sitzen.

Am Abend kehrte ich zu Rons Haus zurück, wo ich in der *Maui Times* einen Artikel über einen »Spritzenräuber« las, der Angst und Schrecken verbreitete:

> »Bill Ledgerwood, ein Fahrradhändler aus Los Angeles, hatte immer Angst davor gehabt, von einem Räuber mit vorgehaltener Pistole überfallen zu werden, doch er hätte nicht im Traum daran gedacht, von einem Räuber mit vorgehaltener Spritze in Schach gehalten zu werden. Letzte Woche wurde Ledgerwood das erste Opfer des Verbrechers, dem die Polizei von Los Angeles den Spitznamen ›Spritzenräuber‹ gegeben hat, nachdem er seine Opfer in acht Fällen mit einer Spritze bedroht hatte, von der er behauptete, sie enthalte mit dem Aids-Virus infiziertes Blut.«

Eine zweite Schlagzeile auf der Titelseite widmete sich einer eher regionalen Nachricht: Es ging um eine kürzlich aufgedeckte Serie von rätselhaften Todesfällen bei Hunden. Die Hunde waren allesamt vorsätzlich mit einem starken Pflanzenschutzmittel vergiftet worden.

Am nächsten Tag, ich machte gerade auf der Bank vor einer Kirche Rast und las, öffnete sich das Seitenportal und eine matronenhafte Frau mit einer an Wellblech erinnernden Toupierfrisur und Hornbrille bemerkte: »Na, Sie müssen aber wirklich Hunger haben – Sie sind drei Stunden zu früh dran!«

»Zu früh?«, fragte ich mit einem verwirrten Gesichtsausdruck.

»Sie sind doch obdachlos, hab ich recht? Heute findet die allwöchentliche Speisung statt, die wir für euch anbieten.«

»Aha, ich verstehe«, sagte ich. »Tja, also, ich habe zwar kein Dach über dem Kopf, aber ich bin nicht obdachlos.«

»Hach, da haben Sie sich aber einen entzückenden Akzent zugelegt. Wo kommen Sie denn her?«

»Aus England.«

»Ach wirklich? Na, Gott schütze Sie. Sagen Sie, was machen Sie denn hier und wo übernachten Sie?«

Also erzählte ich ihr, dass ich die Inseln mit dem Rad erkundete, auf Zuckerrohrfeldern und im Garten fremder Leute mein Zelt aufschlug, und sie sagte abermals: »Gott schütze Sie.« Dann lud sie mich zu einer kostenlosen Mahlzeit ein, die die Kirche jede Woche für Obdachlose zubereitete. In einer für mich untypisch christlichen Anwandlung lehnte ich dankend ab und sagte ihr, ich hätte genug zu essen und würde bedürftige Menschen nicht um ihre Mahlzeit bringen wollen, dass ich aber gerne bliebe, um diese Menschen kennenzulernen.

Ich traf auf ein interessantes Grüppchen, überwiegend enttäuschte Aussteiger, Drogenabhängige und Trinker – Menschen, die vom Festland auf der Suche nach einem besseren Leben nach

Hawaii gekommen und dort durch das soziale Netz gerutscht waren. Greg war ein dürrer 26-Jähriger mit widerspenstigem Haar, großen Augen und einem leeren Blick. Er gehörte der Bewegung der wiedergeborenen Christen an, war trockener Alkoholiker und wohnte in einem Bretterverschlag irgendwo in den Wäldern vor der Stadt. Seit er Jesus getroffen habe, sei er mit seinem Leben zufrieden. Wenigstens sei das bis letzte Woche so gewesen. Er habe einen Hund besessen, dem er soviel Liebe und Aufmerksamkeit geschenkt habe wie seinem neu gefundenen Glauben. Eines Morgens sei er aufgewacht und habe seinen Hund tot vorgefunden. Er war dem rätselhaften Pflanzengiftmörder zum Opfer gefallen.

»Maestro war mein Baby«, sagte Greg. »Ich sag dir, wenn ich den Killer finde, dann dreh ich dem Bastard die Gurgel um. Jesus wird das vielleicht nicht mögen, aber das hier ist eine ernste Angelegenheit – mein Baby ist nicht mehr bei mir.«

Ihm gegenüber am Tisch saß ein Mann namens Johnny S. Er war erst vor zehn Tagen auf der Straße gelandet, weil seine Freundin ihn aus der gemeinsamen Wohnung geworfen hatte. Eine Köchin, die in der Kirche aushalf, erzählte mir später, dass er seine Freundin geschlagen habe.

»Er war in einer Heavy-Metal-Band«, bemerkte die Köchin verächtlich, als ob das alles erkläre.

An diesem Abend lag ich, nachdem ich mich einer Invasion von Schnecken, Kakerlaken, Motten, Ohrenkneifern, Geckos und fetten, roten Ameisen entledigt hatte, in meinem Zelt und las im Schein meiner Taschenlampe im kostenlosen *Maui Bulletin*. In den Kleinanzeigen fand ich Folgendes:

»AN DIE HYSTERISCHE TUSSI:
Nimm das Haus, die Kinder und das Erbe, aber bitte …
lass mir die Sachen von meiner Band. Johnny S.«

11

Cooks Lavabrocken

Amerika ist die Heimat des »*Drive Thru*« und »*Drive In*«. Damit sie sich nicht der körperlichen Anstrengung des Aussteigens aus dem Wagen unterziehen müssen, können Amerikaner gleich gemütlich im Auto sitzen bleiben und damit direkt ins Kino, Restaurant, Theater, zur Bank, Leichenhalle, Post, Reinigung und sogar durch kleine Wäldchen fahren. Doch nur Hawaii besitzt einen »*Drive-In*«-Vulkan.

Überall sonst auf der Welt suchen die Menschen das Weite, wenn ein Vulkan ausbricht. In Hawaii pilgern Tausende an die betreffende Stelle, um das Spektakel hautnah zu beobachten. Die Flugzeug- und Hubschrauberunternehmen vor Ort machen mit den stürmischen Launen von Pele, der Feuergöttin, ein großes Geschäft, denn sie bieten Rundflüge um den Kilauea (»Aufsteigende Rauchwolke«) an, wenn dieser aktivste Vulkan der Erde seine wütenden Feuerfontänen gen Himmel schleudert.

Die Insel Hawaii trägt den Beinamen Vulkaninsel oder Orchideeninsel, ist aber unter dem einfachen Namen Big Island am bekanntesten, weil sie im Vergleich zu den anderen Inseln der Kette genau das ist – *big*, also groß. In geologischen Begriffen ist sie noch ein Winzling, obwohl sie bereits eine Fläche von über 10 000 Quadratkilometern umfasst und, ganz wie ein Heranwachsender, stetig größer wird. Ihre Berggipfel ragen erst seit einer Million Jahren aus dem Ozean hervor (einige Landmassen auf der Erde sind 300 Millionen Jahre alt).

Als Mark Twain einmal schrieb, er könne hier »alle Klimazonen dieser Erde auf einen Blick erkennen«, hat er damit die ganze Vielfalt dieser von unzähligen Naturereignissen geprägten Insel erfasst. Auf Big Island gibt es sage und schreibe 17 Klimazonen, die Landschaft wechselt ständig. Von dichten, üppigen Regenwäldern über Bäume, die mit erstarrter Lava überzogen sind, bis hin zu ausgedörrten, unfruchtbaren Lavawüsten wird dem Besucher alles geboten. Im Herzen der Insel liegt der Mauna Kea (»Weißer Berg«), der 4205 Meter über den Meeresspiegel ragt. Das ist aber noch nicht alles: Er erhebt sich direkt vom Meeresboden auf eine volle Höhe von 9691 Metern, was ihn, so heißt es jedenfalls, zum höchsten Bergmassiv der Erde macht.

In Hilo, der Inselhauptstadt, gingen unablässig wolkenbruchartige Regengüsse auf die Wellblechdächer nieder. Das Wasser tropfte von Pflanzen mit riesigen Blättern und verwandelte unbefestigte Straßen in Sümpfe. Dieses Wetter war in Hilo ganz normal, denn dort fallen im Durchschnitt 3280 Millimeter Niederschlag im Jahr. Ich fand Unterschlupf in einer Herberge, deren freundliche Wirtin ursprünglich aus Newcastle kam. Sie war vor einem Jahr zu einer achttägigen Urlaubsreise nach Hawaii gekommen, die damit endete, dass sie den Herbergsbesitzer ehelichte.

»England ist ein Kaff«, befand sie. »Ich gehe nie mehr zurück.«

Ich teilte mein sauberes, enges Zimmer mit Donna, einer Frau mittleren Alters aus San Jose, die ganz besonders viel von der »Heilkraft der Liebe« hielt, was auch immer man darunter verstehen mochte. Die Tatsache, dass ich allein reiste, schien sie ein wenig zu schockieren.

»Und dann noch auf dem Fahrrad – das ist so gefährlich. Weißt du, auf diesen Inseln gibt es jede Menge Feindseligkeit. Es gibt viele Hawaiianer, die die *haoles* verabscheuen – die können richtig gewalttätig werden. Hast du von dem Mädel gehört, das man unten in Puna von ihrem Rad gezerrt, vergewaltigt und ermordet hat?«

Es war unmöglich, nicht davon gehört zu haben. In den Lokalnachrichten wurde ständig davon berichtet und überall hingen Plakate, auf denen stand, dass für Hinweise, die zur Aufklärung des Mordes beitrugen, eine Belohnung ausgesetzt war.

Dann stellte Donna mir einige sonderbare Fragen. Hatte ich während des Radfahrens Fantasien? Welche Haarfarbe hatte meine Mutter? Welche Schuhgröße hatte ich? Las ich täglich mein Horoskop? Ohne meine Antwort abzuwarten, las sie es mir aus der Regionalzeitung vor:

»Steinbock: Diese Woche werden Sie eine Reise nach Europa gewinnen, eine Rolex finden und das Finanzamt schickt Ihnen einen Scheck über 8658 Dollar.«

»Aus diesem Grunde lese ich es nie«, meinte ich.

»Du bist eine Pessimistin«, stellte sie fest. »Du musst nur, so wie ich, an etwas glauben, dann erhält das Leben eine tiefere Bedeutung. Ich spüre einfach, dass du dich stärker öffnen musst.«

Mir schoss ein Bild von mir auf einem Operationstisch mit einem von oben bis unten aufgeschnittenen Körper durch den Kopf. Die Vorstellung gefiel mir überhaupt nicht und so ging ich lieber Socken waschen.

Als ich am nächsten Morgen in den Regen hinaustrat, sagte Donna zu mir: »Ich werde an dich denken und dir meinen Segen schicken. Denk daran, die Liebe heilt alle Wunden.«

Mein Horoskop erwies sich als zutreffend – in gewisser Weise. Ich gewann zwar keine Reise nach Europa, doch man schenkte mir eine Übernachtung in einem Hotel in Honokaa; auf meinem Weg zu den Wasserfällen von Pee Pee fand ich einen Rolex-Ersatz in Form eines verstellbaren Expanders (den ich viel besser gebrauchen konnte) und am *Tidal Wave Memorial*, dem Tsunami-Mahnmal, fand ich 25 Cent auf dem Boden. Vielleicht hatte Donna viel mehr drauf, als man auf den ersten Blick vermutete.

Steil abfallende, imposante Seitentäler (von Einheimischen als *gulches* bezeichnet), durch die Wasserfälle und munter sprudelnde Flüsse rauschten, unterbrachen immer wieder die sich kilometerweit erstreckenden Zuckerrohrfelder. Diese Küste eignete sich ideal für den Anbau von Zuckerrohr, denn hier war Niederschlag garantiert – und zwar eine Menge. Genau den saugten die Zuckerrohrpflanzen gierig auf, brauchten sie doch eine Tonne Wasser, um ein Pfund Zucker zu produzieren.

Im Waipio Valley (»Tal der Könige«) fiel die schmale Straße über eine 300 Meter tiefe Klippe mit einem unglaublichen Gefälle von 25 Prozent steil nach unten ab, und es überraschte mich nicht, als ich herausfand, dass seit den frühen Siebzigerjahren, in denen diese Straße zuerst befahren wurde, über zwanzig Unglücksraben hier vorzeitig ihre letzte Reise angetreten hatten. Was zunächst nicht nach einer außergewöhnlich hohen Zahl von Todesfällen klingt, relativiert sich schnell, wenn man bedenkt, dass sich nur ungefähr zwei Fahrzeuge pro Tag auf diese Strecke trauen.

Ich stand, mein *Starcraft* zwischen den Beinen, an diesem grandiosen Abhang. Ich überlegte hin und her, meine Gedanken kreisten darum, ob ich die Fahrt hinab wagen sollte. Ich fühlte mich wie ein Turmspringer, der zum ersten Mal zögernd an der Kante eines sehr hohen Sprungturms steht.

Just in diesem Moment traf ich Noel und Wiltrud Wickramasinghe, die mir rieten, es nicht zu tun, wenn mir mein Leben lieb sei. Wiltrud war Deutsche und ihr agiler und geselliger Ehemann kam aus Sri Lanka, hatte aber 27 Jahre bei der Post in Crawley gearbeitet und war dann nach Deutschland gezogen. Als er hörte, dass ich ein Landei aus Sussex bin, wurde er noch gesprächiger. Wir saßen eine Weile auf dieser exotischen Insel mitten im Pazifik und tauschten uns über Orte wie Crawley, Horsham, Midhurst, Didling und Iping aus. Dann machten wir wie alte Freunde, die sich nach vielen Jahren wiedersehen, gegenseitig Fotos, auf denen wir albern grinsend vor einer 300 Meter tiefen *pali* (Klippe) und Hawaiis längstem schwarzen Sandstrand stehen, und gingen wieder unserer Wege.

Vorsichtig legte ich die ersten Meter der erschreckend stark abschüssigen, kilometerlangen Abfahrt zurück. Innerhalb von Sekunden setzte mir die Schwerkraft massiv zu. Bremsen waren wirkungslos, hätte ich sie benutzt, wäre ich kopfüber gegangen, genauso wie man von einem Rodeopferd abgeworfen wird. Ich rollte nicht abwärts, ich befand mich geradezu im freien Fall – und das mit dem Schwung und der Geschwindigkeit einer Betonplatte. Mein Magen blieb auf halber Strecke hinter mir zurück und fragte sich, wo wohl der Rest von mir abgeblieben war. Der Rest von mir, ohne Magen, beschloss, dass meine einzige Überlebenschance darin bestand, vorbeugend in die Böschung zu fahren und mich dort an einigen Wurzeln festzuklammern. Dies gelang mir auf wundersame Weise ohne größere Schwierigkeiten und ohne, dass ich mich verletzte.

Ich setzte meinen Weg abwärts zu Fuß fort, doch ich dachte zu spät daran, dass man, befand man sich erst einmal auf dem Weg nach unten, durch nichts mehr aufzuhalten war. Aus meinen kleinen, vorsichtigen Trippelschrittchen wurden in rasantem Tempo 3 Meter lange Riesenschritte, die in einen völlig panischen, unkontrollierten und uneleganten Abwärtssog mündeten. Ich stolperte hinab wie ein übergewichtiger Vogel Strauß, den man von einer Klippe gestoßen hatte, und landete wie eine Figur aus einem Zeichentrickfilm, alle viere von mir gestreckt, auf dem Boden.

Ich hatte mich gerade wieder berappelt, da half mir Syd Akman, ein Fotograf aus Seattle, auf die Beine. Weil ihm nichts Besseres einfiel, machte er flugs ein Foto von mir in meinem benommenen, derangierten Zustand und überreichte mir seine Visitenkarte. Unten auf der Karte prangte ein Zitat von Jennifer James:

»Erfolg ist die Qualität deiner Reise.«

Hatten meine Reisen, so grübelte ich reumütig, irgendwelche besonderen Qualitäten?

Erst als ich Syd losgeworden war, bemerkte ich, dass ich in einen echten Garten Eden gestolpert (oder besser gefallen) war. Ich befand mich nämlich in einem essbaren Dschungel, umgeben von magenfüllenden, saftigen Früchten, die nur darauf warteten, von Bäumen und Sträuchern gepflückt zu werden. Es gab Mangos, Bananen, Zitronen, Limonen, Maracuja, Grapefruit, Brotfrucht, Malayäpfel, Kokosnüsse, Kürbisse und Avocados. Wildschweine trampelten durch das Unterholz und in den Fischteichen und Bächen wimmelte es von Garnelen. Es gab auch Kaffee. Dieser Ort war ein gastronomisches Paradies, das nur auf eine Verkostung wartete.

Ein silbrig glänzender Wasserfall rauschte mit donnernder Macht einen schroffen Abhang hinunter und krachte mit lautem Crescendo ins Meer. Ich ließ mein Rad fallen, fläzte mich an den heißen schwarzen Sandstrand und genoss die wohltuende Abkühlung, die der Regenbogen malende Sprühregen, der durch den Wind sanft vom Wasserfall herübergetragen wurde, meinem Körper bescherte.

Auf der »großen Insel« liegt das Verhältnis zwischen Männern und Frauen bei 8:1. Diese vielversprechende Information hörte ich in North Kohala (der Heimat von König Kamehameha dem Großen) von Lisa, einer quirligen Amerikanerin iranischer Abstammung, die im Büro eines Grundstücksmaklers am Ort arbeitete, und von Steve, einem dunkelhäutigen Bariton mit Stirnband aus San Francisco. Beide waren Mitte zwanzig und frisch verliebt. Sie waren unzertrennlich, lebten in einer Symbiose und waren in ständiger Umarmung miteinander verwachsen.

Ich hatte sie im »Zentrum« von Hawi kennengelernt, das aus einer Kreuzung und ein paar windschiefen, träge aneinander gelehnten Holzhütten mit Kunstfassaden und abblätterndem Anstrich bestand. Sie seien überrascht gewesen, mich zu sehen. In Hawi würden die Touristen nie halten, es sei denn, sie hätten sich verfahren, erklärten sie mir. In diesem abgelegenen Ort war nicht viel los, was ihn mir umso sympathischer machte. Er hatte etwas vom Charme einer Cowboystadt, was nicht verwunderte, denn eine der größten in Privatbesitz befindlichen amerikanischen Ranches, die *Parker Ranch*, lag direkt auf der anderen Seite des Hügels. Ich war im Laufe des Tages immer wieder an *paniolos* – hawaiianischen Cowboys – vorbeigekommen, die sich auf dem über 10 000 Hektar großen Weideland der Ranch um die über 60 000 dort grasenden Rinder kümmerten, sie zusammentrieben und mit Lassos einfingen.

Lisa und Steve luden mich zu einer Party in Lisas Haus ein, ein riesiges, mitten auf dem Gelände einer Lamafarm gelegenes dunkles Holzgebäude. Ihre Freunde kamen ausnahmslos vom amerikanischen Festland und hatten alle eine ähnliche Geschichte zu erzählen: Ging auf eine zweiwöchige Reise nach Hawaii und kehrte nicht mehr nach Hause zurück. Das gemischte, interessante Trüppchen bestand aus einem Montessori-Pädagogen, einem Sporttaucher, der auf den Touristenbooten arbeitete, einem Feuerwehrmann, einem Künstler, einer Floristin und einem Bäcker namens Sam, der zuvor auf einem Kreuzfahrtschiff gearbeitet und vor kurzem mit seinem Rezept für Schokoladenkekse mit Macadamianüssen auf Hawaii einen Wettbewerb gewonnen hatte. Als ich Sam vorgestellt wurde, hielt ich ihn für einen etwas seltsamen Vogel: betont zurückhaltend, unergründlich und intensiv. Er sprach in Rätseln und wechselte gerne abrupt das Thema. Diskutierte er gerade noch ernsthaft über die Rolle des Kosmischen am Tag des Jüngsten Gerichts, schwang er schon im nächsten Moment große Reden über die Vor- und Nachteile eines guten Blitzblätterteigs.

Als er herausfand, dass ich Köchin bin, führten wir eine angeregte Unterhaltung über unsere unterschiedlichen kulinarischen Erfahrungen. Später, draußen, übertrieb es Sam dann unter der dünnen, silbrigen Mondsichel etwas mit seiner Zutraulichkeit und wollte mir unbedingt Genaueres über seine »Süßen Kugeln« erzählen.

Es war Zeit für mich zu gehen. Als ich mich gerade auf den Weg machen wollte, traf ich Carmelita, eine Jongleuse aus Massachusetts, die in der Vergangenheit einmal einen Jonglier-Workshop für Kinder aus Bostoner Problemvierteln angeboten hatte. Sie meinte, es würde ihnen dabei helfen, ein Lebenskonzept jenseits von Gewalttätigkeit und bewaffneten Straßengangs zu entwickeln.

Carmelita war eine lebhafte Geschäftsfrau mit leichtem Hippie-Einschlag. Sie lud mich in ihr schokoladenbraunes, selbst umgebautes Wohnmobil ein, mit dem sie und ihr Freund John vor kurzem quer durch Amerika gefahren waren. Das Eindrucksvollste an der Innenausstattung war ein hinter dem Fahrersitz installierter Holzofen, dessen Abzug aus dem Wagendach ragte.

»Mann, das war so total krass«, meinte Carmelita. »Ich hab die Frühstückseier gebraten und John hat uns rumgefahren.«

Etwas perplex fragte ich: »Hattest du keine Angst, den Wagen in Brand zu stecken?«

»Aber nicht doch«, antwortete sie, »das war 'ne todsichere Sache – nur, als wir so durch Texas gondelten, is uns so 'ne kleine Sache passiert. Ich jonglierte gerade mit den Pfannkuchen, als die Bullen sich an uns dranhängten und uns herauswinkten – fragten uns, ob wir bemerkt hätten, dass aus unserem Dach Rauch aufsteigt.«

Ich radelte Richtung Süden die Küste entlang und durchquerte die überwältigende Ödnis einer weit ausgedehnten Lavawüste. An manchen Stellen hatten die Leute mit leuchtend weißen Korallensteinen ihre Namen oder Liebesbotschaften in der schwarzen Lava verewigt:

»ALOHA MAMA UND PAPA IN LIEBE JADE
PEGGY, HEIRATE MICH! IN LEIDENSCHAFTLICHER LIEBE
DAN X«

Zu meiner Linken reckte der Mauna Kea seinen massigen, von der Sonne mit Glanzlichtern bemalten Körper in den Himmel. Über der Wolkenkrone ist die Luft am Gipfel dieses monumentalen Berges so rein und dünn wie sonst nirgends auf der Welt und so frei von Luftverschmutzung, dass dort ein Observatorium mit einem internationalen Team von Astronomen angesiedelt wurde, das von dort aus Forscher auf der ganzen Welt mit Daten versorgt.

Ich erreichte die Gold Coast von Kona und landete prompt mitten in der waschechten Touristenhochburg Kailua-Kona – kilometerweit nichts als Betonklötze, Apartmentkomplexe und teure Hotels. Ich radelte an der Promenade entlang zur Kirche von Mokuaikaua, deren Mauern aus massiven, groben Lavabrocken bestehen, die mit Mörtel aus einer Mischung von zerstoßenen und zu Asche verbrannten Korallen und Öl aus dem Koabaum zusammengehalten werden.

Ich wollte mich gerade daranmachen, den Hügel zu erklimmen, um dem Ort Captain Cook einen Besuch abzustatten, da machten sich Esther, eine Israelitin, und ihr Mann Digby, ein freischaffender Fotograf aus »Nu Jaark«, an mich heran. Die beiden waren ein extravagantes, zum Schießen komisches Pärchen Ende fünfzig. Die Frau war groß, der Mann klein, beide trugen Shorts in einer Größe, die ihren gegensätzlichen Körperformen eben genau nicht entsprach. Die von Digby waren so weit und großzügig geschnitten, dass er ohne Weiteres noch einen oder zwei Freunde darin hätte unterbringen können: Sie schlabberten formlos wie ein Schiffssegel um seine bleichen, knubbeligen Kniescheiben. Außerdem hatte er sie so weit seinen spindeldürren Rumpf hinaufgezogen, dass sie ihm fast in den Augen hingen.

Esthers Shorts spotteten jeder Beschreibung. Sie waren so knapp und eng, dass sie nicht nur für ihre Blutzufuhr eine Gefahr darstellten. Tatsächlich schien mir, da ihre Haut bereits zwei verschiedene Farbtöne angenommen hatte, dass ihr Blutkreislauf schon vor langer Zeit unterbrochen worden war: Die Körperteile unterhalb ihrer Hüfte hatten das bleiche Aussehen von abgestorbenem Fleisch, während das Blut in den oberen Körperregionen unter ihrer runzeligen, puterroten Haut so heftig pumpte und pulsierte, dass zu befürchten stand, dass es zu einer baldigen Implosion kommen würde. Ich hatte den Eindruck, ihre Tage seien gezählt.

Esther und Digby verkündeten, sie wünschten, ein Foto von mir zu machen, um es in einem »Sportmagazin« zu veröffentlichen. Ob es mir etwas ausmache? In dem Glauben, es handele sich um einen bloßen Schnappschuss, willigte ich ein. Ich hatte keine Ahnung, in welches skurrile Panoptikum ich da geraten war.

Digby war wild entschlossen, mich auf meinem Fahrrad am Strand zu fotografieren, vor »dem trooopischen Hintergrund einer Paaalme als Gesellschaft«. Um an den Strand zu kommen, musste man mein voll beladenes Gefährt über eine 3 Meter hohe Mauer hieven. Ich meinte, es sei um einiges leichter, wenn wir vorher meine

Taschen abladen würden, aber Digby war da anderer Meinung und murmelte etwas von »bisschen Bewegung tut den alten Muskeln gut«. Dagegen konnte ich nicht viel einwenden. Den Anordnungen Esthers folgend, sprang ich hinunter an den Strand, so dass diese mir mein Fahrrad nach unten reichen konnte. Alles easy. Doch im wahren Leben ist eben nicht alles easy. Weder Digby noch Esther hatten in ihrem Leben schon einmal ein voll beladenes Fahrrad gestemmt und voll beladene Fahrräder lassen sich eben nicht so einfach stemmen, wie man sich das so vorstellt.

Zunächst einmal ist man auf das schwere Gewicht nicht gefasst. In ihrem jugendlichen Leichtsinn hatte Ester gemeint, sie könne unser gut geplantes Unterfangen mit links und alleine ausführen. Damit fiel sie sprichwörtlich auf die Nase. Mit einem »Lass-mich-das-machen-Digby«-Blick packte sie die Querstange und hob das Fahrrad gute zwei Zentimeter vom Boden. Als sie bemerkte, dass sie gewichtstechnisch das Äquivalent eines Kleinwagens in ihren Händen hielt, geriet sie mit schmerzverzerrtem Gesicht ins Straucheln, so dass ihr das Rad prompt auf die Zehen fiel.

Zum Glück für mein Fahrrad kippte es auf unsere Seite der Mauer, doch zum Unglück für Esther stolperte sie, verfing sich mit ihrem Badelatschen in den Speichen des Hinterrads und purzelte beinahe über die Mauer. Ich dachte, sie würde mich erdrücken. Sie hing kopfüber über der Mauer, ganz so, als setze sie zu einem spektakulären Kopfsprung an, während sich Digby, das Fliegengewicht, an ihren riesenhaften, wild strampelnden Füßen festklammerte, als ginge es um sein Leben. Aus irgendeinem Grund widerstand ich dem Drang, mir die Kamera zu schnappen und eine wunderhübsche Aufnahme zu machen, die perfekt auf eine Doppelseite in ihrem »Sportmagazin« gepasst hätte. Stattdessen kraxelte ich die Mauer wieder hoch und trommelte flugs aus einigen amüsierten Zaungästen eine schnelle Einsatztruppe zusammen, mit deren Hilfe ich im

Schweiße meines Angesichts, unter Ächzen und Stöhnen die elefantöse Esther wieder auf die Beine stellen konnte.

Ich dachte, die Operation »Tropischer Wüstensturm« sei hiermit für gescheitert erklärt, aber nein – nachdem sie sich wieder etwas gesammelt hatten, bliesen Esther und Digby, die Unerschütterlichen, zum Angriff. Sie kommandierten mich zurück auf meinen früheren Posten an vorderster Front und unterzogen sich derweil einer Manöverübung mit einem strengen Regeln unterliegenden Hebetraining. Mein sichtlich besorgtes *Starcraft* wurde von schwitzigen Händen hin und her gehievt.

»Okay, Esther, Süße«, kommandierte Oberst Digby, »... lass es uns mal probeweise hochheben ... so, ganz vorsichtig ... das machst du großartig, ganz langsam und vorsichtig ... denk dran, du musst die Knie beugen ... priiima ... Okay ... ich zähl bis drei. Eins ... zwei ... deerrreiihhh!«

Mittlerweile hatte sich eine größere Menschenmenge versammelt, um dieses ungewöhnliche Strandspektakel genauer zu beobachten.

»Okay, Esther, Süße. Bist du bereit, Herzchen? Ich glaube, wir haben jetzt ein Gefühl dafür, also beim nächsten Heben gehen wir aufs Ganze. Tief durchatmen ... Kräfte sammeln ... eins ... zwei ... und ... deerrreii.«

Mein Fahrrad landete schließlich am Strand und Esther, die mit ihrer Landung förmlich eine Serie von Erdstößen auslöste, hinterdrein.

Digby kramte diverse Fotoutensilien aus seinen Taschen hervor, Esther dirigierte die Lichttechnik. Drei Stunden später war das Werk vollbracht. Plötzlich erspähte ich etwas, das sich während des Transports nach unten komplett unserer Aufmerksamkeit entzogen hatte: ein Loch in der Mauer. So schob ich mein Fahrrad dort hindurch wieder zurück auf die Straße und radelte in amüsierter Ungläubigkeit und mit einer New Yorker Adresse in der Tasche den Hügel hinauf.

In Captain Cook mietete ich mich im siebzig Jahre alten *Manago Hotel* ein, wo mir Dwight Manago, der Geschäftsführer, ein großes, luftiges Zimmer für nur 15 Dollar überließ. Obgleich das Bett aussah, als hätte zuletzt ein gestrandeter Wal darin übernachtet, war das Zimmer ganz wunderbar. Der alte, knarrende Holzboden roch nach Politur und an drei Wänden waren Fenster. Etwa 600 Meter unter mir erstreckte sich in der Ferne hinter den kunterbunten, kreuz und quer stehenden Wellblechdächern und dichten Dschungelgärten der weite, mächtige Pazifik, der den schmelzenden Feuerball der versinkenden Abendsonne in seine Fluten zog.

Ich sauste sorglos auf einem Serpentinenweg den Berg hinunter, vorbei an den berühmten *Kona*-Kaffeeplantagen (der einzige kommerziell angebaute Kaffee in Amerika) zum Dorf mit dem etwas fäkal anmutenden Namen Napoopoo (»Löcher«). Hier am Meer saß unter einer Palme im Schneidersitz eine Frau aus Alaska. Sie lebe seit einem Jahr oben am Berg in Kainaliu, arbeite als Landschaftsgärtnerin und habe vor, demnächst zurückzufliegen nach Anchorage, um ihre Sachen zu verkaufen, die sich dort noch in ihrer kleinen Wohnung befänden.

»Vermissen Sie Alaska nicht?«, fragte ich sie. »Den Schnee, die Leere, die Weite, die Bären?«

»Ich war noch nie so glücklich, so frei und hatte mein Leben noch nie so im Griff wie hier«, gab sie zur Antwort. »Klar vermisse ich meine Lieben, aber ich könnte auf keinen Fall wieder dort leben. Dort wimmelt es nur so von Typen, die nicht mehr alle Tassen im Schrank haben, Depressive und Säufer. Wissen Sie was? In nur einem Jahr haben sechs Bekannte von mir Selbstmord begangen, einer davon war mein Bruder. Glauben Sie, das fehlt mir?«

Mit leicht gedrückter Stimmung zog ich weiter die Straße hinunter zur Bucht von Kealakekua (»Straße des Gottes«), wo ich mich erneut mit dem Tod auseinandersetzen musste. An dieser Stelle war der große Weltumsegler Captain James Cook am 4. Februar 1778 infolge eines dramatischen kulturellen Missverständnisses von Eingeborenen zu Tode geprügelt worden.

Kurz gesagt, hatten die Hawaiianer Captain Cook mit Lono, dem Fruchtbarkeitsgott der Erde, verwechselt, weil sie in Cooks Schiffen (*HMS Discovery* und *Revolution*) mit ihren sich im Winde blähenden Segeln Lonos heiligen schwebenden Tempel mit seinen Stoffbahnen aus *tapa* (Rindenbaststoff) zu erkennen glaubten. Für eine Weile waren die Begegnungen überaus freundlicher Natur gewesen, Eingeborene aus allen Teilen der Insel waren gekommen, um Cook zu verehren und sich vor ihrem wiedergekehrten »Gott« niederzuwerfen. Über einen Monat lang hatten sie bereitwillig die Vorratskammern der Schiffe aufgefüllt und dafür fast ihre gesamten Lebensmittel hergegeben. Doch während dieser Zeit verstarb einer der Seeleute aus Captain Cooks Mannschaft und bewies den ohnehin bereits misstrauisch gewordenen Hawaiianern damit, dass es sich bei den weißen Neuankömmlingen nicht etwa um Götter, sondern um Normalsterbliche handelte.

Als dann zwei Einheimische ein kleines Boot stahlen, verschlechterte sich die Stimmung zusehends. Cook ging mit einem Trupp aus neun bewaffneten Seeleuten an Land. Er hatte vor, König Kalaniopuu in sein Schiff zu locken und ihn dort so lange gefangen zu halten, bis man ihm seinen gestohlenen Kutter wiedergäbe. Es brach ein Tumult aus, einige Schüsse fielen, Keulen gingen nieder und Leutnant Philips wurde verwundet. Cook und die verbleibenden Kameraden gerieten angesichts der Überzahl kämpfender Eingeborener (man schätzt, dass es sich um etwa 20 000 wütende Krieger handelte) in die Defensive und traten den Rückzug an den Strand an, um von dort aus wieder zu ihren vor der Küsten ankernden Schiffen zurückzugelangen.

Captain Cook, der größte Seefahrer, der je den Pazifik durchschiffte, hatte ein Problem: Er konnte nicht schwimmen. Während seine Kameraden buchstäblich um ihr Leben schwammen, musste Cook sich seinem demütigenden Schicksal ergeben. Allein und verlassen stand er knietief im Wasser und bekam alsbald einen Schlag auf den Hinterkopf. Das war sein Ende: Der tapfere Seemann brach zusammen und starb.

Ich verweilte lange auf einem Felsen, ließ meine Beine ins warme, klare Meerwasser baumeln und las. Dabei versuchte ich mir den Aufruhr und das Chaos der letzten Augenblicke im Leben von Captain Cook vorzustellen und fragte mich, welche Gedanken ihm wohl durch den Kopf geschossen sein mochten, als er feststellte, dass das Meer, einst sein bester Freund, ihn nun verriet – vielleicht wünschte er, besser auf seine Mutter gehört und wenigstens seinen Freischwimmer gemacht zu haben.

Ich las Mark Twains *Letters from Hawaii* und war erstaunt, dass Captain Cook und seine Männer bei ihrem ersten Landgang in Hawaii allesamt »seit 18 Tagen keinen Stuhlgang gehabt hatten, einige schon seit 25 oder 30 Tagen nicht mehr, einer seit 37 Tagen nicht mehr und einer seit 44 Tagen nicht mehr.«

Ich las weiter und verlor mich, meine Beine im Meerwasser badend, in allerlei Tagträumen, bis mich ein lediglich mit einem Lendenschurz bekleideter Einheimischer freundlich darüber aufklärte, dass ich, sollte mir meine körperliche Unversehrtheit lieb sein, doch besser meine Beine vollständig aus dem Wasser ziehen sollte. Abends kämen nämlich Haie zur Nahrungsaufnahme in die Bucht. Ich zögerte nicht lange, flitzte eiligst vom Felsen hinunter und sprang zurück auf meinen Sattel.

Ich rollte weiter. An einem Baum in der Nähe des Lebensmittelladens *Bong Brothers* hing ein Zettel mit einer Information, die man erst einmal verdauen musste:

»GESUCHT: 77 Personen. Essen Sie, was *Sie* wollen, und nehmen Sie trotzdem noch diesen Monat zwischen 5 und 13 Kilo ab – Wir bezahlen *Sie* dafür!«

Ich fragte mich, ob diese Anzeige etwas mit LEAN (*Low-fat Eating for America Now* – Fettreduzierte Ernährung für Amerika) zu tun haben mochte. Es war schlechterdings unmöglich, in Hawaii unterwegs zu sein und nichts von dieser Kampagne mitzubekommen, die die Menschen in Form von Fernseh- und Radiosendungen, Anzeigen in Zeitungen und Restaurants, in Supermärkten verteilten Handzetteln und sogar Aufschriften auf den Packungen fettreicher Lebensmittel beglückte. Einmal hatte ich im Supermarkt *Sure Save* einen Becher Chocolate-Chip-Eis gekauft, auf dem stand: »Stell mich zurück, du fette Tonne, und achte gefälligst auf deine Figur!« oder so was in der Art.

Aber diese großangelegte Kampagne schien die fettleibigen Bürger des Staates nicht weiter zu tangieren. Menschen, die an aufgeblasene Hamburger erinnerten, schwabbelten immer noch in einem Meer von Cellulitis, verspeisten gierig eine schier unerschöpfliche Fülle von vor Fett triefenden Imbissgerichten. Obwohl das ohnehin schon tragische Problem der Fettleibigkeit keineswegs einer Steigerung bedurfte, las ich in der amerikanischen Version der *Bild* folgende Schlagzeile:

»154 Kilo schweres Mädchen setzt sich auf Mutter und erdrückt sie«

Gegen die Frau, von der ich einige Monate später im *Evening Standard* las, war dieses Mädel allerdings ein Fliegengewicht:

Waipio Valley, Hawaii, in das ich Hals über Kopf eintauchte.

Unter den fallenden Wassern von Waipio Valley, Hawaii.

Die verlockenden Typen, die sich in Pu'uhonua o Honaunau, Hawaii, dem süßen Nichtstun hingeben.

Hier habe ich zusammen mit den Einheimischen die Aussicht über Diamond Head in Honolulu, Oahu, genossen.

Im Land der tiefen (schluck) Schluchten von Lanai – der Glücklichsten aller Inseln.

Der glücklichste aller Zeltplätze, bis man mir eine Strafe aufbrummte. Anini Beach, Kauai.

Unterwegs zum Garden of the Gods, Lanai.

Der maskierte Papiertütenmaler, Hanalei Valley, Kauai.

Traditioneller Fischfang in Honaunau, Hawaii.

Im Land, wo Lavaströme fließen –
Chain of Craters Road, Hawaii.

Das Wunder von Waikiki, Oahu –
in einen Umhang gehüllt.

Waianapanapa, Maui, wo einer der Beatles in der Nähe wohnte.

Ein Buddha und ein Fahrrad in Maui.

Das Leben ist ein Kampf (immer den Berg hinauf) und dann stirbt man – das Sonnigste aller Häuser, Maui.

Kleine, fruchtige Erfrischungen in Honokohau, Maui.

Der Versuch, nicht ohne Grund fit auszusehen, nach zwei Tagen, in denen es immer nur bergauf ging – oben am House of the Sun, Maui.

Die Goldmohnfelder von Kalifornien, aber Vorsicht: »Da gibt's Klapperschlangen«.

»Gassi gehen« auf kalifornische Art.

Wie das Frauchen, so das Haustier. Vorort von L.A.

»Shoo-bap-a-duh-da, she's my baby«. Kalifornien, versteht sich.

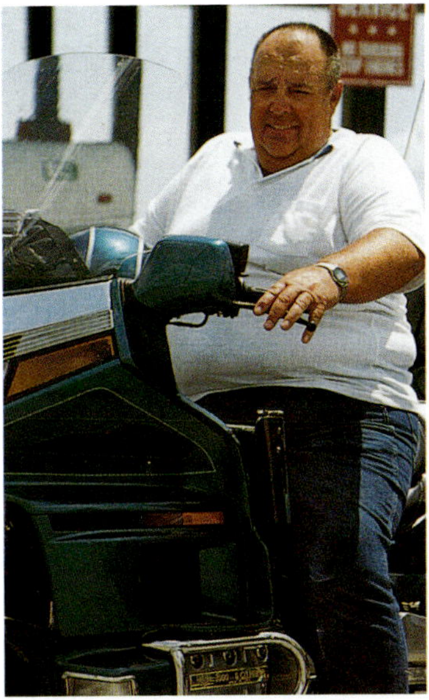

Macht 'ne richtig gute Figur, der Mann – Santa »Cruisen«, Kalifornien.

Im Schatten der alles überragenden, kupferfarbenen Hügel des Zion Canyon, Utah, die ich hinauf ... und hinab ... und wieder hinauffuhr, weil es einfach sooo schön war.

Bryce Canyon, Utah. Verflixt schwer, hier 'ne verloren gegangene Kuh wiederzufinden.

Oha! Gleich werde ich von einem Monstersturm verschluckt – und nirgendwo darf ich mein müdes Haupt zur Ruhe betten. Mitten im Niemandsland, Arizona.

Zwischen den Mittens im Monument Valley, Arizona.

Klick: Durango, Colorado.

Die USA: Ein Paradies für Exhibitionisten.

Auch der Helm schützte meinen Kopf nicht vor Schwindelgefühlen. Hoch oben in den Rockies.

Diesen Ort konnte ich nicht ohne Foto passieren. Schon wieder die mächtigen Rockies.

Maschinenvergleich bei den Amish in Indiana.

»FRAU NIMMT 408 KILO AB
Die Frau, die einmal den Titel ›Dickste Frau der Welt‹ beanspruchte, stellt einen neuen Rekord auf. Rosealie Bradford aus Pennsylvania, die nun 68 Kilo wiegt, hat mehr Gewicht verloren als jede andere Frau auf der Welt: 408 Kilo! Sie schrieb diesen Erfolg einem Diätprogramm des amerikanischen Fitnessgurus Richard Simmons zu, gab aber an, sie habe am Anfang lediglich in die Hände geklatscht. ›Das mag für Sie vielleicht nicht besonders beeindruckend klingen, aber für mich war das eine große Leistung‹, sagte sie. ›Allein dadurch stieg meine Herzfrequenz bereits an.‹
Auf dem Höhepunkt ihrer Fettleibigkeit wog sie 476 Kilogramm. Sie musste 12 Jahre im Bett verbringen und man benötigte eine Waage für Lastkraftwagen, um ihr Gewicht zu schätzen.
Ihr nächstes Ziel sei es, ein eigenes Buch über Ernährung zu schreiben.«

Weiter ging meine Reise. Ich durchquerte die größte Macadamianuss-Plantage der Welt und machte dann halt, um ein wenig in einem Lavafeld zu schwimmen. Das war wirklich skurril. Ich war immer auf dem Màmalahoa Highway geblieben und schließlich in eine Gegend gekommen, die auf meiner Karte als schraffierter Bereich ausgewiesen war. Das Areal trug den Namen *Hawaiian Ocean View Estates*, doch in Wirklichkeit handelte es sich um einen einzigen erstarrten Lavastrom, den unzählige unbefestigte Straßen und Wege im Zickzackmuster durchzogen. Gelegentlich traf man auf das eine oder andere Haus, das verloren und allein in dieser ungewöhnlich lebensfeindlichen Landschaft stand.

Als ich erfuhr, dass die auf Lava stehenden Grundstücke der *Ocean View Estates* heiß begehrt waren, war ich bass erstaunt. Wie konnte jemand ernsthaft in dieser schwarzen, mit Kratern durchsetzen Lavalandschaft, in der nichts wächst, kein Wasser fließt und die anmutet, als habe sich dort eine nukleare Katastrophe ereignet, ein Haus bauen wollen? Was treibt die Menschen dazu, in einer solch unheimlichen Wildnis leben zu wollen?

Diese Frage ging mir nicht aus dem Kopf und daher hielt ich an der einzigen Tankstelle neben dem einzigen Lebensmittelladen in der Gegend, eine frisch errichtete Konstruktion, die aussah, als habe ein Ungetüm seinen hässlichen Kopf aus den Tiefen der Erde gereckt.

Martie-Jean kümmerte sich um die Tankstelle und war ganz zufällig auch noch Besitzerin des einzigen *Bed and Breakfast* in dieser ausgedehnten Mondlandschaft. Ich fand die Vorstellung, mein müdes Haupt auf einen Lavastrom zu betten, recht verlockend und tat murmelnd mein Interesse kund. Martie-Jean gab mir ihre Karte:

»BOUGANVILLE BED & BREAKFAST
Lernen Sie die Geheimnisse von Hawaii kennen und genießen Sie die herzliche, heilende Atmosphäre bei Don und Martie-Jean.

Ein Frühstück, das Sie nie vergessen werden!«

»Guten Morgen«, konnte ich sie schon sagen hören: »Nehmen Sie sich einfach eine Schüssel Knister-Knusper-Kraterflakes mit lavaschwarzen Rosinen. Wie möchten Sie Ihre Lava – gerührt, gebraten oder einfach nur gekocht, weich oder erstarrt?«

Unten auf der Karte stand zu lesen:

»CTC Flug/Auto/Zimmer – alle Inseln,
›Ihr Zuhause in unserer Heimat‹.«

Ich kannte CTC nur als Kürzel für *Cyclist's Touring Club*. Die Vorstellung, ich könnte ausgerechnet hier, am Ende der Welt zufällig auf ein B&B gestoßen sein, das von Mitgliedern des CTC geführt wurde, erfüllte mich mit großer Freude. Doch ich hätte es besser wissen sollen. Man sollte den Tag nicht loben, wenn das Kind schon in den Brunnen gefallen ist. In Hawaii, wo Radfahrer ungefähr so selten sind wie Hawaiigänse, bedeutet CTC etwas anderes, nämlich *Certified Travel Consultant*, also »geprüfter Reiseberater«. An so etwas hatte ich nicht gedacht.

Nichtsdestotrotz folgte ich Martie-Jeans Wegbeschreibung zum *Bouganville Bed & Breakfast*. Der Name ist aber sehr euphemistisch gewählt, dachte ich bei mir. Die nächstgelegene Bougainvillea (oder, um genauer zu sein, die nächstgelegene Pflanze) ließ sich erst 60 Kilometer weiter bewundern. Ein angemessener und realistischerer Name wäre »Pension zum Enddarm der Erde« gewesen – was zugegebenermaßen nicht so toll klingt.

Das Haus sah aus, als wäre es aus dem Weltall auf die Erde gebeamt worden, wo es dann zufällig mitten in der Lavawüste gelandet war. Ein Marsmännchen hätte sich vermutlich sehr heimisch gefühlt, doch für Menschen war es hier wie auf einem fremden Planeten.

Das Gebäude thronte gefährlich nah am Abgrund auf scharfkantigen Lavafelsen. Eine hölzerne Veranda lief um das Haus herum und wurde von scharfen Wachhunden patrouilliert. Aus meinem Fenster konnte man Lava sehen, nichts als Lava und noch mehr Lava. Außer einer mottenzerfressenen Pflanze, die man aus einer anderen, fruchtbareren Klimazone hierher umgetopft hatte, erblickte ich um mich herum nichts, was aktiv Fotosynthese betrieb. Alles war schwarz und steinig, es herrschte Totenstille. Weder Verkehrslärm noch das Singen der Vögel war zu hören – nur ein starker, melancholisch heulender Wind.

Hinter dem Haus lag in einer Lavakuhle ein kleiner Swimmingpool. Nachdem ich die mit Krustenpanzern bewehrten Körper von mindestens 20 Kakerlaken aus dem Wasser gefischt hatte (die einzigen Lebewesen, denen es hier richtig gut zu gehen schien), zog ich in dem runden Pool meine Kreise, bis mir schwindelig war. Dann schwamm ich anders herum, um das Schwindelgefühl wieder loszuwerden, aber am Ende war mir nur noch schwindeliger. Als ich an der Oberfläche Wasser trat und meinen Blick über die mich umgebende Lavafelsnase streifen ließ, dachte ich: Welch sonderbarer Ort zum Schwimmen.

Später am Abend luden mich Martie-Jean und ihr Ehemann Don auf ein Tässchen Tee und eine Schale Macadamianüsse in ihr Wohnzimmer ein. Beide kamen ursprünglich aus Seattle, doch Dons Arbeit als Skilift-Installateur hatte sie nach Hawaii geführt. Skifahren ist nicht gerade das, was man auf einer tropischen Insel als gewinnträchtige Geschäftsidee bezeichnen würde. Es ist in der Tat nicht gerade hochprofitabel, aber ein kleines Geschäft lässt sich damit trotzdem machen. Zwischen Dezember und Mai kann man den Wellen und dem Sand den Rücken kehren und eine oder zwei Stunden später die verschneiten Pisten des Mauna Kea hinunterjuxen.

Als ich Martie-Jean und Don eine gute Nacht wünschte, erhielt ich zur Antwort: »Schlaf locker!« Das war vermutlich die entspannte Version von »Schlaf gut«. Ich zog mich in mein Quartier zurück, wo ich, die Zahnbürste im Mund, einem Bericht im Radio lauschte, demzufolge sich ein Pädophiler freiwillig bereit erklärt hatte, sich kastrieren zu lassen.

Die ganze Nacht lang fegte der Wind über die ausgedörrte Vulkanwüste und rüttelte an den Fenstern, wie ein Mann, der versucht hineinzuklettern.

Am späten Vormittag hatte ich wieder fruchtbares Land erreicht: Felder, Bäume, die kaskadenartig rankende violette Blütenpracht der Jacarandabäume, wilde Orchideen und Lilien drängten sich am Wegesrand.

Alles erschien mir plötzlich so grün – sogar die sandigen Strände. Es handelte sich nicht etwa um eine optische Täuschung, nein, der Sand war tatsächlich grün. In der Vergangenheit hatten die Lavaströme regelmäßig Adern freigelegt, die Olivin führten, einen grünen Kristall. Im Fall des grünen Strandes war ein ganzer Olivinunterkegel in eine kleine Bucht gestürzt, wo das Mineral von der Witterung zu Sand zermahlen worden war.

Abgesehen von ein paar einheimischen Fischern war niemand zu sehen. Keine Menschenseele, keine Autos, keine Häuser, keine Souvenirbuden, keine Touristen; nur Felsen, das Meer und der grüne Sandstrand. Ich war angenehm überrascht, dass die Touristenindustrie Hawaiis dieses Phänomen nicht für sich ausgeschlachtet hatte und den Sand, in kleine Glasröhrchen abgefüllt, an leichtgläubige Touristen verkaufte, wie man es in England an der faszinierenden Alum Bay auf der Isle of Wight tat.

Aus einem Forscherdrang heraus fühlte ich mich bemüßigt, meine eigene Probe zu nehmen. So bückte ich mich und befüllte eine leere Filmdose mit Olivinsand. Ich war so fasziniert von diesem ungewöhnlichen Sand, dass ich etwas davon in mein Tagebuch und auf jede Postkarte klebte, die ich in den nächsten zwei Wochen verschickte. Ich habe bis heute eine halbe Dose davon aufbewahrt und überlege, den Sand in ein Glasröhrchen abzufüllen und ihn für astronomische Summen zu verkaufen. Hat jemand Interesse?

Ich stand am Ka Lae (»Südpunkt«), dem südlichsten Punkt der Vereinigten Staaten von Amerika, und war erfüllt von diesem tiefen, unerklärlichen Gefühl der Zufriedenheit, das sich immer dann einstellt, wenn man die extremste Stelle eines Landes erreicht hat, sei es der höchste, tiefste, westlichste oder sonstigste Ort. Außer einem selber ist keiner davon beeindruckt, was diese sinnlose Hochgefühl noch spannender macht.

Mit einer selbstzufriedenen Ausstrahlung und einem blasierten Lächeln auf den Lippen ließ ich meinen Blick über den mächtigen Pazifik wandern und rief mir ins Gedächtnis, dass der nächste größere Kontinent die gewaltige, etwa 12 000 Kilometer oder eine Halbjahrestour mit dem Fahrrad entfernte, Richtung Süden gelegene Antarktis war.

Die Straße, die am South Point in einer Sackgasse endet, führte mich auch an der merkwürdig eindrucksvollen Windkraftanlage von Kamoa vorbei, in der 37 riesige weiße Windräder unter dem von Wolkenfetzen durchzogenen Himmel ihre Rotorflügel drehten. Als ich auf dem Rückweg erneut an der Anlage vorbeikam, hielt ich kurz an, um mich etwas genauer umzusehen.

Ein Schild am Eingang warnte »Privat – Zutritt verboten« und ein weiteres Schild informierte mich darüber, dass die Windkraftanlage von Kamoa die Umwelt nicht verschmutze und dazu beitrage, die Stromversorgung auf Big Island vom Erdöl unabhängiger zu machen. Dort stand, die 37 Generatoren produzieren 18 000 000 Kilowattstunden Strom pro Jahr – genug, um 3000 Familien mit Strom zu versorgen. Ich hab ja nicht so viel Ahnung von Kilowatt, aber 18 Millionen klang doch sehr beachtlich.

Um mich herum war keine Menschenseele zu sehen. Als ich darüber nachdachte, mich trotz ausdrücklichen Verbots auf das Gelände zu stehlen, um mir die Sache genauer anzusehen, kam ein weißer Pick-up-Truck angefahren und heraus sprang Roy, ein waschechter Hawaiianer.

»Hallo!«, begrüßte er mich. »Ich bin der leitende Techniker hier. Wolln Se sich mal umgucken?«

Roy nahm mich mit in das Innere eines etwa 25 Meter hoch aufragenden Windrads, das in Japan von Mitsubishi gefertigt worden war. Die Mechanik hatte nicht mehr viel mit den nostalgischen, alten Windmühlen aus Holland gemein, die im Grunde genommen nur funktioniert hatten, wenn genug Wind ging, und die stillgestanden hatten, sobald es windstill war. Roy schloss die Türen zu einer Computerbox voller Tasten und Schalter, blinkender Lämpchen und digitaler Monitore auf. Er drückte einige Hebel, ließ es piepsen und hackte etwas in die Bedienkonsole, um die Energieversorgung zu unterbrechen. Alles wurde still.

Als wir wieder draußen im heißen, gleißend hellen Sonnenlicht standen, erzählte Roy mir, wie er vor kurzem die Polizei rufen musste, um eine Bande Hippies zu vertreiben, die regelmäßig über den Zaun geklettert waren, um im Yogasitz im weggetretenen Zustand unter den surrenden Maschinen zu hocken. Eine ausreichende Menge *Maui Wowie* stets griffbereit, hatten sie Stein und Bein geschworen, die Windräder würden zu ihnen sprechen.

Ich plagte mich langsam hügelan, um die Flanke des noch aktiven Mauna Loa (»Langer Berg«) zu erklimmen, der rund 96 Kilometer lang und 48 Kilometer breit und damit hinsichtlich seiner Masse der größte Vulkanberg der Erde ist. Ich hatte mich auf die Hawaiian Belt Road begeben und war dort an einigen Felsbildern, weiteren Plantagen voller köstlicher Macadamianüsse und an einer Sehenswürdigkeit, die meine Karte als »1790 Fußspuren in Asche« bezeichnete, vorbeigestrampelt.

Im kleinen Dschungelort Volcano hielt ich an und zog ein ziemlich zerknittertes Stück Papier hervor, das ich aus Hilo mitgenommen hatte. Darauf befand sich die verblichene Fotokopie einer Wegbeschreibung zum *Holo Inn*, einer einfachen Unterkunft »ohne viel Schnickschnack«, die einem japanischen Elektriker namens Satoshi Yabuki gehörte.

Den Weg zur Herberge, der eine Reihe von engen, überwachsenen Nebenstraßen hinunterführte, fand ich mühelos. Die Probleme begannen erst, als ich in die Einfahrt kam. Ich wurde von einer feindseligen Schar frei laufender Gänse begrüßt. Die Hälse weit nach vorn gereckt, jagten sie mich beharrlich und mit beängstigender Geschwindigkeit über den Hof. Es war mir unmöglich, in die Nähe der Tür zu gelangen, weil ich von einem besonders lästigen Exemplar, das mich anzischte, bespuckte und zu einer rabiaten Blitzattacke ansetzte, sobald ich es wagte, die 3-Meter-Schutzzone zu verlassen, unerbittlich in Schach gehalten wurde. Bei einem meiner Rückzugsmanöver überraschte mich das Vieh, stieß seinen Schnabel erbarmungslos in meine linke Hinterbacke und ließ unglücklicherweise nicht mehr davon ab. Mit dem Schnabel am Hintern befand ich mich in einer etwas kompromittierenden Lage, als die Tür aufflog und eine Frau heraustrat.

»Hallo«, rief sie forsch. »Die Gänse machen Ihnen hoffentlich keine Probleme?«

Mit einem gequälten Gesichtsausdruck und tränenden Augen antwortete ich: »Auuuuutsch, hallo. Nein, kein Problem!«

Die Frau rief die Täterin zu sich. Diese löste umgehend ihren schraubstockartigen Schnabelbiss von meinem Allerwertesten und watschelte gehorsam zu ihrem Frauchen.

Abgesehen von drei Geologen (einem Italiener und zwei Amerikanern) war ich der einzige Gast in der Herberge und hatte so ein Zimmer für mich allein. Die Frau, die mein Hinterteil vor einer Verarbeitung zu Gänseleberpastete gerettet hatte, hieß Susan, war Satoshis Freundin und unterrichtete Englisch in Hilo.

An diesem Abend kamen ihre Freunde Yoko aus Japan und John aus Amerika zum Abendessen. Er sagte: »Ich weiß, was Sie denken, aber sagen Sie nichts«, bevor ich eine Bemerkung machen konnte. Was ich nicht tat. Ich wurde eingeladen, mit ihnen zusammen zu essen. Wir setzten uns und dippten dicke Stücke rohen Thunfischs in eine Soße, löffelten eine angedickte Suppe und aßen Tofu mit

Sojasoße, Ingwer, Meerrettich, Reis und tranken grünen Tee. Später stießen auch die Geologen dazu und der Italiener versuchte mich dazu zu bewegen, mit ihm einen nächtlichen Spaziergang an den Puu-O'o-Krater zu unternehmen, wo ich neben einem Lavastrom schlafen (wohl eher mein Leben aushauchen) könne.

Am nächsten Morgen radelte ich in den *Drive-in*-Vulkan Kilauea, Heimat der Feuergöttin Pele. Während der letzten tausend Jahre hatten die Einwohner der Insel immer wieder versucht, deren feuriges Temperament zu besänftigen, und brachten ihr deshalb Opfergaben wie Beeren, Tiere, Männer oder, um dem der neueren Zeit angepassten Geschmack der Göttin zu entsprechen, auch die eine oder andere Flasche Gin.

Besucher werden davor gewarnt, am Kilauea Steine oder Felsen mitzunehmen, da dies Peles Rachsucht errege – jeder, der mutwillig Lavaproben von dieser heiligen Stätte entfernt, werde von der temperamentvollen Feuergöttin verflucht. Es heißt, die Behörden hätten diese Geschichte lanciert, um so den Naturfelsen zu schützen, aber viele Touristen, die sich über den Aberglauben lustig gemacht hatten, haben dafür anscheinend einen hohen Preis bezahlen müssen: Jedes Jahr werden zig Pakete mit Lava an die Nationalparkverwaltung zurückgeschickt, in denen sich Zettel mit der dringenden Bitte befinden, man möge Pele die Steine doch wieder zurückgeben, weil die Absender seit deren Inbesitznahme nur Pech gehabt hätten.

Offenbar kann das Schicksal auch bereits zuschlagen, bevor Peles Opfer den Vulkan überhaupt betreten haben. Am Tag vor meiner Ankunft am Krater war die Tochter eines Richters aus Colorado wie ein Hummer bei lebendigem Leib gekocht worden, als sie ausrutschte und in eine rauchende, dampfende Fumarole fiel. Sie muss wohl vorgehabt haben, eine ganze Lastwagenladung Lava zu exportieren, da sie ein solcher Tod ereilte.

Unten im Distrikt Puna hoffte ich darauf, einige Tage am Strand zelten zu können, um von dort aus die umliegenden Dörfer zu erkunden, die von den letzten Lavaströmen komplett eingekesselt worden waren. Aber mir verging die Lust, als ich erfuhr, dass genau hier vor zwei Monaten ein Mädchen von ihrem Fahrrad gestoßen, vergewaltigt und brutal ermordet worden war. Man hatte ihren Mörder noch immer nicht gefasst. Zudem informierte mich ein Polizist aus der Gegend, dass in Puna die meisten Häftlinge auf Bewährung lebten.

»Hier wimmelt's außerdem nur so von verrückten Vietnamveteranen«, fügte er hinzu, »also seien Sie auf der Hut da draußen.«

Später las ich, dass in den Regenwäldern Hawaiis (die mit denen Südostasiens nahezu identisch sind) 350 bis 400 Vietnamveteranen leben (»Buschveteranen«) – quasi eine kleine Armee. »Saigon John«, der in einer zusammengezimmerten Baumhütte lebte, war bis zu den Zähnen bewaffnet und mit Vorsicht zu genießen. Nach fast 30 Jahren spielte er immer noch in seinem eigenen Krieg Rambo. In der Vergangenheit hatten die Ärzte denjenigen, die sich hinauswagten, um Hilfe zu suchen, gesagt, mit ihnen sei alles in Ordnung und ihnen statt psychologischer Hilfe Medikamente verabreicht.

Ich ging auf Nummer sicher und mietete mich im *Village Inn* in Pahoa ein, wo Bill, der Besitzer, mir ein Zimmer namens Robert Louis Stevenson für den halben Preis überließ. Im Jahre 1910 erbaut, besaß das hübsche alte (für amerikanische Verhältnisse regelrecht antike) Holzhaus knarrende offene Dielen mit Ausblick auf einen mit Blumen und herabwucherndem Wilden Wein überwachsenen Innenhof. Auf einem Schild an meiner Zimmerwand stand:

»BITTE ENTWENDEN SIE KEINE BETTWÄSCHE! SIE BEREITEN DAMIT DEN ANDEREN GÄSTEN UNANNEHMLICKEITEN«

Nur ein paar Türen weiter wohnten Ed und seine schwangere Frau Kathy aus Tucson, Arizona. Ed war für einige Monate auf Big Island, um für den großen *Ironman Triathlon* zu trainieren, ein Rennen mit höchsten Anforderungen, das in Kamakahonu Beach (»Auge der Schildkröte«) beginnt und bei dem man eine Schwimmdistanz von 3,8 Kilometern, eine Radfahr-Etappe von 180 Kilometern und einen Marathonlauf bewältigen muss. Als wenn das nicht schon anstrengend genug wäre, ist Hawaii auch noch der Schauplatz des zweijährlich stattfindenden *Ultrathons*, eines doppelten, über drei Tage ununterbrochen ausgefochtenen Ironman-Wettkampfes.

Im *Village Inn* wohnte auch Richard, ein Feuerwehrmann und ehemaliger Rettungsschwimmer, der das ermordete Mädchen seit über 20 Jahren gekannt hatte. Als ich ihm erzählte, dass ich eine Tagestour entlang der Küste unternehmen wolle, wollte er mich nur unter der Bedingung fahren lassen, dass ich ihm erlaube, als mein Leibwächter mitzufahren. Ich war gerührt von seiner Besorgnis, aber wie konnte ich sicher sein, dass ich ihm trauen konnte und sich hinter seiner freundlichen Fassade keine zwielichtige Gestalt verbarg? Vielleicht würde er mir mitten in der Walachei übel mitspielen. Ich verbrachte den Tag damit, ihn besser einschätzen zu lernen, unterhielt mich mit Bill, Ed, Kathy und einigen Einheimischen, die ihn seit Monaten und teilweise schon vielen Jahren kannten, und befand dann, dass ich mich bei ihm recht sicher fühlen konnte.

Ed und Kathy sagten, sie würden die Route von der anderen Seite fahren und uns auf halber Strecke treffen, und so machten wir uns auf den Weg. Obgleich meine Karte erst vor kurzem erschienen war, stimmten die Informationen darauf bereits nicht mehr. Der Ort Kalapana war zwar auf dem Papier noch vorhanden, in Wirklichkeit aber von einer riesigen Lavawalze zerstört worden, die auf ihrem Weg ins Tal über 200 Häuser unter sich begraben, dann die Küstenautobahn überquert und komplett blockiert hatte, bevor sie schließlich ins Meer geflossen war. Dort, wo vor einigen Monaten noch ein wunderschöner schwarzer Sandstrand voller fröhlicher, im Meer badender und surfender Menschen und Richard als Rettungsschwimmer tätig gewesen war, befand sich nun nur noch eine schwarze, erstarrte Masse.

Wir kletterten auf die Lava und machten einen kleinen Spaziergang. Richard erzählte: »Irgendwo unter unseren Füßen befindet sich das Haus meines besten Kumpels.« Wir kletterten weiter und dann sagte er: »Wo wir jetzt stehen, war vorher das Meer – gehörte zu den Stränden mit den besten Wellen der Küste.«

Unten, auf der anderen Seite der Straße, befand sich ein kleines Café, das dem Lavastrom nur um Haaresbreite entgangen war. Früher hatte es sich eines regen Zulaufs der einheimischen Bevölkerung, der Surfer und der Touristen erfreut, doch nun war es geschlossen worden und es herrschte dort eine unheimliche Stille. Eine einsame Frühstückskarte im Fenster war als Zeuge seiner Vergangenheit zurückgeblieben.

Weiter unten an der Küste zeigte Richard mir die Stelle, an der das 23 Jahre alte Mädchen von zwei Männern in einem Pick-up-Truck verfolgt worden war. Sie hatten auf eine passende Gelegenheit gewartet, um sie dann absichtlich zu rammen und sie so von ihrem Fahrrad zu stoßen. Dann hatten sie ihren verletzten Körper hinten auf ihren Laster geworfen und waren in ein abgelegenes Waldstück gefahren. Dort wurde sie vergewaltigt, geschlagen, dann mit Steinen bedeckt und zum Sterben einfach zurückgelassen. Zufällig hatte eine Frau, die in der Nähe einen Spaziergang machte, das Stöhnen des Mädchens gehört und den Notarzt alarmiert. Irrtümlicherweise war dieser aber in die falsche Richtung gefahren und hatte ihr so die letzte, wenn auch geringe, Überlebenschance geraubt – schließlich fand man sie zwar, aber sie starb einige Stunden später im Krankenhaus an den Folgen ihrer Verletzungen. Richard hatte sie schon als kleines Kind gekannt.

Als ich in dieser Nacht wieder zurück in Pahoa ankam, schaltete ich *Sky News* ein und war überrascht, als ich im Fernsehen ein vertrautes Gesicht erblickte. Es war mein Fischhändler, den man wegen der Explosion einer IRA-Bombe vor seinem Geschäft in Soho interviewte. Es war ein merkwürdiges Gefühl, mitten im Pazifik zu sitzen, und, nachdem man monatelang keine bekannte Menschenseele getroffen hat, plötzlich ein bekanntes Gesicht in einer gewohnten Umgebung zu sehen – an einem Ort, den man Heimat nennt.

Die folgende Nacht verlief nicht friedlich. Pahoa machte seinem Namen als Wildweststadt alle Ehre. Vor meinem Fenster tobte der Bär und ich schaute mir das Spektakel mit an der Fensterscheibe platt gedrückter Nase an wie einen Film. Aus der Bar auf der anderen Straßenseite drang lärmender Streit, dann wurde, ganz wie im Western, ein Mann mit einem Faustschlag durch die Saloontür auf die staubige Straße katapultiert, wo er, alle viere von sich gestreckt, liegen blieb und schließlich davonkroch. Unter den Barbesuchern brach eine weitere Keilerei aus, in deren Folge einer der Männer von einem Filipino mit dem Messer verletzt wurde. Dann donnerte eine Gang von massigen, mordlüsternen *Hells Angels* auf röhrenden Harley Davidsons in die Stadt, um die spaßige Atmosphäre in der Bar noch ein wenig anzuheizen.

Unten auf dem Parkplatz kroch eine Frau, die ihrem Zustand nach wohl gut getankt hatte, in ihren *Station Wagon* und fing an, in Rammbockmanier alle Fahrzeuge, die ihr im Wege standen, wie beim Auto-Scooter unter kreischendem Gelächter zu rammen. Als sie schließlich dieses Spiels müde war, brauste sie davon und krachte mit voller Wucht in die Fassade des Postamtes.

Endlich trat eine gewisse Ruhe ein. Ich räkelte mich auf meinem Robert-Louis-Stevenson-Bett und dämmerte in einen Schlaf, der mir bewegte Träume bescherte. Meine Nachtruhe war nicht von langer Dauer. Eine Stunde später entging ich nur haarscharf einem haarigen Einbrecher, der mich mit einem pelzbezogenen Kissen zu ersticken versuchte.

Das passierte zumindest in meinem Traum. In Wirklichkeit war eine streunende Katze durch mein Fenster geschlüpft und auf meinen Kopf gehüpft.

Draußen auf dem Parkplatz gingen die nächtlichen Aktivitäten weiter. In dieser Nacht war es eher ungünstig, ein Auto zu sein: Erst wurden sie von einem wild gewordenen *Station Wagon* ramponiert und ruiniert, dann zertrümmerte ihnen eine Frau namens Betty mit ihrer Handtasche munter die Fenster, wobei sie mit blumiger Ausdrucksweise herumkrakeelte, dass Captain Hook ihr nach dem Leben trachte.

Und so zog die Nacht vorüber.

Einen Tag vor meinem Abflug nach Los Angeles verkaufte ich mein Fahrrad – nicht wie geplant an das Fahrradgeschäft, von dem ich es erworben hatte, sondern an Leylá Zeyrek, eine quirlige Türkin, die im *Interclub Hostel* arbeitete. Leylá wollte mein Fahrrad ganz dringend haben. Ich wollte ein Ticket nach Los Angeles und wie konnte ich ein Geschäft ablehnen, bei dem mir die Scheinchen praktisch vor die Nase gehalten wurden. Ihr Angebot lag nur 7 Dollar unter dem Kaufpreis – nicht gerade ein Verlust, wenn man bedenkt, dass das Fahrrad zwei Monate lang in vollem Einsatz gewesen war. Nachdem ich das Geschäft abgeschlossen hatte, trabte ich frohen Mutes zu Fuß den Ala Wai Canal entlang von der Herberge zum Billigreisen-Anbieter *Cheap Tickets* und verspeiste zur Feier des Tages meine letzte hawaiianische Banane.

12

Die Engel brennen!

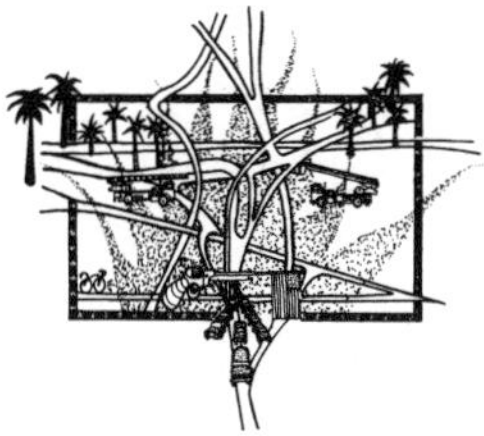

Auf dem Flug nach Los Angeles saß neben mir eine beleibte, düster dreinblickende Dame. Sie war in ein *muumuu* gehüllt, ein an ein Nachthemd erinnerndes Kleid, das die Missionare eingeführt hatten, um die »schockierende« Nacktheit der Hawaiianerinnen zu bedecken, und quoll förmlich aus dem Sitzplatz. Als sie sich kurz vor dem Start weigerte, ihre Handtasche vom Schoß zu nehmen, erregte sie ziemliches Aufsehen.

»Aber nein!«, protestierte sie und hielt ihre Tasche fest umklammert an ihren voluminösen Bauch gepresst. »Mich wern Se nich dazu kriegen, meine Tasche aufn Boden zu stellen.«

»Das ist zu Ihrer eigenen Sicherheit«, erwiderte eine hawaiianische Stewardess. Zwei Frangipaniblüten zierten ihre rabenschwarze Mähne.

»Herrgottverdammich, es ist mein gutes Recht, meine persönlichen Sachen dicht bei mir zu behalten. Ich hab viel Geld für diesen Platz bezahlt.«

»Ich bitte Sie lediglich darum, die Tasche auf den Boden zu stellen, wo Sie sie die ganze Zeit im Auge behalten können«, erklärte die leidgeprüfte Stewardess.

»Ich hab gesagt, meine Tasche bleibt hier!«

Ich spähte durch die zerkratzte Plexiglasscheibe meines Bordfensters und ließ meinen Blick zu den etwas weiter entfernt arbeitenden, mit Kopfhörern geschützten Gepäckabfertigern und dann zur Startbahn wandern, die sich bis zum Meer erstreckte. Dabei tat ich so, als bekäme ich nichts von den Streitereien neben mir mit. Ein Gedanke ging mir jedoch durch den Kopf: Selbstmordattentäterin?

Der Steward erschien. Zu dem schwelenden Streit bemerkte er: »Nun, gnädige Frau, wenn Sie sich den Regeln widersetzen, sehen wir uns gezwungen, Sie zu bitten, das Flugzeug zu verlassen, sobald wir in der Luft sind ...«

Eine Stunde später, wir befanden uns gerade über den azurblauen Weiten des Pazifiks, ertönte über die Lautsprecheranlage mit Wackelkontakt die Nachricht, dass es diesmal keinen Film geben würde, da die Vorführausrüstung den Geist aufgegeben habe, dann hörte man ein blechernes, dünnes Stimmchen, das uns erklärte, dies liege an einem Defekt an der Tonanlage. Ich hoffte inständig, dass die Flugzeugmotoren aus einem robusteren Material gebaut wären.

»... doch wir werden Ihnen stattdessen unsere eigene Form der Bordunterhaltung darbieten, denn Shirleen hier hat sich bereiterklärt, für Sie zu singen und zu tanzen, nicht wahr, Shirl?«

Ganz offensichtlich war dies der Stewardess Shirl neu. Irgendwo mitten in der Fluggastkabine ertönte ein Protestgeheul, dann unterdrücktes Kichern. Dieser Flug wurde immer seltsamer.

Der Sangesauftritt fand nie statt, dafür aber eine spontane Quizveranstaltung, bei der die Passagiere an den folgenden und anderen, ähnlich schwierigen Fragen herumrätseln mussten:

»1. Welche Spannweite hat dieses Flugzeug?
2. Welche Zahl erhält man, wenn man das Alter aller Mitglieder der Crew zusammenzählt?

3. Wie lautet die von Fluggästen am häufigsten gestellte Frage?*
4. Wie viele Passagiere sehen sich um und denken: Das sind die Leute, mit denen zusammen ich vielleicht sterben muss?

(Ehrlich gesagt, habe ich die letzte Frage gerade erfunden. Aber ich bin sicher, dass sich viele Menschen diese Frage stellen.)

Die Stimme aus dem Lautsprecher erklärte: »Antworten bitte auf ein kleines Stück Papier schreiben und dieses zusammenfalten. In einer halben Stunde werden die Zettel eingesammelt und der Sieger darf das Flugzeug landen. Kleiner Scherz ... Der Gewinner erhält einen Drink aufs Haus, sofern er über 18 Jahre alt ist.«

Überraschenderweise erfreute sich das Spiel einer regen Beteiligung und es herrschte eine heitere Stimmung. Sogar die *muumuu* tragende Handtaschenfetischistin neben mir ließ sich zu einem dünnen Lächeln hinreißen.

Als wir am LAX landeten, verließ das Flugzeug die Landebahn, rollte aus und kam dann mitten im Nirgendwo zum Stehen. Noch immer in Feierlaune schlenderten wir im Dunkeln die Gangway hinunter und bestiegen den Airportbus, der uns überall hin brachte, nur nicht dorthin, wo wir hinwollten. Der Fahrer hantierte mit seinem Walkie-Talkie, aus dem nur monotones Rauschen und Klicken ertönte. Da wurde uns klar, dass er ein kleines Problem hatte und unser Terminal nicht finden konnte.

Ein Passagier, dessen gesprenkelte Hühnerbeinchen aus geblümten Shorts ragten, bemerkte mit schwindender Geduld: »Herrgott! Ich hatte auf Hawaii genug Bustouren für ein ganzes Leben – ich brauch jetzt nicht noch eine!«

---

* Antwort: »Was gibt es zu essen?« Knapp gefolgt von: »Welchen Film zeigen Sie?«

»Mensch, das ist doch nicht meine verdammte Schuld!«, polterte der Busfahrer los und fügte dann in einem etwas gedämpfteren Ton hinzu: »Es liegt an diesem verdammten, lausigen, nichtsnutzigen Funkgerät!«

Los Angeles stand in Flammen. Unterdessen servierte ich in meinem Basislager bei den Bartletts *Mousse au Chocolat*. Unsere Dinnerparty wurde von Telefonläuten unterbrochen. Es war Lee, Kermits Sohn, der die Nachricht brachte, dass sich ein Aufruhr in *Downtown Los Angeles* zum handfesten Volksaufstand auswuchs.

»Macht den Fernseher an«, sagte er.

In Moorpark blieb alles ruhig. Das Geplauder der Dinnerparty blieb von den Geschehnissen in der Innenstadt unberührt und ich servierte weiter löffelweise feinste *Mousse au Chocolat*.

Lee rief erneut an. Er stehe vor seinem Haus und könne sehen, wie South Central L. A. in Flammen stehe. Die Aufrührer hätten die Stadt im Sturm eingenommen. Dieses Mal handelten wir. Besorgten Schrittes eilten wir über den flauschigen weißen Teppich die Stufen zum Schlafzimmer hinauf und schalteten den Fernseher ein. Allen verschlug es den Atem. Alle waren schockiert. Auf jedem Kanal dieselben Bilder: Flammen züngelten über den Bildschirm.

Wenige Stunden nachdem die Jury vier weiße Polizisten freigesprochen hatte, die dabei gefilmt worden waren, wie sie einen schwarzen Autofahrer namens Rodney King verprügelt hatten, kam es zu den ersten gewalttätigen Ausschreitungen. Auf dem 81 Sekunden langen Amateurvideo war zu sehen, wie sie dem sich am Boden windenden Opfer im grellen Licht der Scheinwerfer ihres Polizeiwagens mit einem massiven Holzknüppel 56 Schläge verpasst hatten. An einer Stelle ist zu sehen, wie ein Polizist Anlauf nimmt, um dem Mann gegen den Kopf zu treten. King erlitt fast ein Dutzend Knochenbrüche und sagte gegenüber den Ermittlern aus:

»Der erste Schlag war schon so hart, dass ich spüren konnte, wie sich meine Kieferknochen bewegten. Mein ganzes Gesicht wurde verschoben.«

In Computernachrichten und auf Tonbändern lachten die Polizisten darüber, dass sie King eine Abreibung verpasst hätten, und prahlten mit ihrer Tat. Man konnte hören, wie der Polizeibeamte Powell, ein besonders niederträchtiger Zeitgenosse, sein Opfer mit folgenden Worten verhöhnte: »Wir hatten heute Abend ein besonders gutes, hartes Spiel. Du hast verloren und wir haben gewonnen.« Seine Computernachricht lautete: »So heftig wie heute Abend hab ich schon lange keinen mehr verdroschen!«

Rodney Kings Gerichtsverhandlung hatte in Simi (ausgesprochen: *Siehmie*) Valley, gerne auch *Slimy Valley* (»Schleimital«) genannt, stattgefunden, das ungefähr 16 Kilometer von dort entfernt liegt, wo ich mich gerade einquartiert hatte. Im Ort leben überwiegend weiße Hinterwäldler der Art, wie sie in Amerika als *rednecks* bezeichnet werden. Der Name *rednecks* wurde ursprünglich für Landarbeiter verwendet, deren Nacken sich während der harten Arbeit in der Sonne rot verfärbte.

Schon eine halbe Stunde nach der Urteilsverkündung hatte die Ortspolizei an allen vier Zufahrtsstraßen zum Tal Patrouillen aufgestellt und den Menschen geraten, ihre Häuser nicht zu verlassen. Das löste unter den Menschen eine Panik aus. In Simi Valley gibt es über 10 000 registrierte Waffenbesitzer und allein in einem Waffengeschäft waren in den vier Stunden direkt nach der Bekanntgabe des Urteils über 500 000 Ladungen Munition verkauft worden, was zur Folge hatte, dass die Stadt ironischerweise von ihren schwer bewaffneten Bürgern besser geschützt wurde als von Polizei und Sheriff.

Doch in Simi Valley blieb es relativ ruhig. South Central Los Angeles entpuppte sich als Epizentrum der Unruhen, die schnell zu bürgerkriegsartigen Verhältnissen führten. Die Nation und die Welt waren schockiert und erschüttert über die Szenen, die die Aufstände in London anlässlich der Kopfsteuer wie ein Kaffeekränzchen anmuten ließen. Die Proteste weiteten sich aus zu Rassenunruhen, die um ein Vielfaches schlimmer waren, als die vor über 30 Jahren ausgebrochenen berühmt-berüchtigten Aufstände, die unter dem Namen *Watts Riots* in die Geschichte eingingen. Brandstifter zogen zornentbrannt durch die Straßen, ließen Geschäfte und Häuser in Flammen aufgehen, beraubten und beschossen ihre Nachbarn.

Die Polizei verlor schon zu Beginn der Aufstände die Kontrolle und musste hilflos zuschauen, wie ganze Horden die Supermärkte, Kaufhäuser und Getränkeläden stürmten. Hungrige Hände grapschten sich, so viel sie tragen konnten. Doch diese Taten wurden nicht nur von Einzelnen begangen. Ganze Familien wurden von einer Welle der Wut erfasst und man konnte sie dabei beobachten, wie sie lachten und scherzten, während sie hemmungslos ihr geplündertes Diebesgut in die Kofferräume ihrer Autos und Pick-up-Trucks luden – Fernseh- und Videogeräte, Alkohol, Lampen, Betten und Teppiche, Anzüge, T-Shirts und Werkzeug. Es war wie ein lustiger Einkaufsbummel mit den Kindern. Die einzige Regel lautete, dass man die Geldbörse zu Hause lassen musste.

Ein merkwürdiges Gefühl, in der Vorstadt zu hocken und sich im Fernsehen Szenen der totalen Anarchie anzusehen, die sich nur ein paar Straßen weiter tatsächlich abspielten – so ähnlich, als hätte man *Miami Vice*, *Feuerball* und *Terminator* zu einen einzigen Film zusammengefasst, und zwar zu einem Dokumentarfilm. Die Statistik war verheerend. Insgesamt gab es 5383 Brände in der ganzen Stadt, 55 Menschen starben und knapp 2500 Personen wurden verletzt, unzählige lebensgefährlich, darunter viele Polizisten und Feuerwehrleute, die angeschossen oder mit Messern und Beilen angegriffen worden waren.

Hubschrauber knatterten über die brennende Stadt mit ihren immer dichter werdenden, zu schwarzen Schwaden geballten Rauchwolken und filmten die Flammen und rasante Live-Verfolgungsjagden, bei denen den Fahrern die Räder heiß liefen, traumatisierte Polizisten, Feuergefechte zwischen rivalisierenden Koreanern, unschuldige Brummifahrer, die von mordlüsternen Banden mit Steinen beworfen und mit Stiefeln zusammengetreten wurden, Gutmenschen, die mit ihren tropfenden Gartenschläuchen versuchten, das tobende Inferno zu löschen, während eine überlastete und unterbesetzte Feuerwehr an anderen Stellen einen schier aussichtslosen Kampf gegen die Feuersbrunst führte. Als ich das so sah, wollte ein Teil von mir sofort mitten hineinrennen in diese Gewaltszenen, die da über den Bildschirm flimmerten, mitten hinein in diesen Hollywoodfilm, um meinen eigenen ungläubigen Augen zu beweisen, dass das, was sie sahen, Wirklichkeit war. Als die Kamera zeigte, wie in ein Fahrradgeschäft eingebrochen wurde und johlende Jugendliche mit 1500 Euro teuren *Marins* davonradelten, dachte ich, das muss ich gestehen, für einen winzigen, kleinen Augenblick darüber nach, ob ich hier nicht etwas verpasste ...

Jeder hatte seinen Senf dazuzugeben: »Revolution ist die Hoffnung der Hoffnungslosen«; »Rebellion ist der richtige Weg«; »Schaut euch an, wie weit es gekommen ist«; »*Fuck Police*« hieß es auf einigen etwas moderateren Graffiti, die Kermit und ich ein paar Tage später auf unserem Gang durch die Straßen an Wänden und ausgebrannten Gebäuden lesen konnten. Als ich vor den nach Rauch stinkenden, immer noch schwelenden Ruinen eines Einkaufszentrums stand, dessen verkohlte Stahlträger verkeilt und verdreht in der Luft hingen oder am Boden lagen, schlurfte ein erschütterter schwarzer Mann mit leerem Blick an mir vorbei, auf dessen T-Shirt der Schriftzug »Liebe kennt keine Hautfarbe« prangte.

»Ich bin sehr zufrieden damit, dass sich die Dinge beruhigt haben, und ich glaube, unser Eingreifen hat geholfen«, verkündete Präsident Bush sen. in einer etwas vage gehaltenen Ansprache.

Bill Clinton, damals noch Gouverneur, war da etwas anderer Ansicht: »Wir müssen den eingeschlagenen Weg wieder verlassen. Wir dürfen es nicht zulassen, dass unser Land sich weiter nach Rassenzugehörigkeit und Einkommen spaltet.«

Mir war nicht klar gewesen, dass sich in Amerika zwischen den Rassen eine derart tiefe Kluft auftat. In diesem Land lag das Risiko für Schwarze, von einer Polizeikugel getötet zu werden, dreimal höher als für Weiße. Dieses Land war voller schwarzer Ghettos, in denen Frustration, Scham, Zorn und Verzweiflung in Drogen und Gewalt eskalierten.

Heute glauben zwei von drei Amerikanern, dass Einwanderer ihrem Land Schaden zufügen. Sie sind nicht damit einverstanden, dass ihr Steuergeld an diejenigen fließen soll, die sie als undankbare Unterschicht empfinden. Es gefällt ihnen noch weniger, für den Schaden aufzukommen, den der sich gelegentlich rührende Widerstand der Unterschicht verursacht.

Amerika ist nicht mehr in der Lage, alle Einwanderer, die dort leben wollen, friedlich zu integrieren und sie zu einer großen, glücklichen, multikulturellen Nation zu verschmelzen. Eine der alarmierendsten Entwicklungen bei den Verbrechen lässt sich an der Tatsache ablesen, dass schwarze Jugendliche sich in einer Art selbst verursachtem Genozid gegenseitig töten, was einerseits von Draufgängertum, andererseits aber auch von hoffnungsloser Verzweiflung zeugt.

Das Magazin *Time* berichtete, dass 510 000 Menschen zwischen 1990 und 1991 aus Kalifornien »geflohen« seien – ein Exodus, der die Zahl der 570 000 Zuwanderer, die aus anderen Staaten des Landes nach Kalifornien ziehen, nicht aufwiegt. In Los Angeles, der reichsten Stadt, aber auch größten Krisenregion Amerikas, leben mehr Mexikaner als in jeder anderen Stadt Mexikos außer Mexico City, mehr Koreaner als in jeder anderen Stadt außer Seoul und mehr Filipinos als in jeder anderen Stadt außerhalb der Philippinen. An den Schulen überlegt man bereits, Spanisch vor Englisch zur ersten Sprache zu erklären.

Noch innerhalb der nächsten Generationen wird sich der weiße, Englisch sprechende Amerikaner zu einer Minderheit entwickeln. Als ich durch Amerika reiste, musste ich noch von einer weiteren Sache hören und lesen, die im Verschwinden begriffen ist, obgleich nicht in einem derart rasanten Tempo: die traditionelle Einheit der Familie und mit ihr ein Konzept, das regelmäßig Eingang in die Reden von Politkern und Geistlichen findet. Sie nennen es »familiäre Werte«.

Das Geräusch von Regen weckte mich in der Nacht, doch in einer Gegend, die bereits über sechs Jahre Dürre erlebt hatte, konnte es sich nur um künstlichen Niederschlag handeln. Jede Nacht nahmen Phantomsprinkleranlagen, die gut versteckt in die Gärten und gepflegten Rasenteppiche der Anwohner installiert worden waren, ihre Sprühtätigkeit auf. Dieser Vorgang verwunderte mich, wird doch in England, mit seinem ewig grauen, mit schweren Regenwolken verhangenen Himmel schon nach sechs Tagen Trockenheit ein Rasensprengverbot verhängt, in dessen Folge stehenden Fußes ganze Hubschrauberstaffeln zum Ausspionieren und Dingfestmachen von bösen, bösen, mit Gartenschläuchen ihre Autos waschenden Verbrechern ausgeschickt werden.

Ich lag wach, konnte keinen klaren Gedanken fassen und versuchte, mir die nächsten Schritte meiner Reise zu überlegen. Sollte ich nach Süden Richtung Mexiko oder nach Norden Richtung Alaska radeln? Wollte ich Sombreros oder Bären sehen, Kakteen oder Kiefern? Wollte ich schwitzen oder frösteln? Wie ein verzogenes Kind beschloss ich, dass ich *alles* wollte. Ich wollte überall gleichzeitig sein.

Der Regen aus der Leitung prasselte weiter. Fernes Sirenengeheul durchbrach die Stille der Nacht. Ich grübelte: nach oben oder nach unten? Nach Norden oder nach Süden? Ich konnte hören, wie hoch über mir die Motoren der Jets gedrosselt wurden. Unten hörte ich Baron, die Bestie von Hund, die der Nachbar sich als Haustier hielt, knurren und bellen. Es klang wie ein Echo des gruseligen Geheuls der Kojoten, die in den fernen Hügeln lebten.

Das Knurren erinnerte mich an etwas, was ich irgendwann einmal über lärmende Hunde gelesen hatte: In den USA dürfen Hunde tagsüber pro Stunde nicht länger als zwei Minuten bellen und zwischen 8 Uhr abends und 8 Uhr morgens überhaupt nicht. Wie eine programmierte Töle also. Leider schien dieses ungewöhnliche Gesetz in dem von Hundebabyliebhabern bevölkerten Moorpark keine Anwendung zu finden. Eine französische Firma hatte vor kurzem auf der *Crufts*, der englischen Hundeshow, ein spezielles Halsband vorgestellt, das den Hund, laut Hersteller, davon abhalte zu bellen, weil es einen süßlichen Parfumduft abgebe. Doch das klingt zu schön, um wahr zu sein, und ein stummer und kuschelnder Schoßhund ist vermutlich für den Einsatz als ruppiger, übel gelaunter Wachhund ohnehin nicht geeignet.

Die Sonne, eine verwaschene Lichtscheibe, hing irgendwo über der gelbstichigen Wolkendecke. Der berüchtigte Smog von Los Angeles war so dicht, dass man ihn hätte schneiden können. »Vertrauen Sie niemals der Luft, die Sie nicht sehen können«, meinten die *L.A. Smog Cops*. Ein Übelkeit erregender Geschmack legte sich auf alles, was der Smog berührte, doch in einer Gegend, die die Heimat von 25 Millionen ständig benutzten Fahrzeugen ist, wo jeden Tag 1130

Tonnen giftiger Abgase von über 3000 Fabriken in die Atmosphäre gepustet werden – was konnte ich da erwarten?

Als ich mich auf meinem Fahrrad durch den urbanen Wahnsinn im Norden von Los Angeles kämpfte, brannten mir die Augen und der Schweiß rann mir aus allen Poren, sodass mein T-Shirt dick und schwer an meinem Rücken klebte. Autos so groß wie Schiffe und so unzählig wie eine albtraumhafte Armee von Ameisen röhrten durch ein wildes Labyrinth von breiten Straßen. Die Fahrer waren allesamt mit Drogen zugedröhnte Psychopathen, da bestand kein Zweifel. Aggressiv und wild entschlossen hielten sie wie Kanonenkugeln von allen Seiten auf mich zu. Ich brauchte so viele Augen wie ein Tausendfüßler Gliedmaßen. Ich brauchte messerscharfe Reflexe. Ich brauchte einen Kopf, den man um 360 Grad drehen konnte. Ich brauchte eine klimatisierte Ritterrüstung und eine Maschinenpistole. Außerdem musste ich ebenfalls aggressiv sein, was nicht so einfach ist, wenn man ausgesetzt auf einem Fahrrad hockt, das nach allen Seiten offen ist, und das in einer Stadt wie Los Angeles, deren Stadtplaner in dem festen Glauben gehandelt hatten, jeder Mensch besäße ein Auto. Es war leicht zu erkennen, dass Autos den größten Industriezweig Kaliforniens bildeten. Die Straßen waren bedrohliches und feindliches Territorium, in dem man von Autofahrern mit finsteren Blicken traktiert wurde, die einen hätten töten können.

Es war Sonntag, ein Tag, an dem die Chancen, dem Chaos der Vorstädte Los Angeles lebend zu entrinnen, hoffentlich etwas höher stünden. Dachte ich jedenfalls. Wenn es an einem »Ruhetag« schon so aussah, wie war es denn dann an den anderen sechs Tagen der Woche? Urbane Anarchie.

Aber die Tatsache, dass es sich um einen Sonntag handelte, bedeutete, dass ich mit meinen Versuchen, mich auf dem Fahrrad durch die irren Straßen zu manövrieren, nicht völlig allein war. In den fünf Stunden, die ich durch die Stadt radelte, traf ich einen anderen Radfahrer, der auf der gegenüberliegenden Straßenseite unterwegs war. Ein Rennradler in glänzendem Lycraanzug. Er schoss im Slalom quer durch den Verkehr und radelte dann neben mir her. Walter jun. kam aus Houston, Texas, und lebte bereits seit 20 Jahren in Los Angeles. In der Rücktasche seiner Radlerhosen, wo die meisten Radfahrer ihre Notration in Form von Marsriegeln oder Bananen verstauten, hatte Walter eine halbautomatische Pistole Kaliber .45 versteckt.

»Klar, jeder hat eine«, sagte er. »Geh ohne Wumme los und du steckst in der Scheiße, Mann. Verlass dich auf die Cops und du bist tot. Hier draußen ist jeder für sich, weißt du. Ich sag dir mal was – wenn so'n Scheißkerl versucht, mich abzulinken, wird es ihm leid tun. Ich wünsch dir Glück, Mädel; du wirst's brauchen.«

Mit diesen Worten machte er kehrt, kurvte davon und wurde vom Verkehr verschluckt.

Ich hätte nie wieder aus Los Angeles herausgefunden, gäbe es das umfangreiche Wissen von Norty Stewart nicht, dem Meister der Routenplanung, der seit über 40 Jahren Individualreisen für Leute zusammenstellt, die mit Fahrrad, Motorrad, Kutsche, Karren, Planwagen oder zu Fuß in den Vereinigten Staaten unterwegs sind. Er arbeitet für den *American Automobile Association Club* und sein Büro befindet sich in Los Angeles. Für Mitglieder des Clubs und Angehörige einer Wohltätigkeitsorganisation plant und empfiehlt er kostenlos eine passende Route, die Autobahnen so weit wie möglich umgeht, und versorgt einen mit Kartenmaterial, *Bike Tiks* (eine Reihe von Marschskizzen) und tonnenweise Reiseführern.

Der kompakt gebaute und bebrillte Norty war eifrig bemüht zu helfen. Während der gesamten Dauer der Unruhen sei sein Büro an der Figueroa Street wegen »Bürgeraufstand« geschlossen, informierte mich der Anrufbeantworter. Ich traf ihn schließlich drei Tage nach den Bränden und Plünderungen. Wieder nach *Downtown*, ins Zentrum von L.A. zu kommen, war ein echter Schock gewesen – dort sah es aus wie nach einem Bombenangriff und die Straßen waren praktisch leergefegt. Kleine Grüppchen von Schwarzen lungerten nervös und mit ungläubigem, zornigem oder schockiertem Gesichtsausdruck an den Straßenecken oder neben den verkohlten Überresten von Gebäuden, in denen sich noch vor einigen Tagen ein Lebensmittelladen, eine Tankstelle oder ein Haus befunden hatte. Eine schrecklich angespannte Atmosphäre des Misstrauens hing schwer in der rauchenden, faulig riechenden Luft. Mitarbeiter der *National Guard* patrouillierten mit schlanken, schwarzen, bösartigen Waffen im Anschlag in Jeeps und kleinen Panzerfahrzeugen durch die Straßen. Ein Trupp bewachte den Eingang eines *McDonald's*-Restaurants, als würden sie die Unversehrtheit ihres Magens schützen wollen. Aber an diesem Tag blieb die Küche kalt. Die Burger-Bar war wie ausgestorben. Die Fenster waren zertrümmert worden, ein Feuer hatte sich halbwegs durch eine Seitenmauer gefressen und wütende Graffiti prangten an der anderen.

Überall roch es nach Krieg, so als ob sich die Stadt in einer Gefechtspause erholte. So muss es sich anfühlen, wenn man in einer Stadt im Kriegszustand lebt, in Beirut, Bagdad oder Sarajevo. Ich musste mir in Erinnerung rufen, dass dies hier eine »zivilisierte« amerikanische Stadt war. Nur ein paar Meter von meinem Standort entfernt lag die grüne Oase Beverly Hills, wo die Filmstars noch vor wenigen Stunden von ihren Millionenpalästen herunter auf den Rodeo Drive geblickt und gesehen hatten, wie die züngelnden Flammen immer näher kamen.

Ungefähr 90 Prozent der 2000 Routen, die Norty im Jahr plant, sind für Radfahrer. Seine detaillierte Karte führte mich im Zickzack in den Norden der Stadt, die Strecke verlief über und unter den Autobahnen entlang, wo eine Lawine von Fahrzeugen an mir vorbeidonnerte. Vor meinem Aufbruch hatte er mir versichert: »Ich hab noch nie jemanden verloren und keiner meiner Kunden hatte je einen tödlichen Unfall.«

Ich hatte erwidert, dass ich froh sei, das zu hören, und dabei inständig gehofft, nicht als Erste seinen Rekord zu brechen. Nach nur einem halben Tag Radtour durch die Stadt war ich so oft fast angefahren worden, dass es für den Rest meines Lebens reichte. Ich möchte mir gar nicht erst ausmalen, wo ich ohne Nortys Wegbeschreibung gelandet wäre – vermutlich mitten in einem Bandenghetto mit einer Kugel im Kopf.

Doch so weit, so gut. Das in der Hitze brütende San-Gabriel-Gebirge lag vor mir und ich hatte das Gefühl, die Engel von Los Angeles stünden mir zur Seite.

13

Rollende Räder im Wilden Westen

Später Nachmittag. Der Anstieg zum San-Fernando-Pass war kein Zuckerschlecken. Es war heiß und feucht; salziger Schweiß brannte mir in den Augen. Plötzlich dachte ich, ich halluziniere. Ich wischte mir mit meinem schwitzigen Handrücken über die Stirn und schaute noch einmal hin. Nein, das hatte ich mir nicht eingebildet, da stand wirklich ein Clown mit ausgestrecktem Daumen. Sonst war niemand zu sehen. Nur ich und ein Clown auf Wanderschaft. Die Schweißperlen tropften von meinem Kinn auf die Querstange des Fahrrads und von dort auf die Straße. Der Clown schlurfte auf meiner Straßenseite entlang, hatte mir seinen Rücken zugewandt und den Arm ausgestreckt. Alles war still – nur das Geräusch meiner weichen, reibungslos schnurrenden Gangschaltung und meine schweren, regelmäßigen Atemzüge erfüllten die Luft.

Plötzlich ertönte ein an den Felsen widerhallender grauenvoller Lärm, bei dem sich mir die Nackenhaare aufstellten. Es war der Clown. Er hatte sich umgedreht, mich erblickt und gelacht – ein schnarrendes Gelächter, das einem das Blut in den Adern gefrieren ließ. Ich hatte Angst. Wer war dieser Dummkopf? Wer zum Kuckuck trampt schon als Clown verkleidet? Doch wenn man es recht bedenkt, warum eigentlich nicht? Wir waren schließlich in Kalifornien, erste Adresse für Spinner. Handelte es sich hier möglicherweise um einen Psychopathen in Verkleidung? fragte ich mich. Würde auch ich schon bald im Leichensack enden und in die amerikanische Statistik eingehen?

»Hey, *Babe*!«, rief er. »Haste noch'n Platz für mich frei?«

Meine Ängste waren unbegründet. Der Clown war ein Kunststudent aus Pasadena auf seinem Weg zur Arbeit. Er wollte in Richtung Palmdale, wo er auf der Straße stehen und Handzettel mit Werbung für ein neues Wohnviertel und einer Einladung zur Besichtigung von Musterhäusern an Passanten verteilen sollte. Für fünf Stunden in der Sonne stehen und Handzettel verteilen erhielt er 20 Dollar (umgerechnet rund 15 Euro) die Stunde – 200 Dollar (etwas mehr als 150 Euro) für ein Wochenende. Nicht schlecht fürs Faxen machen.

Die Sonne versank gerade hinter den leuchtenden Bergen, als ich in den Soledad Canyon einbog und dort Kakteen erblickte, die aufrecht in der Landschaft standen wie eine Legion Soldaten, die ihren länger werdenden Schatten bewachten.

Dann stieß ich auf einen Zeltplatz voller bunter Farben und Geräusche, der direkt am Ufer eines Sees lag. Ich rollte die stark abschüssige Einfahrt hinunter und kam vor einem kleinen, staubigen Büro zum Stehen. Ein finsterer Koloss von Frau wälzte sich mit grimmiger Miene durch die Tür und dröhnte: »Aussgank iss dadrüben!«

»Oh ... danke«, antwortete ich. »Aber ich suche nicht nach dem Ausgang – ich bin gerade erst angekommen.«

Die alte Hexe redete nicht lange um den heißen Brei herum.

»Jar, Jar, du musst gehen. Du bisst nicht willkommen.«

Ich war in ein polnisches Urlaubslager geraten, das allerdings nicht nach Urlaub aussah. Zerdrückte Blechdosen, leere Bierflaschen und vom Wind verwehter Müll bedeckten den Boden, Radios plärrten so laut, dass nur noch verzerrter Lärm zu hören war, von dringenden Geschäften getriebene Hunde hinterließen ebendiese, wo sie gingen und standen – neben Grills, Zelten und in Sandkästen, während andere abgezehrte Kreaturen ähnlich der zusammengerotteten kreischenden Kinderschar heulten, bissen und rauften. Von den anwesenden Männern schienen die meisten sturzbetrunken in der Gegend herumzutorkeln. Die Luft roch schwer und ranzig. Ich hatte kein Problem damit, diesen Ort wieder zu verlassen.

Ein paar Kilometer weiter kam ich an einen Zeltplatz namens *Oasis Campground*, auf den die Bezeichnung Schrottplatz wohl besser gepasst hätte. Wie in einem Slum standen die Wohnwagen inmitten von Schrott, zerlegten Motoren, Ölwannen, Reifen und zerschlissenen Autositzen. An so einen Ort zog sich Otto-Normalamerikaner wohl kaum zurück. Die Menschen, die hier hausten, waren Sozialhilfeempfänger oder schlecht bezahlte Stadtbewohner, die an diesen Platz kamen, um am Wochenende zu grillen und ihre Sorgen im Suff zu ertränken.

Ich radelte langsam den unbefestigten Weg zwischen den dicht an dicht geparkten Wohnwagen entlang. Die Gespräche verstummten, Köpfe drehten sich, Kinnladen klappten herunter und verständnislose Gesichter glotzten mich an – genau wie in einem Western, wenn ein Fremder mit rollenden Sporen und Pistolengürtel durch die Stadt schreitet. Offenbar waren es diese mobilen Höhlenbewohner nicht gewohnt, dass ein Radfahrer an einem Sonntag aus heiterem Himmel bei ihnen hereinplatzte.

Ich ging auf eine Gruppe zu und fragte, ob es in Ordnung sei, für eine Nacht mein Zelt hier aufzuschlagen. Das Eis war gebrochen.

»Na, klaro. Wo kommstn her?«

»England«, entgegnete ich und bekam prompt einen 30 Zentimeter langen Hot Dog und ein Bier in die Hand gedrückt.

»Donnerlittchen. Solche wie dich kriegn wir hier nich alle Tage zu sehen«, meinte ein alter Mann in einem schmuddeligen, knallengen T-Shirt.

Ich fragte, wem der Platz gehöre. Am Eingang zur Schrottoase war mir nämlich ein kleiner, schäbiger Verschlag aufgefallen, von dem die Farbe bereits abblätterte. Das verblichene Wort »BÜRO« war gerade noch an einer Seitenwand zu erkennen gewesen. Die Bude war staubbedeckt, mit einem rostigen Vorhängeschloss versehen und sah aus, als sei sie schon seit Jahren nicht mehr benutzt worden.

Man wies mir den Weg zu einem heruntergekommenen Wohnwagen, der aussah wie ein großer Schuhkarton mit Eselsohren. Ich klopfte drei Mal an die mit Dreckflecken gesprenkelte Tür und holte mir dabei schmutzige Fingerknöchel. Keine Antwort. Ich lief um den Wohnwagen herum und fand einige zersplitterte Holzstufen, die zu einer offenen Tür mit Fliegengitter führten. Ich rief. Immer noch keine Antwort. Vorsichtig spähte ich hinein.

Der Wohnwagen wimmelte von Katzen und war vollkommen zugemüllt, doch als Erstes schlug mir dieser Geruch entgegen – saurer Schweißgeruch, Rauch und Verwesung. Überall lag Katzenschiss: auf dem schäbigen, dicken, dunkelbraunen Teppich, auf dem Tisch und sogar in der Spüle neben einem angebissenen Sandwich. Die dicken, verdrehten Gedärme eines von der Katze hereingeschleppten Nagetiers lagen unappetitlich feucht glänzend auf einer aufgeschlagenen Zeitung vor dem Fernsehgerät. Leer getrunkene Bierdosen lagen überall verstreut und trugen ihr Scherflein zum allgemeinen Dreck und Chaos bei, auf der Anrichte stapelten sich schmutzverkrustete Teller. Es war schwer, sich vorzustellen, dass an diesem finsteren und stinkenden Ort jemand hausen könnte.

Draußen traf ich auf den Besitzer. Er tuckerte auf einem Bulldozer daher, Zigarettenstummel im Mundwinkel. Um seinen Augenwinkel zog sich eine tiefe Narbe und die linke Hälfte seines unrasierten Kinns sah lädiert aus. Das Geräusch des laufenden Motors übertönend, fragte ich, ob ich für eine Nacht mein Zelt aufschlagen dürfe.

»Is kein Zeltplatz«, meinte er. Dann ergänzte er: »Wie viele Kumpels hastn dabei?«

Ich erklärte ihm, dass ich allein sei. Als er mich fragte, wie ich dazu käme, so mutterseelenallein unterwegs zu sein, erzählte ich ihm, dass ich vorhätte, durch Amerika zu radeln.

»Mensch, du willst mich wohl aufn Arm nehmen«, sagte er. »Wozu zum Teufel willstn *das* machen? Du musst verrückt sein.«

Dann hielt er inne, kratzte sich an den Bartstoppeln, spuckte aus und erklärte: »Klar kannste hier bleiben – du bist so irre, du zahlst nix.«

Ich schlug mitten in einem leblosen Häufchen Maschinenschrott mein Zelt auf. Der kalte Betonboden im Sanitärhäuschen war gesundheitsgefährdend: Ich stieß auf Fäkalien, Glasscherben bedeckten das Becken der mit einer schimmeligen Schleimschicht überzogenen Dusche, verdächtige blutrote Spritzer befleckten die Wände. Dichte Spinnweben klebten wie Zuckerwatte an den Wänden, die Toilettenspülungen funktionierten nicht und überall kreuchten und fleuchten feindselige Insekten. Als ich versuchte, den Wasserhahn aufzudrehen, schlurfte eine verhärmte Frau in fadenscheinigem Morgenmantel und abgewetzten Schlappen, aus denen die Zehen herausragten, in das Gebäude. In einer Hand hielt sie eine Dose *Bud* (aus der sie sich immer wieder einen fahrigen Schluck genehmigte), eine fast erloschene Kippe hing zwischen den gelblichen Fingern, mit der anderen Hand schob sie sich ihr langes, strähniges Haar aus den Augen.

»Hey, wennde duschst, musste vorsichtig sein – hier gibt's 'nen Spanner.«

Die Wasserleitungen ruckelten bedenklich. Als ich den Hahn voll aufdrehte, fiel eine fette Kakerlake direkt auf meine Zahnbürste. Nach diesem Erlebnis ließ ich es mit dem Zähneputzen gut sein.

Eigentlich passen Duschen und müffelnde Radfahrer recht gut zusammen. Doch nicht immer funktioniert die Beziehung. Man sollte meinen, es sei der Himmel auf Erden, sich nach einer kleinen Radtour verschwenderisch mit feuchtem Nass zu verwöhnen, um sich den klebrigen Schmutz, Schweiß, Staub und ganz besonders das spezielle Kennzeichen aller Radfahrer, das verschmierte Kettenöl an der hinteren Wade, abzuwaschen, doch meiner Erfahrung nach gestaltet sich das Waschritual nicht immer ganz so einfach.

Baden kommt nicht in Frage, weil man selten eine Badewanne vorfindet, es sei denn, man hat viel Geld für ein Hotel oder vielleicht ein *Bed & Breakfast* ausgegeben. Es kann vorkommen, dass man es mit der beliebten, aber fummeligen Kombination Badewanne-und-Dusche zu tun bekommt, die nur mit viel Fingerspitzengefühl am Regler und kräftigem Zerren am Hebelknauf zu bedienen ist. Gewöhnlich produzieren solche Aktionen dann einen plötzlichen, heftigen Wasserstrahl, der einen auf schändliche Weise in voll bekleidetem Zustand von hinten erwischt und mit der Wucht einer Wasserkanone an die Fliesen heftet. Darauf falle ich jedes Mal wieder rein. Es ist gewöhnlich weitaus weniger gefährlich, auf die Dusche zu verzichten und sich stattdessen in der Badewanne zu aalen. Wo ich gerade dabei bin: Bei den Pfennigfuchsern stellt man bisweilen fest, dass es keinen Badewannenstöpsel gibt. Eine Plastiktüte mit einer nassen Socke darin funktioniert eine Zeit lang ganz gut, doch kreative Radfahrer badeaffiner Natur verlassen das Haus nie ohne ihren Adapterstöpsel.

Während widerspenstige Badewannen einem vorübergehend die Laune verderben können, gibt es auch unter den Duschen wahre Zicken. Gelegentlich muss man, wenn man nach einem Kräfte zehrenden und anstrengenden Tag an den Pedalen auf einen Zeltplatz rollt, feststellen, dass einem der letzte Platz zugewiesen wurde – die Sanitäranlagen erreicht man erst nach einer ewig langen Wanderung. Man kommt also völlig außer Atem dort an, nur um zu bemerken, dass man am falschen Ende einer ungeordneten Schlange steht, in der sich kreischende Jugendliche mit Seife bewerfen. Nachdem man geradezu Stunden gewartet hat, kommt man endlich in den Genuss, die Kabinentür zu verriegeln, sich seiner feuchten Kleidungsstücke zu entledigen und zitternd und einsatzbereit den schleimig-feuchten, mit Matsch besudelten Boden der Dusche zu betreten. Dann – Juchhe! – stellt man fest, dass es sich um eine Münzdusche handelt, und man hat, versteht sich, natürlich kein Kleingeld dabei.

Nachdem man halb nackt einen Sprint zum Büro des Campingplatzes hingelegt hat, um dort ein paar Münzen zu ergattern, geht der Spaß erst richtig los. Die Bedienung einer Münzdusche ist immer ein Wettlauf gegen die Zeit. Man sollte sich da nichts vormachen lassen. Obgleich die Anleitung einem fünf volle Minuten Duschzeit verspricht, ist dies fast immer eine Lüge. Der Wasserstrahl versiegt abrupt nach einer gefühlten Zeit von maximal 25 Sekunden und man steht von oben bis unten eingeseift, mit Schaum in den Augen jäh im Trockenen. Dann stellt man blind tastend fest, dass man sein Handtuch im Zelt vergessen hat.

Man kann sich glücklich schätzen, wenn man überhaupt so weit gekommen ist. Eines der größten Ärgernisse moderner Duschen ist die Tatsache, dass sie so verflixt kompliziert zu bedienen sind. Warum die leicht verständlichen, einfach einzeln aufzudrehenden Wasserhähne für heißes und kaltes Wasser durch ganz moderne

Ein-Hebel-Geräte ersetzt werden mussten, ist mir ein Rätsel, besonders, da man zu deren Bedienung über die Begabung eines Dechiffrierers und außerdem über die Beidhändigkeit eines Bombenentschärfers verfügen müsste. Ersteres braucht man, um zu kapieren, wie das vermaledeite Ding funktioniert, und Letzteres ist nötig, um sachte und ganz behutsam den feinen Punkt auszutarieren, an dem das Wasser einen weder heiß verbrüht noch eiskalt erwischt.

Duschvorhänge sind auch so ein Problem. Das sind diese nervtötend schlabberigen Dinger, die permanent versuchen, einen in ihre schimmeligen, klammen Arme zu schließen. Dann gibt es noch die Abflüsse, die sich weigern, ihrer Bestimmung zu entsprechen, und die gelegentlichen ekelhaften Hinterlassenschaften eines Vorgängers, der die Dusche mit einer Bedürfnisanstalt verwechselt hat oder unter einer dieser hinderlichen Darmerkrankungen leidet, bei denen die Begriffe von »Zeit« und »Ort« jegliche Bedeutung verlieren.

Außerdem gibt es da noch den duscheigenen Zoo. In Marokko habe ich eine Familie von Fröschen kennengelernt, in Rumänien traf ich auf ein totes Hühnchen, in Indien machte ich Bekanntschaft mit selbstbewussten Ratten und an mehreren Orten traf ich verschiedenste giftige Spinnentiere mit Beinbehaarung und zu viele fiese, schwer gepanzerte und offenbar unkaputtbare Kakerlaken, als dass ich mich ihrer wirklich detailliert erinnern wollte.

Im Vergleich zum Radfahren und Kräftig-in-die-Pedale-Treten kann sich diese Reinigungsprozedur zu einem weitaus erschöpfenderen und potenziell lebensgefährlichen Unterfangen auswachsen.

Ich durchquerte das Gebiet um den St.-Andreas-Graben ohne Ruckeln und Beben und gelangte in das Antelope Valley mit seinen sanften, kurvenreichen Hügeln, die aussahen, als habe sie jemand vom Himmel aus mit einer Ladung braunem Puder bestäubt. Kilometerweit erstreckten sich Felder voller Goldmohn (der Staatsblume Kaliforniens) und bildeten einen Zauberteppich, auf dem die Farben in unterschiedlichsten Schattierungen erstrahlten. Ganze Legionen kleiner Distelfalter umflatterten diesen Flickenteppich aus Mohnblumen, intensiv und tief purpurnen Lupinenkegeln, grünen und gelben kleinblütigen Amsinckien, Sternenblumen, Lavendelblüten, Distelsalbei und Schmuckkörbchen so zierlich wie Gänseblümchen. Krötenechsen und Klapperschlangen, mit denen man lieber nicht näher Bekanntschaft machen möchte, waren nur zwei Tierarten, die in den Goldmohnfeldern eine Heimat gefunden haben.

Die Spanier nannten den Goldmohn *copa de oro*. Die Schürfer hatten die Blüten während des Goldrausches gepresst und sie ihren Briefen in die Heimat beigelegt. Dasselbe heute versuchen zu wollen wäre keine gute Idee: Auf das Pflücken des Goldmohns steht eine hohe Geldstrafe von 1000 Dollar (umgerechnet ungefähr 760 Euro) und sechs Monate Gefängnis.

Ich war auf dem Weg in ein Gebiet, das John Steinbeck einmal als »Hölle auf Erden« bezeichnet hat: die Mojave-Wüste – brennend heiß, totenstill und öde. Die stacheligen Büschel der Joshuabäume hatten der brütenden Hitze widerstanden und sich mal hier, mal dort rund um die alten, verlassenen Hütten der Minenarbeiter angesiedelt, deren Türen und Metallschilder unheimlich im alles Lebendige zerstörenden Wind schepperten. Steppenläufer so groß wie Riesenigel kullerten wie im Film vor mir über die Straße. Zu meiner Linken befand sich der Ort mit dem lächerlichen Namen Lovejoy Buttes (»Liebeslustige Hinterteile«) und dahinter lag der Militärflughafen *Edwards Air Force Base*, auf dem die Space-Shuttles landeten. Ich hatte die Hochwüste erreicht, eine tödliche, 600 Meter über dem Meeresspiegel liegende Hochebene. Der Name der von der Sonne verbrannten Gegend, die sich zu meiner Rechten erhob, lieferte eine präzise Beschreibung der Temperaturen an diesem Ort: Fry Mountains (*to fry* bedeutet braten).

Auf meiner Karte stand neben dem Namen El Mirage ein Punkt. Das bedeutete, dass dieser Ort die Größe einer Stadt haben sollte. In Wirklichkeit handelte es sich lediglich um einen nigelnagelneuen, schlecht sortierten Lebensmittelladen. Das war alles. Ich konnte nicht verstehen, was der hier machte. Der Laden sah aus, als sei er gerade von einem Lastwagen gefallen, der sich auf dem Weg zu einem weit entfernten Mega-Einkaufszentrum befunden hatte, und mitten im ausgetrockneten, stillen Nirgendwo gelandet war. Vermutlich war eines Tages ein halbverdursteter Cowboy auf allen vieren durch die windgepeitschte Wüste gekrochen, hatte gespürt, wie der Teufel des Todes hinter ihm her war und immer näher rückte, hatte dann sein müdes Haupt erhoben, sich Sand und Schweiß aus den Augen gerieben und den schimmernden Lebensmittelladen erblickt, der ihm das Leben rettete, dann hatte er jubiliert, dem Herrgott gedankt und den Ort El Mirage genannt. So stellte ich mir das jedenfalls vor.

Ich schob mich durch Schwingtüren in den klimatisierten Innenraum und hatte das Gefühl, plötzlich im Eis eingebrochen zu sein. Der Unterschied zwischen den Temperaturen da draußen und denen hier drinnen betrug beinahe 40 Grad. Meine Zähne klapperten, ich bekam eine Gänsehaut auf den Armen und musste zurück nach draußen gehen, um mich wärmer anzuziehen, bevor ich wieder hineinging. Das macht das moderne Leben mit einem – es krempelt alles um, bis man nicht mehr weiß, wo einem der Kopf steht.

Der einzige andere Kunde war ein bärtiger, beleibter Mann mit einer Baseballkappe und einer zackenförmigen Nase. Ich fragte ihn, wie viele Kilometer es noch bis nach Adelanto seien.

»Elf«, erwiderte er.

Die blond gefärbte Frau an der Kasse war anderer Meinung.

»Mensch, Lew – du hasja keine Ahnung, wasde da faselst. Noch 27 Kilometer.«

Lew zupfte an seiner Gesichtshecke und meinte: »Sind elf Kilometer, von wo ich wohne.«

Am Ende einer 128-Kilometer-Tour in hirnerweichender, brütender Hitze können 16 Kilometer auf dem Fahrrad einen großen Unterschied machen. Die kurze Strecke kann einem auf einmal so lang vorkommen wie die ganze Tour, und man muss sie zu allem Überfluss auch noch mit Beinen, die sich wie ausgedörrte Selleriestangen anfühlen, zurücklegen.

»Aber wir sind nich bei dir zu Hause, Lew«, protestierte die Kassiererin.

Lew erwiderte: »Mmmh ... aber ich wohn doch gleich um die Ecke.«

Aha! Doch wir waren hier im Jumboland Amerika, wo »um die Ecke« ungeheuer weit weg bedeuten und bis zu 80 Kilometer weit entfernt sein kann, ein *sehr* weiter Weg für uns Europäer. Ich entschloss mich, meine nicht ganz punktgenaue Karte zu konsultieren und die Distanz zu errechnen, was ich, wenn ich ehrlich bin, auch schon früher hätte tun können, doch es machte einfach mehr Spaß, unter den Einheimischen eine Umfrage zum Thema geschätzte Entfernungen zu starten.

»Es sind weder elf noch 27 Kilometer!«, verkündete ich. »Es sind 19 Kilometer.«

Tatsächlich waren es dann 20.

Ich zog mich halb aus, sog die künstliche Luft tief ein und trat wieder in den Ofen hinaus, wo mich die Hitze in der Sekunde erschlug, in der ich ihr entgegentrat. Ich kippte einen letzten eisgekühlten Gemüsesaft in mich hinein und aß eine Banane, um mich wieder zu akklimatisieren.

Als er in seinen staubbedeckten Laster mit Ladefläche kletterte, meinte Lew: »Bin schon seit '58 hier und ich sach dir, das hier is nich der Ort, an dem ein Mädel allein reisen sollte. Scheiße, ich will dir ja keine Angst einjagen. Wie die Lady schon sagte, am Tag ist es hier 'n bisschen freakig, aber in der Nacht, da kann's so richtig wild abgehen. Ich hab in meiner Zeit schon 'n paar irre Typen aufm Highway getroffen und ich würde nirgendwo hingehen ohne meine *Smith 'n' Wesson.* Versprich mir, dass du nachts nicht rausgehst, O. K.?«

Die gefühllosen Santa-Ana-Winde bleckten ihre Zähne und taten alles in ihrer Macht Stehende, mich daran zu hindern, noch vor Einbruch der Dunkelheit Adelanto zu erreichen. Ich fühlte mich wie ein zu heiß gegrilltes Hühnchen und meine Kraft war schon lange aufgezehrt, als ich endlich in den Ort einfuhr – ein Stückchen Highway mit einigen Schnellimbissen, Motels und Tankstellen, die mit ihrer blinkenden Neonreklame den Autofahrern zuwinkten.

Ein Miniklecks auf meiner Karte markierte den Zeltplatz und mein europäischer Verstand malte mir sofort ein Bild von einer weiten, grünen Wiese mit Löwenzahn und üppig belaubten, Schatten spendenden Bäumen. Was ich stattdessen vorfand, war ein Schotterparkplatz voller dicht an dicht geparkter Wohnmobil-Ungetüme, die sich scheinbar unter massivem Körpereinsatz gegenseitig den besten Platz streitig machen wollten.

»Zelte sind nicht erlaubt«, sagte der Mann hinter dem Schreibtisch. Ich setzte meine bedauernswerteste Miene auf, was mir unter den gegebenen Umständen nicht schwer fiel. Daraufhin zeigte man mir ein briefmarkengroßes Grasfleckchen (vor dem Whirlpool und den Toiletten), auf dem ich mich dann auch zur Ruhe bettete.

In der Nacht passierte etwas Seltsames für eine Wüste: Es regnete. Am Morgen entdeckte ich, dass der Mann hinter dem Schreibtisch vergessen hatte, die Briefmarkenrasensprenger auszuschalten.

Um 10.30 Uhr war das Thermometer bereits auf 38 °C geklettert (die Einheimischen, die die Temperatur in Fahrenheit messen, nennen diese Marke »ein Jahrhundert«, also 100 °F) und stieg weiter. Es war so heiß, dass mir der Schädel dröhnte. Rund um mich herum war Wüste, ausgedörrter und unfruchtbarer Boden.

Als ich das Städtchen Lenwood erreichte, kam ich an einem hohen Maschendrahtzaun vorbei, hinter dem sich ein riesiger Berg voll ausgeweideter Schrottteile und Autoleichen auftürmte. An dem mit einer Krone aus Stacheldraht versehenen Eingangstor prangte ein Schild mit der Aufschrift:

»ACHTUNG!
Wenn es auf diesem Platz etwas gibt, das dein Leben wert ist,
DANN BEDIEN DICH RUHIG«

In Barstow (wo die Temperatur hundert Tage lang nicht unter 32 °C sinkt) schlief ich in einer schäbigen Absteige, die mich 12 Dollar die Nacht kostete. Das Motel wurde von einer Inderin in einem curryfarbenen Sari geführt, die sich gerade eine Mahlzeit von *McDonald's* schmecken ließ. Mein Zimmer war dunkel und stank: Es war, als beträte ich eine Höhle, in der etwas gestorben war und nun verweste. Plastikvorhänge in der rostbraunen Farbe von Blut hingen schwer wie Leichensäcke vor der kleinen, nicht zu öffnenden Fensterluke. Den dicken violettfarbenen Bodenbelag überzog ein Teppich aus antiker Asche, Schmutz und Flecken. Das durchgelegene Bett vermittelte den Eindruck und das Gefühl, als hätte sich zuletzt ein zehn Tonnen schwerer Sumo-Ringer darin gewälzt. Es dauerte eine Weile, bis ich den Mut aufbrachte, mich ins Bad zu wagen. Ich konnte mir gut vorstellen, an so einem Ort eine zusammengesackte und nackte Leiche zu entdecken, das Opfer eines Irren, der ihr im Drogenrausch die Kehle aufgeschlitzt hatte.

Doch es gab keine Leiche. Stattdessen fand ich einen durchsichtigen Chirurgenhandschuh hinter der Toilette und einen mit Schuppen durchsetzten Kamm, der seitlich hinter den Waschtisch gerutscht war. Als ich den Motor der kastenförmigen Klimaanlage anließ, die in einem grob herausgeschlagenen Loch an der Außenmauer saß, knurrte, erschauerte und heulte sie auf wie ein Hund, der von einem Rasenmäher überfahren wird. Meine 12-Dollar-Zelle rappelte und erzitterte, als gäbe es ein Erdbeben.

Doch ich war selig: Ich hatte Schatten gefunden.

Nach einem langen, kühlen und erfrischenden Guss unter der Dusche, der mir fast den Atem nahm, waren meine Lebensgeister wieder erwacht und ich schaltete den sterbenden Hund ab, damit ich auf dem Schwarz-Weiß-Fernseher, den ich mit einem Tritt zum Laufen bringen musste, die Nachrichten verfolgen konnte. Die Unruhen von L. A. hätten zehntausende Stellen gekostet, hieß es. Der »Selbstmordversuch von Prinzessin Di« geriet zu einer Sensation: Angeblich habe sie »Chuck« (wie der grell aufgemachte Nachrichtensprecher Charles nannte) dabei ertappt, wie er sich nach seinem kleinen Schäferstündchen hinter der Couch gerade den Hosenstall zuknöpfte.

Ich schaltete auf einen anderen Kanal um und erfuhr, dass ein Mann mit Aids in Oklahoma mit so vielen Personen wie möglich geschlafen hatte, um die Krankheit weiter zu verbreiten. Dann wurde eine Dokumentarsendung gezeigt: Vor einer Wand voller Poster, auf denen halb nackte, ballonbrüstige Frauen zu sehen waren, stand ein sabbernder und entrückt dreinblickender Fernsehmoderator, der folgende Frage stellte: »Warum ist Amerika so besessen von großen Brüsten?«

Ich wartete die Antwort nicht ab, sondern schaltete den Fernseher aus und kroch mit Jack Kerouac und seinem *Lonesome Traveller* in mein Sumo-Ringer-gebeuteltes Bett.

In dem vergeblichen Versuch, der Hitze zu entfliehen, war ich schon früh am nächsten Morgen auf die *Interstate* 15 geradelt, um eine der abgelegensten und feindlichsten Gegenden Kaliforniens zu durchqueren: Der Hexenkessel des Devil's Playground wartete auf mich.

Um den *Freeway* mit seinen fetten, breiten Fahrspuren eine Weile lang zu vermeiden, verließ ich das gottverlassene Kaff Barstow und seine einsamen Spaghettikreuzungen über eine unbefestigte Schotterpiste und ratterte neben den Bahnschienen durch Splitt und Staub meines Weges.

Auf der Straße und auf den Schienen war nichts und niemand unterwegs. Ich hatte die große, heiße Leere für mich allein. Eine ganze Zeit lang später musste ich die Schienen überqueren. Als ich hielt, schaute und lauschte, ganz so, wie ich es aus der Verkehrsfibel gelernt hatte, erblickte ich weit draußen die verschwommenen Scheinwerfer-Augen eines aus der Ferne herannahenden Güterzugs, dessen Silhouette wie Wasser auf den Schienen flimmerte.

Ich ließ mich den schieferfarbenen Eisenbahndamm wieder hinunter in den Sand gleiten und wartete darauf, dass er an mir vorbeirolle. Hier mitten in der weiten Ebene der heißen Wüste neben den Schienen einer amerikanischen Eisenbahnstrecke zu hocken, die sich wie ein Band von Horizont zu Horizont spannt, und auf das Erscheinen dieses flachnasigen Ungetüms, einer Lok aus Santa Fé, zu warten, die über 140 Waggons hinter sich herzog, hatte eine hypnotische Wirkung auf mich.

In der Wüste sind Entfernungen trügerisch. Es schien mir, als bewege sich der Schatten meiner hockenden Gestalt schneller als der herannahende Güterzug, ganz so, als sei der Morgen von der Sonne bei lebendigem Leib verbrannt worden, bevor man das Geklapper und Geratter des Zuges auch nur entfernt hören konnte. Doch amerikanische Züge sind nicht für ihre hohe Geschwindigkeit bekannt. Was eigentlich seltsam ist. Vergleichsweise winzige Länder wie England, Japan oder Frankreich verfügen über rasende 125er, *Bullet*

Trains oder den *TGV*, die durch die Landschaft heulen und die Welt für den Fahrgast zu einem grünen oder betonierten Klecks verwischen.

In Amerika werden eher Züge in der Art von *Thomas, die kleine Lokomotive* gebaut: freundliche, behäbige Arbeitstiere, die sich ihren Weg ertasten und sich dabei Zeit lassen, als seien sie sich genau im Klaren darüber, dass es nichts bringt, vor lauter Hast ganz aus dem Häuschen und außer Atem zu geraten, bis einem heiß und schummerig wird, nur um diese scheinbar unendliche Weite zu durchqueren. Keine aus- oder einsteigenden Fahrgäste unterbrechen diese Reise durch die Weite, weil längliche, fliegende Metalleier den Krieg um den Passagierverkehr schon längst im Handstreich für sich entschieden haben. Und das ist traurig. Es sind die Züge, nicht die Flugzeuge, die Herz und Charakter besitzen und einen ganz sachte an die Wunder dieser Erde heranführen, die man ansonsten glatt übersehen würde.

Endlich war der Zug fast auf gleicher Höhe angelangt, bedächtig wie eine riesige, sich mit weit ausgestreckten Ziehharmonikagliedern herantastende Raupe kroch er über die Gleise. Als er vorsichtig und ganz gemächlich über die glühend heißen Schienen zuckelte, entfuhr ihm ein schriller, tieftrauriger Schrei. Ich dachte an diesen Querdenker Jonathan Raban (alias »Trav«), der in seinem Buch *Neue Welt – Eine amerikanische Reise* so treffend wie niemand sonst beschreibt: »[Der] Klang seines Signalhorns – [dieser lange, tiefe] Oboenton der amerikanischen Eisenbahn, ein Klang, der wie kein anderer etwas Gebieterisches und gleichzeitig zutiefst Verletzendes zum Ausdruck brachte.«

Doch dann verstummte alles. Erst das Pfeifen, dann der Motor. Ich hatte – bestimmt schon seit Stunden – darauf gewartet, dass dieser nicht enden wollende Zug endlich an mir vorbeiziehen möge, und nun kam er mit einem misstönenden, heulenden Spucken, Zischen und Röcheln und mit knirschenden Bremsen direkt vor mir zum Stehen.

Der Lokführer schaute durch die weit über mir liegenden Raupenaugen auf mich herab, schwang sich dann aus dem hoch aufragenden Raupenkopf und sprang hinunter auf die kiesige Sandpiste. Ich beobachtete, wie zwei große, schwere Stiefel mit Stahlkappe auf mich zu schlurften, und plötzlich kam mir der Gedanke, dass dies der perfekte Ort sei, um erschossen zu werden.

»Ja, hallo, wen haben wir denn da?«, sagte er mit einer freundlichen, leicht gepresst näselnden Stimme. »Mein Cousin macht das oft in Europa.«

Was genau, an Bahngleisen herumlungern?

»Macht was oft?«, fragte ich.

»Radfahren«, näselte der Lokführer. »Dachte, da muss ich doch mal kurz halten und hallo sagen. Von Ihrer Sorte trifft man nicht viele hier draußen.«

So hockten der Raupenführer und ich beieinander und redeten unter leicht surrealen Umständen mitten in dieser Weite und Stille im Wüstensand am Rand des Devil's Playground über Züge und Fahrräder und Zielorte, bis die gierige Mittagssonne alle Schatten vertilgt hatte.

Und ich dachte: Kein Wunder, dass amerikanische Züge so langsam sind.

14
Köchel bis du röchelst

Von den 50 amerikanischen Staaten sind Arizona, Wyoming, Washington, Montana, Nevada, Idaho, Utah, Colorado und Kalifornien die einzigen, in denen man mit dem Fahrrad auf der Autobahn, dem *Freeway*, fahren darf. In letzterem Staat war diese Erlaubnis auf ungefähr 1600 Kilometer begrenzt, die *Interstate* 15 inbegriffen, und ich befand mich gerade auf dieser Straße in Richtung Las Vegas.

Man hatte mir vorausgesagt, es würde die Hölle werden, im wahrsten Sinne des Wortes. Ich hatte erwidert: »Vielleicht.«

Obwohl es vielleicht nicht gerade spaßig klingt, fast 260 Kilometer auf einer Autobahn zwischen eilig vorbeizischenden Last- und Wohnwagen mit dem Fahrrad durch eine in der Hitze schmorende Wüste zu fahren, Death Valley zur Rechten, den Teufel auf seinem Spielplatz zur Linken und nicht viel mehr sonst, machte es tatsächlich Spaß – auf eine eigentümliche Weise. Es war sicherlich nicht halb so wild, wie man mir hatte weismachen wollen. Ich hatte den Pannenstreifen ganz für mich allein – ein Streifen, der so breit war wie eine Fahrspur auf europäischen Autobahnen, noch dazu in einem viel besseren Zustand.

Es war ein klein wenig problematisch, genug Wasser mit sich zu führen, aber meine größte Sorge galt eher sanitären Dingen – konkret: wohin, wenn ich musste? Das quälte und beunruhigte mich ziemlich lange. Es war überhaupt nichts in Sicht, wohinter man sich hätte verschanzen können: kein Felsen, kein Hügel, kein noch so ersehnter Busch, der mir hätte Schutz bieten können vor tausend neugierigen Autofahrerblicken, die mich wie im Zoo aus ihrer Welt des Geschwindigkeitsrausches durch fest verschlossene Fenster anstarrten. Doch auch wenn es sie gegeben hätte, diese Stelle, ich wäre nicht so ohne Weiteres direkt vom Sattel in den Sand gehüpft, volle Blase hin, volle Blase her, denn die Vorstellung, unvermutet von einem Skorpion oder einer Klapperschlange in empfindlichen Regionen gebissen zu werden, war nicht sonderlich reizvoll. Nein, hier befand ich mich wirklich nicht im Pinkelpausenparadies.

Gerade als mein innerer Wasserstand schon einen gefährlich hohen Pegel erreicht hatte und ich anfing, Neid auf die effizienten und praktischen Vorteile der männlichen Anhängsel zu verspüren, wurde ich durch die himmlische Erscheinung einer Raststätte gnadenreich erlöst. Abgesehen von den Toiletten gab es auch einen Wasserhahn, Schatten und einen Pulk gähnender und sich streckender Autofahrer, die mich vermutlich für einen komischen Vogel hielten.

Einer war ein Fahrgast aus einem Reisebus mit unheimlich schwarz verdunkelten Fenstern. Er hieß Alan Blundon und kam aus Camberley, Surrey, in England.

»Ihnen muss ganz schön heiß werden da draußen«, vermutete er. »Haben Sie was dagegen, wenn ich ein Foto von Ihnen mache? Ich bin in ein paar Tagen wieder zu Hause und könnte Ihrer Mutter gerne einen Abzug schicken – damit sie weiß, dass Sie noch leben.«

Ein paar Meter weiter sagte eine ältere Dame mit weißen Haaren zu ihrem Mann: »Hey, Herzilein, das ist doch die Radfahrerin, die wir vor langer Zeit überholt haben. Holla, muss die sich schnell bewegt haben.«

Die Frau schlurfte zu mir herüber, reichte mir einen Beutel Orangen und sagte: »Mein lieber Schwan, alle Achtung. Wie sind Sie denn so schnell hierhergekommen?«

Ich erklärte ihr, dass es erstaunlich sei, welche Geschwindigkeiten man erreichen könne, wenn man nirgendwo pinkeln gehen könne.

Eine weitere weißhaarige Dame hatte sich bisher im Hintergrund gehalten und kam jetzt urplötzlich auf mich zu, drückte mir einen 10-Dollar-Schein in die überraschte, aber nicht gerade zurückweisende Hand und meinte: Kindchen, ich bin Dorothy und ich werde für Sie beten.«

»Tja, danke ... Dorothy«, erwiderte ich, peinlich berührt, »das ist furchtbar nett von Ihnen.«

Dann kletterte Dorothy wieder in ihren *Buick Century* und brauste davon.

Ich tat einen letzten, tiefen, den Schatten genießenden Atemzug und radelte hinein in den backofenheißen, schwer beladenen Wind. Nördlich der *Interstate* lagen Orte mit Namen wie Bicycle Lake (»Fahrradsee«), Pilot Knob Valley (»Pilotenknüppeltal«) und Cowhole Mountain (»Kuhlochgebirge«). In der Nähe der Ausfahrt für Zzyzx (ausgesprochen »sseissiks«) fuhr ein Auto auf den Pannenstreifen. Aus dem Fenster kam ein Arm, an dessen Ende eine eiskalte Dose *Budweiser* klebte. Der Arm (und das Bier) gehörten Rex mit dem Stoppelhaarschnitt.

»Hey, hi! Fährste durch's Land? Wow, Mann, das ist ja 'ne mörderische Idee!«

Im Jahr zuvor hatte Rex auf einem Liegerad etwas Ähnliches unternommen, allerdings war er von Maine nach Washington geradelt.

»Unsere ganze Gruppe ist auf dem *Centennial Trail* gefahren«, sagte er. »Is' echt dufte, wenn man erst mal den richtigen Rhythmus drauf hat. Stimmt's? Jungejunge, ich sag dir, mir tat vielleicht der Hintern weh. Mein Mädel, Linda, meint, ich wäre seitdem nicht mehr der Alte.«

Wir lachten – ich, mitten in der Wüste auf dem Pannenstreifen mit einem Bier in der Sonne, und Rex, ein Fremder, in seinem Auto, der mir unter dem Hinweisschild nach Zzyzx vom Zustand seines Hinterns erzählte. Dann wünschte er mir Glück, brauste hinein in den Hitzeschleier und ließ mich allein und vom sengenden Wind verbrannt auf dem Pannenstreifen zurück, das Bier noch in der Hand. Ich dachte: Passiert das hier wirklich? Dann sah ich auf, erblickte das Hinweisschild und beschloss, mein Fahrrad fürderhin *Zzyzx, the Starcraft* zu nennen.

Ausgedörrt und wie ein Zombie setzte ich meinen Weg fort, Kilometer um glühend heißen Kilometer. Da erblickte ich vor mir auf dem Weg etwas, das aussah wie ein alter Keilriemen, ein Stück Seil oder ein alter, zerfetzter Reifen. Zu erhitzt und müde, auch nur einen Meter auszuweichen, bemerkte ich zu meinem Entsetzen kurz bevor ich auf dem Pannenstreifen über dieses Etwas fahren würde, dass es sich in Wirklichkeit um eine Klapperschlange handelte, die hier auf der Straße ihren Gedanken nachhing. Mein gerösteter und benommener Körper war sofort in höchster Alarmbereitschaft. Das Blut schoss mir in den Kopf, meine Beine schossen in Richtung Lenker. Im selben Augenblick erwachte das in der Sonne badende Stück Schlangenleder zum Leben und glitt blitzschnell die Böschung hinab.

Ungefähr 20 Kilometer vor Baker fuhr ich an einer schäbigen Tankstelle ab, um aufs Klo zu gehen, mir Orangensaft zu kaufen und mich draußen auf einem Holzbalken von diesem erschreckenden Moment und meinem Herzklopfen zu erholen. Es war nichts los und so kam der Besitzer, der aussah wie ein wettergegerbter *Jack the Ripper*, nach draußen, um sich mit mir zu unterhalten.

»Ich sag dir was«, meinte er, »hüpf in den Laster und ich fahr mit dir in die Wüste und zeig dir, wo die Klapperschlangen rumhängen.«

»Danke für das Angebot«, gab ich zurück, »aber heute geht's leider nicht.«

Als ich Baker erreichte, hatte ich das Gefühl, gut durchgebraten zu sein. Ich rollte die staubige, flimmernde Hauptstraße entlang und erblickte die große digitale Temperaturanzeige auf einem 12 Meter hohen Mast in der Nähe des *Bun-Boy*-Schnellrestaurants. Die blinkende Anzeige tat kund, dass es 47 °C heiß war. Hätte ich nun meinem pulsierenden, perspirierenden Körper den Garaus machen wollen, hätte ich mich nur etwas nach links in Richtung Death Valley bewegen müssen, dem heißesten Ort der Welt. Da ich aber bereits genug schwitzte, entschied ich mich, auf der geraden und einen Tick kühleren Straße zu bleiben, der Straße nach 'Vegas.

Obgleich es noch früh am Tag war, kam es mir vor, als würde ich bei lebendigem Leib in einem Umluftofen gebacken. Gelegentlich wirbelte der böige Wind den Sand in kleinen Windhosen über die Straße und die kleinen Körner stachen mir auf der Haut. Um die Sache noch lustiger zu machen, bekam ich innerhalb von drei Stunden ganze 16 Mal Nasenbluten. Mir blieb nichts anderes übrig, als mich hinten auf den Pannenstreifen zu verziehen und, das Fahrrad zwischen den Beinen, mit wertvollem Toilettenpapier in der Nase meinen Kopf in den Nacken zu legen, in den vor Hitze Blasen werfenden Himmel zu starren und dabei dem zischenden Wusch-Wusch-Geräusch des vorbeirauschenden Autobahnverkehrs zu lauschen.

In Momenten wie diesem dachte ich oft darüber nach, wie absolut sonderbar ich wohl aussehen mochte. Die Augen der Autofahrer sahen vermutlich eine merkwürdige Gestalt mit einem Fahrrad am Straßenrand stehen, deren behelmter Kopf gen Himmel gerichtet war. »Teufel, da ist wieder so ein Irrer«, riefen sie wahrscheinlich aus und nahmen vermutlich an, dass ich ein verzweifeltes religiöses Ritual vollzog, mit dem ich ein göttliches Wunderwesen anflehte, mich aus dieser brennenden Hölle zu erlösen.

Später las ich auf einem Vertrauen erweckenden Handzettel mit der Aufschrift

»STERBEN SIE NICHT IN DER WÜSTE«:

»Die niedrige Luftfeuchtigkeit trocknet die Nasenschleimhäute aus, macht sie rissig und das führt häufig zu Nasenbluten. Austrocknung und Erkältungen können ebenfalls zu Nasenbluten führen. Vermeiden Sie Erkältungen, sorgen Sie für eine ausreichende Flüssigkeitszufuhr und verwenden Sie einen Luftbefeuchter.«

Sehr hilfreiche Ratschläge, dachte ich.

Die Wüste war rot und trostlos und endlos. Hie und da ragte ein ausgemergelter Wüstenbeifuß oder der eine oder andere Kaktus aus der fast unfruchtbaren Erde. Die Erosion hatte die gelegentlich auftauchenden Felsen in bizarre und absonderlich verdrehte Formen genötigt.

An einer Stelle stieg die Straße leicht an und führte einen relativ hohen Hügel hinauf. Oben angekommen, erstreckte sich vor mir ein breiter, pfeilgerader, etwa 25 Kilometer langer Abschnitt des *Freeways*, der sich durch den Wüstenboden fräste. Weit in der nur undeutlich auszumachenden Ferne wurde die Straße von den brennenden, in Lila- und Rosatönen erstrahlenden Felsformationen des

Clark-Gebirges verschluckt, einem Gebirgszug, auf den ich mich immerfort zubewegte, der aber nie näher zu kommen schien – als wenn er mit jeder Bewegung, die ich nach vorne radelte, weiter in den Hintergrund rücken würde. Als ich hitzetrunken und schweißgebadet weiterstrampelte, wurde mir die schiere Größe dieses Landes schlagartig bewusst. In meiner Vorstellung schaute ich auf eine Landkarte von Amerika, eine gewaltige, gigantische Landmasse, und fragte mich: Wo bin ich? Wer bin ich? Ich kam mir vor wie eine einzelne Erdnuss auf dem großen, weiten Planeten, wie ein unbedeutender Stecknadelkopf, der durch eine Nation von ungeheuren Ausmaßen kriecht. Wo sonst als in Amerika kann man auf eine doppelspurige Autobahn fahren, die fast 5000 Kilometer lang ist, und nie an einer Ampel vorbeikommen?

Die unerbittliche Sonne drang mir in den Schädel, fraß sich mir mit feurigen Fühlern ins Hirn und als mir absonderliche Dichtungen wie die folgende durch den Kopf schossen, wusste ich, ich war übergeschnappt, der Schrank war leer, keine Tassen mehr drin:

»In Las Vegas traf ich einen Veganer,
Leon war sein Nam',
Leon mochte Neon,
das war der Grund, aus dem er kam.
Leon mocht' kein Fleisch
auch Käs' und Butter hätt' er nicht genossen.
Seine Liebe galt dem Spiel
und gelegentlich verzehrten Bambussprossen.«

Ein gewaltiger Lastwagen mit bulliger Chromfront und einem UFO auf dem Anhänger, der vor mir auf den Pannenstreifen, auf *meinen* Pannenstreifen, zog, brachte mich wieder zurück auf den Boden der Tatsachen. Der muskulöse Brummifahrer sprang aus der Fahrerkabine und sagte: »Hey, ich erkenne Verrückte auf den ersten Blick und gerade steht eine vor mir, stimmt's? Denkst bestimmt, die Sonne ist beschissen, hm? Was hältste von einer Fahrt mit mir und einem Bier aus der Kühlbox?«

Weil ich auf Nummer sicher gehen wollte, erwiderte ich: »Klingt nach einer guten Idee, aber mir geht's gut, danke«, doch eine Stimme in meinem Inneren schrie: »Ja, bitte! Du Wundersamer! Du Retter!« Aber ich wollte kein Risiko eingehen.

Als ob er meine Gedanken lesen könnte, sagte er: »Schon in Ordnung – ich transportiere nur diesen Flughafensatelliten nach Denver. Hast Angst, hm? Du bist in guten Händen.« Dann fügte er hinzu: »Bei mir biste echt sicher, ich bin Christ.«

Danke, aber Nein Danke.

Keuchend fuhr ich weiter und knapp 1455 Meter hinauf, um so auf und über den Pass mit dem einfallsreichen Namen Mountain Pass (»Bergpass«) zu gelangen. Nachdem sie den umgebenden Orten Namen wie Mohawk Hill (»Irokesenhügel«), Searchlight (»Suchscheinwerfer«), Devil's Hole Hills (»Hügel des Teufelslochs«), Pilot Knob Valley (»Pilotenknüppeltal«), Squaw Tit (»Squawtitte«) und Zzyzx gegeben hatten, waren den anonymen Namensgebern wohl die Ideen ausgegangen.

Die Straße fiel auf der anderen Seite steil ab, ich schoss hinunter, berauscht und glücklich, und erreichte die Grenze des Staates Nevada, auch *Silver State* genannt. Nachdem ich kilometerweit nichts als Ödnis zu Gesicht bekommen hatte, erhob sich plötzlich vor mir eine unwirkliche Fata Morgana, ein monumentales, quietschbuntes Märchenschloss, das flirrend mitten in der Wüste thronte.

»Das ist doch sicher nicht echt«, sagte ich mir, halb darauf gefasst, dass es sich gleich wieder in Luft auflösen würde. Aber nein, das hier war vollkommen echt, auf eine unwirkliche Art. Nur in Amerika kann man so etwas wunderbar Unerwartetes, so etwas komplett Unglaubliches, so etwas lächerlich Absurdes zu sehen bekommen. Inmitten der Dürre der ausgeblichenen und quälend vertrockneten Landschaft spross, mit all der kapriziösen Farbigkeit und Kraft einer Kaktusblüte, die umsatzträchtige *Prima-Donna*-Freizeitanlage mit Casino. Auf dem grellen Reklameschild stand mit blinkenden Lettern:

»BEI UNS AN DER GRENZE GEHT ES IHNEN BESSER«

Karussells und Riesenräder wirbelten und drehten sich unter perfekt in Reih und Glied stehenden Palmen, an denen künstliche Ananasfrüchte wie ein Trupp uniformierter Soldaten strammstanden. Grelles Neonlicht erleuchtete den brennenden Wüstenhimmel. Ein wie aus einem Science-Fiction-Film entlehntes Einschienen-Hängebahnsystem transportierte geldhungrige Passagiere vom *Prima Donna* über den *Freeway* in das benachbarte *Whiskey Pete's Hotel Casino*.

»Die erste Einschienen-Hängebahn, die jemals einen *Interstate Highway* überquert und damit zwei Casinoanlagen miteinander verbunden hat«, lautete das Eigenlob, das ich später in einer Hochglanzbroschüre las.

Eine gewaltige digitale Neonleinwand hing zwischen zwei grell orange- und rosafarben gestreiften Trägern hoch oben über dem *Freeway*. Die darauf aufblitzenden Slogans blendeten die Autofahrer und versuchten, sie dazu zu verführen, richtig viel Kohle auszugeben:

»$$$$$ Würfelspiele! $$$$$
1000 Spielautomaten
Hot Dogs für nur 50 Cent – *Die Besten im Westen*
$ 1 000 000 zu gewinnen!
Frühstück, den ganzen Tag, *All-You-Can-Eat* für nur 2,99!«

Ich merkte, wie ich mich von dieser verlockenden, protzigen Monstrosität magisch angezogen fühlte, nicht etwa, weil ich verzweifelt nach einer Toilette gesucht hätte, sondern weil ich dort übernachten wollte – ich wollte weg aus der Hitze und in diesem kitschigen Märchenschloss schlafen, das da aus dem Wüstenboden gewachsen war.

Ich rollte zusammen mit einer blendend weißen Stretchlimousine vor die bombastische Eingangshalle und lehnte mein bezzyzxstes *Starcraft* an die Wand. Mein System sollte einen Schock erleiden. Nachdem ich Stunde um hypnotisierende Stunde mutterseelenallein gewesen war und mit niemandem außer mir selbst gesprochen hatte, trat ich aus dem einsamen Fegefeuer plötzlich in ein dunkles, klimatisiertes Geldgetümmel und Gewimmel. Rund um mich herum standen Hunderte schwach beleuchteter Spielautomaten, ertönte der knirschende Klang der Einarmigen Banditen, das schrille, hirnzermarternde Geräusch von Signaltönen, Summern und sich rasch füllenden Geldeimern, der Lärm klappernden Kleingelds und das heisere Kreischen und jubelnde Johlen der glücklich berauschten Gewinner. Ich stürzte mich in die Schattenwelt unter dieser überirdischen Beleuchtung und fand Tische, an denen man Baccarat und Bingo, Blackjack, Würfelspiele, Zahlenlotto, Poker und Roulette spielen sowie auf Autorennen und andere Sportarten Wetten abschließen konnte.

Die Spieler sahen aus, als ob Maschinen wie die *Daleks* aus der Science-Fiction-Serie *Dr. Who* sie in ihren Bann gezogen hätten, und fütterten unablässig Münze um Münze in den Geldschlitz, einige gewannen, andere verloren, die meisten rauchten und konsumierten eine schier unerschöpfliche Zahl von Getränken, die man hier umsonst von nur spärlich bekleideten Damen in Netzstrümpfen und hautengen Teilen gereicht bekam.

Ich bahnte mir einen Weg durch die dicht umringten Münzspielautomaten, durch das die Lider beschwerende Dämmerlicht bis zum Empfang, wo ein hektisches Kommen und Gehen herrschte. Unbekümmert von dem Gedränge, sah das Mädchen am Empfang immer noch recht frisch aus und schien ehrlich erfreut, mich zu sehen. Wäre ich in England wahrscheinlich mit einem mürrischen Gesichtsausdruck und einem kurzen Knurren begrüßt worden, empfing man mich hier mit einem erstarrten Lächeln und einem gefallsüchtigen: »Ja, Tagchen! Wie geht's, wie steht's?«

Mit brummendem Schädel erwiderte ich: »Ähm, gut, glaube ich, danke. Wie viel kostet Ihr günstigstes Zimmer?«

»Ham Sie reserviert?«

Mir sackte das Herz in die Hose. »Nein, hab ich nicht.« Und ich wusste, was kommen würde.

»Nun, es tut mir wirklich leid, aber wir sind ausgebucht. Einen schönen Tag noch!«

Einen schönen Tag noch?! Was meinte sie mit »Einen schönen Tag noch«, wenn sie mich wegschickte und ich wegen ihr weitere 80 Kilometer durch die steife Backofenbrise radeln musste? Mein schwirrender Kopf sagte meinen wackeligen Beinen und meine wackeligen Beine meldeten meinem schwirrenden Kopf, dass ich nicht mehr weiterfahren konnte. Meine Beine streikten, würden sich nicht von der Stelle rühren. Alles, was ich wollte, war ein kleines, schattiges Plätzchen, eine Ecke, ein Keller, irgendwo, wo ich mein Zelt aufschlagen konnte. Irgendeine Stelle, an der ich mich hinlegen konnte.

Stur und uneinsichtig behauptete ich: »Sie können nicht ausgebucht sein. Ich bin gerade quer durch die Wüste geradelt, habe in drei Stunden 16 Mal Nasenbluten gehabt und ich muss mich hinlegen.« Und dann fiel mir noch ein, dass die Amerikaner die Briten ganz doll mögen, und so fügte ich katzbuckelnd hinzu: »Ich bin Britin.«

Das Mädchen an der Rezeption hätte etwas in der Art erwidern sollen wie: »Mit dem Fahrrad durch die Wüste? Sie müssen 'ne

Macke haben. Und dann tauchen Sie so einfach mit ihrem Sonnenbrand, ihren verschwitzten Klamotten und ohne Geld im *Prima Donna* auf und erwarten, dass wir Ihnen ein Zimmer geben? Machen Sie Witze?«

Stattdessen sagte sie: »Wirklich, ist das wahr? Ihren Akzent fand ich ja schon ganz süß.«

Dann hörte ich mich selber sagen: »Ich würde gerne den Direktor sprechen, bitte.«

Immer noch lächelnd erklärte sie mir, ich müsse dazu in die Verwaltung gehen, deren Büros sich im Untergeschoss in einem Labyrinth von Fluren und Türen befänden. Mit viel listiger Hartnäckigkeit gelang es mir schließlich, mir Zutritt zum Büro des Marketingdirektors zu erbetteln, wo ich mit einer Flut von unzusammenhängenden Lobeshymnen meine Bauchpinselaktion fortsetzte.

Der Preis, den ich für so viel schmeichlerische Salbungen bezahlen musste, war herzlich gering. Für 12 Dollar durfte ich mein Fahrrad am amüsiert dreinblickenden, geschniegelten und gebügelten Türsteher vorbei durch die Eingangshalle schieben und mir dann einen Weg durch das Chaos der mit schwerem Schmuck behängten Gestalten bahnen, die wie magnetisch angezogen vor den mit permanent geöffneten Kiefern Geld fressenden Monstermaschinen hockten, in einen gläsernen Aufzug treten, der mich und mein Fahrrad dem Meer von Glücksspielen, grell zuckendem Licht und dem lärmenden Tamtam enthob, um schließlich über kilometerlange, identisch aussehende Flure und Korridore in ein ultraluxuriöses, kakerlakenfreies Zimmer mit Blick auf den Whirlpool und den mit Brücken überspannten, nierenförmigen, ach so tiefblauen Pool zu gelangen.

Welch Wonne ...

15
Jungfrauen am Rande der Lächerlichkeit

Der Durchschnittsamerikaner läuft mit acht Kreditkarten in der Tasche herum. Wenn man nach Las Vegas kommt, merkt man schnell, dass diese Karten erheblich mehr Zeit außerhalb dieser Taschen verbringen als darin. Als ich durch die Vorläufer dieser ausgedehnten Wüstenmetropole radelte, las ich den Willkommensgruß der Stadt, der in Riesenlettern auf einer gigantischen Plakatwand über dem *Highway* prangte:

»MEGA-KOHLE MEGA-SCHOTTER«

Las Vegas kommt aus dem Spanischen und bedeutet »Die Wiese«. Der Name scheint allerdings ein klein wenig unzutreffend angesichts der endlosen, blendenden Neonlichter, monumentalen Hotels und Casinos und der sagenhaft breiten Boulevards, auf denen sich regelmäßig der totale Verkehrskollaps ereignet. Doch es ist natürlich nicht immer so gewesen. Als die spanischen Händler im Jahre 1829 das erste Mal in diese Gegend kamen, fanden sie hektarweise fruchtbares Oasenland in einem ansonsten ausgedörrten und öden Landstrich. Dies war der einzige Ort, an dem Pflanzen überhaupt gedeihen konnten.

Einige Jahrzehnte später erwarben die Mormonen »Die Wiese« für ganze 18 Dollar. »Alles, was man über die Mormonen wissen muss, ist, dass sie die Hopi-Indianer in den Zwanzigerjahren gezwungen haben, in ein Desinfektionsbad für Schafe zu steigen«, erklärte mir ein Mann vor einer Tankstelle.

Bis 1931 blieb der Ort ein bescheidenes Schürferstädtchen. Während der Weltwirtschaftskrise stand Las Vegas vor dem wirtschaftlichen Aus, wurde jedoch durch die Gesetzgebung Nevadas gerettet: Legales Glücksspiel und der Bau des *Hoover Dam*, eines Megastaudamms am Colorado River, der mittels Wasserkraft ungeheure Energiemengen produziert, trugen dazu bei, die berühmte und extravagante Stadt des Glitzers, Neons und Rambazambas zu erschaffen.

Bis 1940, als an der Stelle, die später als *The Strip* bekannt werden sollte, das erste Casinohotel eröffnet wurde, blieb alles noch verhältnismäßig ruhig und beschaulich. Dieses Etablissement war überaus erfolgreich und so wurden flugs mehr davon aus dem Boden gestampft – darunter auch das *Fabulous Flamingo*, vom berüchtigten Mafiaboss Bugsy Siegel erbaut, dem Las Vegas die Verbindung zur organisierten Kriminalität zu verdanken hat und der die gerissene, heute noch funktionierende Methode ersann, die Leute mit billiger Unterkunft, Verkostung und Glamourshows an die Spieltische zu locken.

In Nevada hat man die zwei Hauptattraktionen des Staates, das Heiraten und das Glückspiel, zu wichtigen Industriezweigen gemacht. Bekannt als »Stadt der Sünde«, zieht Las Vegas ganze Heerscharen von Menschen mit großen Hoffnungen und hungrigem Blick an (über 37 Millionen im Jahre 2004). Sie kommen wegen der Glanz- und Glitzerwelt, dem berauschenden Rambazamba, dem unstillbaren Nervenkitzel des Glücksspiels, der Buffets, an denen man so viel futtern kann, bis man platzt, der 24-Stunden-Showgirls und um den *Strip* zu besuchen, auf dem einem nie langweilig wird.

Wo sonst als in *Sin City* kann man sich im Auto im »*Drive-thru*«-Verfahren, also sozusagen auf der Durchfahrt, scheiden lassen, sich auf die Schnelle in einer *Kwik Chapel* für 49 Dollar (umgerechnet 37 Euro) zuzüglich Mehrwertsteuer trauen lassen oder Schokolade am Meter und pro Eimer kaufen?

»Wenn es sich lohnt, lohnt es der Übertreibung«, lautet ein Motto aus Las Vegas. Dieser Ort ist zugleich wunderbar schrecklich und schrecklich wunderbar. Überall Kitsch und Geldgier. In fast allen Gebäuden stehen reihenweise Spielautomaten, seien es Restaurants, Drogerien, Tankstellen, Supermärkte und sogar Waschsalons. Doch nicht jeder wird schnell reich. Zwangsläufig verlieren die meisten Menschen öfter Geld, als sie welches gewinnen. Vielen macht das nichts aus, für sie ist das Glücksspiel eine Sucht und sie verlieren nie die Hoffnung auf einen Glückstreffer. Manchmal kommen sie in den Genuss eines »Mega-Kohle-Mega-Schotter«-Gewinns und diejenigen, die sich dann zusammenreißen können, kommen mit gefüllten Taschen nach Hause. Doch diese Art von Mensch ist selten. Meistens werden die vielen Mäuse gleich wieder dem System zugeführt und auch der Spieler, der einmal gewonnen hat, geht als Verlierer heim.

»Wenn du in einem Casino Geld machen willst, musst du es besitzen«, wusste schon der Gründer des *Mirage*, des *Golden Nugget* und anderer Etablissements, der obendrein noch den passenden Namen Steve Wynn (*to win* = gewinnen) trägt. In der *Stadt der Sünde* streichen viele Casinos Profite in Höhe von 100 Millionen Dollar im Jahr ein.

Ich machte nichts von dem, was die Leute normalerweise so machen, wenn sie Las Vegas besuchten. Ich übernachtete nicht in einem grellen Hotel wie dem *Excalibur* mit seinen 4032 Zimmern (dem größten der Welt), das aussieht wie ein mittelalterliches

Schloss mit roten, blauen und goldenen Zwiebeltürmen, Schlossgraben, Zugbrücke und das sogar Hofsänger, Jongleure und lanzenstechende Ritter aufbietet, oder dem *Mirage* mit seinen weißen Sibirischen Tigern und dem eingebauten Vulkan, der jede Viertelstunde Feuer und Rauch spuckt. Ich gewann kein Geld, ich verlor kein Geld – kurz gesagt, ich gab fast keinen Cent aus. Ich aß an keinem der »Friss-bis-dir-schlecht-wird«-Buffets, ich schaute mir keine Showgirls oder Shows an und sah auch keinen dieser berüchtigten rotäugigen Dealer in weißen Lederschuhen, die, ihr Jackett über die Schulter geworfen, in Stretch-Cadillacs mit getönten Fenstern kletterten.

Weder heiratete ich, noch ließ ich mich scheiden.

Stattdessen übernachtete ich in einem billigen, schäbigen Motel in einem abgerissenen Vorort von Las Vegas und verbrachte meinen zweitägigen Aufenthalt in der amerikanischen Einwanderungsbehörde, dem *US Department of Justice Immigration and Naturalization Service* am Las Vegas Boulevard South, wo ich mich zu einem dicht gedrängt stehenden Pulk von Mexikanern gesellte, um darauf zu warten, die Verlängerung meines Sechs-Monate-Visums beantragen zu dürfen – im Grunde eine einfache Sache, die sich allerdings als höchst kompliziert herausstellte.

Wegen der Unruhen hatte ich in Los Angeles keine Verlängerung erhalten, doch hatte man mir bei der dortigen Einwanderungsbehörde versichert, ich könne diese auch in Las Vegas beantragen. In Las Vegas sagte man mir, ich stelle den Antrag zu früh, mein Visum sei noch nicht abgelaufen. Ich müsse zwei Wochen vor Ablauf den Antrag stellen, dürfe diesen aber erst sechs Tage davor einreichen. Ich erklärte, dass mir diese Regelung große Umstände bereite, da ich mit dem Fahrrad unterwegs und es daher unwahrscheinlich sei, dass ich mich innerhalb dieser bestimmten Frist in der Nähe einer größeren Stadt mit einer Einwanderungsbehörde aufhalten würde. Daher wäre ich ihnen sehr verbunden, wenn sie mir doch etwas verfrüht einen Stempel auf das Formular drücken könnten, wo ich doch nun schon einmal da sei.

Zwei Tage lang saß ich in dem kleinen, beengten, fensterlosen Raum, um mich herum lauter verärgerte und besorgte spanische Stimmen. Hunderte schwitzender Finger fummelten mit den ihnen zugewiesenen Nummernzetteln herum, die Menschen warteten, bis die Zahlen darauf mit denen an der Anzeigetafel an der Wand übereinstimmten, doch die schien rückwärts zu zählen. Nach diesen zwei Tagen hatte ich mehr Formulare ausgefüllt, als mir gut tat, und ich war mir immer noch nicht im Klaren darüber, ob meinem Antrag auf Verlängerung nun entsprochen worden war oder nicht. Um ehrlich zu sein, war es mir auch wurst.

Weil die Unruhen von L. A. auch auf Las Vegas übergegriffen hatten, verbarrikadierte ich mich abends immer so gut es ging in meiner billigen 10-Dollar-Motelzelle, statt mich auf den garstigen, neonbeleuchteten Straßen herumzutreiben. Die örtlichen Nachrichtensender berichteten in einem fort, dass wütende Banden völlig willkürlich und unkontrolliert auf den Straßen herumballerten. Die schwüle Nachtluft war erfüllt von heulenden Polizeisirenen.

Ich spähte durch einen Schlitz in meinem Fensterladen und sah, dass unten auf dem dunklen, schmuddeligen Motelparkplatz eine hässliche Prügelei im Gange war. Eine Gruppe weißer Kerle, die sich, wie ich zu erkennen glaubte, Stirnbänder um den Kopf gewickelt hatten, droschen auf eine Gruppe schwarzer Jungs ein und schleuderten sie mit Übelkeit erregender Gewalt gegen das Heck eines Pick-up-Trucks. Es wurde, soweit ich sehen konnte, keiner von einer Kugel getroffen, doch da ich in letzter Zeit so viel über Gewalttaten gelesen und gehört hatte, wäre ich nicht überrascht gewesen, zwischen den Rädern eine leblose, in sich zusammengesackte Gestalt in einer Blutlache liegen zu sehen.

Es waren aber nicht nur die Straßenbanden, die man fürchten musste. Wie es schien, mussten sich auch einige Kinder vor ihren schießwütigen Eltern in Acht nehmen. Als ich durch die in Las Vegas erscheinende Zeitschrift *Review Journal* blätterte, las ich, dass eine Mutter ihren 12-jährigen Sohn in einem Streit über die Fernbedienung des Fernsehers angeschossen hatte. Sie sei wütend geworden, weil er ständig umgeschaltet habe, und hätte mit gezogener Waffe gedroht, auf den Fernseher zu schießen. Als ihr Sohn daraufhin meinte, sie solle das ruhig tun, habe sie geflucht und ihm in den Bauch geschossen.

Ich radelte weiter, gen Westen, immer weiter durch die Wüste. Ich hatte noch mehr Nasenbluten und sah noch mehr Schlangen, einige noch lebend, andere zerquetscht. Es war heiß. Der Schweiß lief mir in Bächen den Rücken herunter. Fahrzeuge verschmolzen in der Ferne mit der Landschaft. Gerade als ich dachte, ich befände mich auf einer endlosen Straße durch eine endlose Wüste, tauchte am Horizont das prächtige Gebirgsmassiv der Virgin Mountains mit seinen schroffen Felsen auf, das sich wie ein Drachenschwanz quer über den Weg legte. Die in Violett- und Rottönen leuchtenden Felsen wurden allerdings zunehmend höher, so dass ich sie nach und nach nicht mehr ganz so wunderbar fand, musste ich sie doch in dieser Hitze überqueren. Obwohl ich die faszinierenden Gebirgsflanken mit Adleraugen absuchte, konnte ich weder erkennen, ob der *Highway* sich seitlich einen Weg hinaufbahnte, noch konnte ich sehen, ob es einen Einschnitt gab, durch den die Straße hätte verlaufen können.

Erst als ich mich fast in den jungfräulichen Virgin Mountains tummelte, fiel mir eine zuvor verborgene Felsspalte auf und schon tauchte ich ab in die kurvenreiche und großartige Gebirgsschlucht, durch die der wilde Virgin River floss.

Ich hielt ein paar Meter weiter an einer beliebten Picknickstelle mit Toilette und wurde von dem flachköpfigen Fleetwood, seines Zeichens Rastplatzverwalter, darüber aufgeklärt, dass dies der im ganzen Land berüchtigtste Abschnitt des *Highways* sei.

»Leute, die ihren Hintern stundenlang über die schnurgerade *Interstate* bewegen, fallen in so 'ne Art Wüstentrance«, sagte er. »Die stellen auf Autopilot, bewegen mit einem Finger das Lenkrad und fangen an zu träumen. Wenn sie dann in die Schlucht kommen, erleben sie ihr blaues Wunder und vergessen, wie man fährt – viele landen auf der gegenüberliegenden Fahrspur unter einem Sattelschlepper. Mannomann, das ist eine üble Sache. Zweiundzwanzig Menschen sind allein in den letzten Wochen hier gestorben. Wahrscheinlich ist das der Grund, warum die Highways von Nevada die höchste Todesrate von ganz Amerika haben. Und weißte was? Nevada hat auch die höchste Vergewaltigungsrate.«

»Oh«, erwiderte ich, »gut zu wissen.«

Fleetwood sah aus wie eine Mischung aus Gabelstapler und Pitbullterrier. Er war kurz, stämmig, an manchen Stellen ragten merkwürdige Teile aus seinem Körper und er war fies wie ein Bluthund. Früher war er Mitglied bei den *Marines* und verdiente nun 8 Dollar (umgerechnet 6,10 Euro) die Stunde für die Bewachung und Reinhaltung des Rastplatzes. Er lebte mit seiner Frau in einem kleinen Haus auf dem Gelände.

»Kann manchmal ganz schön abgedreht sein, der Job«, gestand er mir. »Hier triffst du die wahren Irren dieses Landes. Scheiße, Mann, gerade vor ein paar Tagen sag ich zu so 'nem Typen, er soll seinen Hund in dem dafür vorgesehen Bereich Gassi führen, statt ihn gegen das Bein eines Picknicktisches pissen zu lassen. Der glotzt mich an, als ob ich ihn gerade gebeten hätte, mir den Hintern zu küssen, und zieht 'ne .38er. Die hielt er mir die vor die Nase. Sagte, er würde mir die Eier abschießen, wenn ich meinen Arsch nicht sofort hier wegbewegen würde. Keiner würde ihm sagen, wo er *seinen* Hund ausführen darf. Mannomann, bei dem Typen warn aber echt alle Birnen durchgebrannt, aber ich hab ihm klargemacht, dass er sich verdammt noch mal den Falschen ausgesucht hat, wenn er Spiele für große Jungs spielen wollte. Ich war ja nich umsonst bei dieser Truppe, den *Marines*, weißte, hatte mein Messer schneller an seiner Kehle, als er denken konnte. Erklärte ihm, dass ich ihm sein verdammtes Hirn rauspusten würde, bis er die beschissenen Engel singen hört, wenn er sein verfluchtes, lausiges Gesicht noch mal hier blicken lässt. Der Typ hat gemerkt, dass ich nicht spaße. Mann, hatte der die Hosen voll! Gab aber noch Schlimmere als ihn.«

Als ich mich etwas erschüttert fertig machte zur Weiterfahrt, rief Pitbull Fleetwood: »Hey, versuch mal, das Rad an diesem Wochenende stehen zu lassen. Wir haben Feiertag, *Memorial Day*, das ist ein Albtraum auf den Straßen – voller Beknackter aus der Stadt, die in die Berge rasen. Wir nennen sie die ›Wochenend-Wilden‹.«

16

Aufgesaugt und ausgespuckt

Als ich den letzten Zipfel Arizonas umrundete und bei St. George nach Utah einreiste, eine Stadt, die dafür bekannt ist, dass man dort das ganze Jahr Golf spielen kann (hatte Fleetwood behauptet), fielen die seit Wochen ersten Regentropfen prall, schwer und hart auf die Erde. Von jetzt auf gleich hatte sich das strahlende Tiefblau des Himmels zu Kohlenstaubgrau gewandelt und der Wind war aufgefrischt. Mit bedrohlichem Trommelwirbel rollte ein Gewitter über die fernen Berge heran, donnerte in die Stadt und ließ die Temperaturen angenehmerweise endlich auf unter 30 °C abkühlen.

Die amerikanische Ausgabe des englischen Boulevardblattes *The Sun* liest sich noch absurder als ihr britisches Gegenstück. Als ich in St. George nach meinem Großeinkauf von Lebensmitteln an der Kasse eines riesigen *Mega-Marts* wartete, las ich die Schlagzeile:

»PINGUINPANIK IN DER ANTARKTIS FORDERT 11 OPFER«

Dann hatte ich das Land der Canyons erreicht. Die über 30 Kilometer lange Strecke durch die rosa- und kupferfarbenen Felsen der steilen Klippen im *Zion National Park* war so bizarr, dass ich sofort umdrehte, um sie noch mal ... und noch einmal zu befahren. Die den Weg säumenden, hoch wie Wolkenkratzer aufragenden Felsen hatten derart fantastische Formen, Gestalten und skurrile Formationen, dass man hätte meinen können, in der extravaganten Kunstlandschaft eines übergeschnappten Henry Moore oder Gaudí gelandet zu sein.

An einer Stelle verließ ich den Weg, um ein wenig im Besucherzentrum des Nationalparks umherzuspazieren, und war fasziniert (und ein wenig bestürzt), als ich dort Folgendes las:

»WIE LANGE BLEIBT MÜLL IN DER NATUR?

Zigarettenstummel	1–5 Jahre
Orangen- und Bananenschalen	bis zu 2 Jahre
Laminiertes Papier	5 Jahre
Plastiktüten	10–20 Jahre
Plastikdosen f. Filmrollen	20–30 Jahre
Nylonstoff	30–40 Jahre
Leder	bis zu 50 Jahre
Blechdosen	50 Jahre
Plastikträger für Sechserpacks	100 Jahre
Aluminiumdosen und -folie	500 Jahre
Glasflaschen	1000 Jahre
Plastikflaschen und Styropor	unzersetzbar«

Ein Stückchen weiter, nach der Kurve den Berg hinauf, wartete der stattliche Bryce Canyon auf mich. Mit seinem bunten Labyrinth aus Säulen, Gipfeln und Turmspitzen war dieser Canyon keine richtige Schlucht, sondern ein in Kalkstein gehauenes Amphitheater, das, einer gewaltigen Kathedrale gleich, über dem Paunsaugunt Plateau und seinen von Erosion in den Stein gemeißelten Klammen thronte. Der Name der Paiute-Indianer für Bryce Canyon liefert eine ziemlich treffende Beschreibung dieses Ortes: »rote Felsen, die wie Männer in einer kesselförmigen Schlucht stehen«.

Am Ende des 19. Jahrhunderts hatte der mormonische Pionier und Viehzüchter Ebenezer Bryce seine Herden genau hier, im Schatten der spektakulären und überirdisch wirkenden, schüchtern rot glühenden Formationen mit ihren gold-, lila- und rosafarbenen Felsen geweidet, die heute seinen Namen tragen. Sein einziger überlieferter Kommentar zu dieser phänomenalen Landschaft lautet: »Verflixt schwer, hier 'ne verloren gegangene Kuh wiederzufinden.«

Ich fuhr zwischen den zinnoberroten, verwinkelten Klippen hindurch hinunter in das Land der echten Cowboys. In dieser Nacht schlief ich auf dem Zeltplatz *Crazy Horse Campground* in Kanab, einem Wildwest-Städtchen, in dem es mehrere Saloons mit hölzernen Schwingtüren gab und in deren Umgebung sich früher einmal über hundert Film- und Fernsehunternehmen angesiedelt hatten, um dort Hollywoodfilme wie *Butch Cassidy and the Sundance Kid* (im deutschen Fernsehen auch unter dem Titel *Zwei Banditen* bekannt) zu drehen.

Das Wetter hatte sich aus heiterem, blauem Himmel in eine melodramatische Pose geworfen. Während der letzten Woche war ich jeden Tag am späteren Nachmittag von anhaltenden und gewaltigen Gewittern überrascht worden. Morgens radelte ich stets durch sengende Hitze, nur um mit wachsender Unruhe zu beobachten, wie sich am Horizont bedrohlich schwarze Wolkenmassen zusammenballten. Schleichend und von einer geisterhaften Stille begleitet, brachen am fernen Himmel die Wolken und entluden unaufhörlich ihre Flächenblitze. Es war, als beobachte man mit zugehaltenen Ohren einen heranmarschierenden, fleißig zu Werke gehenden Trupp Schweißer.

Und immer geriet ich mitten hinein.

Mit jedem Stück Wegs, das unter meinen Reifen verschwand, rollte und krachte die furchterregende Wolkendecke näher und näher, schon bald würde ich zwischen seinen Feuer speienden Tentakeln gefangen sein. Es war eine haarige und hochgradig gefährliche Angelegenheit, in die Klauen dieses brüllenden Monsters zu geraten, ohne sich irgendwo verstecken zu können.

In seiner explosiven Wut stürzte der überladene Himmel geradewegs vornüber und entlud dabei mit zunehmender Wucht seine quer über den weiten Wüstenhimmel zuckenden Blitze. Tag für Tag strampelte ich wie eine Wilde, um dem gierigen Schlund dieser Gewitter zu entkommen, suchte panisch nach einem Unterschlupf, der mich davor bewahren könnte, im Zentrum des Unwetters verschlungen zu werden. Doch auf einem Fahrrad ist das nicht so einfach, wenn zwischen den einzelnen Städten oder versprengten Ansiedelungen Entfernungen von 160 Kilometern oder mehr liegen. Auch der Gedanke daran, dass ich mich an einem der gefährlichsten Orte befand, an denen man sich während eines Gewitters aufhalten konnte, nämlich auf einem Blitze anziehenden Metallrahmen mitten in der leeren, flachen Weite der Wüste, war nicht gerade beruhigend.

Eines Tages, mitten im krachenden Blitzgewitter, hielt der Gemeindesheriff neben mir und kurbelte sein Fenster herunter, um mir unter dem ohrenbetäubenden Lärm der unerbittlichen Naturgewalten zuzubölken:

»Ja, hallöchen! Ich glaub, heut ist nich so 'n guter Tag, um draußen zu sein. Wissen Sie was, Mädel? Mehr als 80 Amerikaner sterben jährlich durch Blitzschlag – doppelt so viele wie in Folge von Bienenstichen!«

Wacker wie ein Wackelpudding dankte ich ihm für seine aufmunternden Worte. Er grinste selbstzufrieden, kurbelte sein Fenster wieder hoch und fuhr davon.

Ich drohte wieder einmal in ein solches Gewitter zu geraten, es war mir bereits wütend tobend auf den Fersen, und versuchte verzweifelt, Big Water zu erreichen, um dort Schutz zu suchen, als mich mein Hinterreifen acht Kilometer vor dem Ziel aufs Mieseste im Stich ließ und einfach platzte. Wie eine feixende, keifende Hexe, die ihre Opfer bei lebendigem Leib in ihren brodelnden Feuerkessel schleudert, polterte, zankte und krachte das ohrenbetäubende Unwetter über mir – der Regen schlug mir so hart auf den Körper, dass es schmerzte, und die ganze Umgebung versank in Sekundenschnelle im Dunkel.

Der ganze Himmel schepperte und explodierte, als die Leben vernichtenden Blitze sich mit erschreckender Gewalt einen Weg zur Erde sprengten. Ich warf mein Fahrrad zur Seite und sprang, alle innerlichen Warnungen vor Klapperschlangen und Skorpionen in den Wind schlagend, kopfüber in die nächste Mulde. Den Schrecken in den Gliedern und diese zunächst noch weit von mir gestreckt, rollte ich mich schnellstens auf dem Boden zusammen, verbarg mein Gesicht im feuerroten, bebenden Sand und erwartete mit angeschlagenem Nervenkostüm und angehaltenem Atem den tödlichen Blitzschlag, der meine schutzlose und zusammengekauerte Gestalt treffen würde.

Als ich die so treffend Big Water (»großes Wasser«) genannte Ortschaft am Wahweap Creek, durch den reißende Sturzfluten tosten, endlich erreichte, kam ich mir vor wie eine abgetakelte Fregatte. Als ich in einem Supermarkt in Kanab die Kassiererin gefragt hatte, ob es in Big Water einen Lebensmittelladen gebe, hatte sie erwidert: »Ich weiß über diesen Ort nur, dass es dort eine Kolonie von Polygamisten gibt. Seien Sie bloß vorsichtig – scheinbar erwischen die jede, die zu lange bleibt.«

Ich blieb gerade lange genug, um triefend an einem Tisch in der Tankstelle mit Lebensmittelladen zu sitzen, wo ich mir einen Laib Brot gekauft und mir ein Sandwich bereitet hatte. Ich wollte gerade gehen, als die Tür aufsprang und ein gewaltiger, breitgesichtiger Mann hereintrottete, der mich an Bud Spencer erinnerte. Er schaute zu mir herüber, dann auf mein Fahrrad, das gegen das Fenster lehnte, dann wieder zu mir und meinte: »Eine von denen, hm?« Ich erwiderte ja, ich sei eine von denen, und fragte mich, ob er der große Häuptling der Polygamisten sei.

»Wissen Sie was?«, fragte er mich. »In den letzten zwei Tagen hatten wir mehr Regen als sonst in zwei Jahren.«

Ich klärte ihn darüber auf, dass mir dies bereits aufgefallen sei. Als er erfuhr, aus welchem Land ich komme, erzählte er mir, sein Vater sei während des Krieges in England gewesen und habe sich damals ständig über die Hornissen dort aufgeregt.

»Die rücken dir mit ihrem Arsch auf die Pelle, da kreischste wie'n angestochenes Schwein«, sagte er, in Rätseln sprechend.

Ich düste in Windeseile an Last Chance Smokey Mountain Junction vorbei nach Page, Heimat des gewaltigen Glen-Canyon-Staudamms mit seiner Bogenstaumauer und dem dazugehörigen Wasserkraftwerk, bei dessen Bau drei Jahre lang rund um die Uhr insgesamt 3 750 000 m^3 Beton in die Baustelle gegossen wurden.

Ich hatte das Reservat der Navajo-Indianer betreten und rollte neben den Echo Cliffs munter meines Wegs. Hier und da säumten Buden die Straße, an denen Indianer Souvenirs verkauften – Navajo-Schmuck, Leder, Schnitzereien, Stoff und leuchtend bunte traditionelle, geometrisch gewebte Wolldecken. Man sagt, dass jeder Navajoweber absichtlich einen Fehler in jede Decke webt, weil die Indianer glauben, dass Perfektion das Ende des Lebens eines jeden Webers bedeute. Das ist eine schöne Geschichte, aber ich glaube eher, dass es sich hier um eine perfiden Trick handelt, um fehlerhafte Ware loszuwerden.

Amateurhaft bemalte Schilder mit Werbesprüchen buhlten um die Käufergunst und versuchten, einige der Touristen von den stark frequentierten Wanderwegen des Grand Canyons in ihre Buden zu locken.

»BRANDHEISSER AUSVERKAUF: COOLE PREISE
UND
66 % NACHLASS«

stand auf Schildern zu lesen, deren Farbe abblätterte und die von der Sonne bereits so ausgeblichen waren, dass die Vermutung nahe lag, der Ausverkauf habe schon um die Zeit der letzten Mohikaner begonnen.

An den Ständen von HÄUPTLING YELLOW HORSE schien das Geschäft auf Hochtouren zu laufen. Vielleicht lag das ja an den Informationsschildern »PLASTIKGELD WILLKOMMEN JA« und den Hinweistafeln für an Buden vorbeigehende Passanten, denen Folgendes empfohlen wurde:

»DREHEN SIE SICH JETZT UM ...
FREUNDLICHE INDIANER HINTER IHNEN!«

Ein weiteres Gewitter jagte mich bis nach Cameron, wo ich schmuddelig, erschöpft und ohne Unterkunft für die Nacht einlief. Der »Zeltplatz« entpuppte sich als offener Schotterparkplatz für Wohnmobile mit Hundeklo. Am Ende schlug ich mein Zelt hinter der Herrentoilette einer Tankstelle auf, wo ich, obwohl ich einer nicht gerade angenehm riechenden Duftwolke ausgesetzt war, dennoch einschlief, denn hier lag ich wenigstens windgeschützt und hatte eine kleine Verschnaufpause vom Gewitter.

Ich verbrachte den lieben langen Tag damit, in ach-so-langsamem Tempo über die Gipfel des Grand Canyon zu zuckeln und dabei gegen die donnernden Naturgewalten anzukämpfen. An jedem Aussichtspunkt stieg ich ermattet von meinem Fahrrad, trottete pflichtbewusst bis zum Abhang und blickte regelmäßig in eine dicke, trübe Nebelsuppe. Und jedes Mal dachte ich: Irgendwo da draußen, da oben, da unten muss es etwas zu sehen geben, aber im Moment könnte sich das, was es zu sehen gibt, irgendwo oder nirgendwo befinden.

Also schlug ich mein Zelt in wallenden Dunstschleiern und mitten in den Wacholderbäumen am Campingplatz *Desert View* auf (wow, diese Aussicht!) und kroch hinein, um mein tägliches Ritual zu vollziehen:

Aus zermatschten Bananen und allen anderen Zutaten, die gerade verfügbar sind, Sandwiches zubereiten und davon astronomische nichtgastronomische Mengen verzehren, dabei ein gutes Buch lesen (*Neun Erzählungen* von J. D. Salinger oder *Was vom Tage übrigblieb* von Kazuo Ishiguro oder irgendein Buch von Raban), das mit meinem Schweizer Armeemesser am Zuklappen gehindert wird.

In den Schlafsack klettern und, auf sehr vollem Magen liegend, Kopf in die Hand gestützt, bei schwächer werdendem Schein der Taschenlampe Tagebuch schreiben.

Mit einsatzbereiter Zahnbürste wieder herauskrabbeln und kurz hinter günstig gelegenem Busch verschwinden.

Wieder in den Schlafsack zurückkehren. Auf den Rücken fläzen und vor glücklicher, trunkener Erschöpfung aus tiefstem Herzen langen Seufzer ausstoßen.

Highlight des Abends: Greife nach dem Radio, fummle an den Knöpfen herum und suche interessanten Sender – meistens ... knister, rausch ... knister »*This is London*« ... *rausch, knister, rausch* ... *BBC World Service* oder *Voice of America* oder *Radio Moskau* oder *Radio China*, aber auf halber Höhe des Canyons war es zufällig Amerikas Radiosender *National Public Radio* und die denkwürdige Nachricht des Abends lautete, dass Radiohörer in den Vereinigten Staaten mehr Interesse am Verkehrsfunk hätten als an den Nachrichten selber, weil der Verkehr sie direkt betreffe.

Stimmen in Hörweite wecken mich irgendwann in tintenschwarzer Nacht und ich stelle fest, dass ich mal wieder mit eingeschaltetem Radio eingeschlafen bin.

Der Morgen dämmerte genauso wenig vielversprechend wie am Tag zuvor, also verbrachte ich den Vormittag unter meiner Zeltplane mit den Beschäftigungen, denen ich auch schon am vergangenen Abend nachgegangen war, nämlich Essen, Lesen, Schreiben und Senderfeineinstellen.

Der Mittag kam und von drinnen klangen die Dinge da draußen schon etwas vielversprechender. Das laute Prasseln hörte auf, doch die Dunstschleier bestanden darauf, weiter zu wallen. Ich beschloss, dem größten aller Canyons noch eine Chance zu geben, und radelte bis ganz oben hinauf. Wie auf Kommando brannte sich das blässliche Sonnenlicht durch die Wolkendecke und innerhalb einer Stunde herrschte am Canyon freie Sicht.

Der Grand Canyon, die größte Schlucht der Erde, ist unglaublich riesig – an einigen Stellen bis zu 30 Kilometer breit und 1800 Meter tief, verläuft er über 450 Kilometer am Colorado River mit seiner schweren Sedimentlast entlang.

Als ich so allein und in Gedanken versunken dasaß, die Landschaft ganz in mich aufnahm und die raue und überwältigende Schönheit der Schlucht auf mich wirken ließ, hörte ich plötzlich: »Ganz nett, hm?« Der Spruch kam von einer fülligen Gestalt mit teigigem Gesicht neben mir, deren surrende Videokamera den riesigen, gähnenden Abgrund von Rand zu Rand abfilmte.

»Beeil dich, Herb, Liebling!«, rief eine beunruhigte Stimme hinter mir. »Sonst verpasst du das Essen.« Die fleischige Gestalt wabbelte wieder zurück zu seinem Abgaswolken ausspuckenden Reisebus.

Vor *Bashers Supermarket* in Tuba City, wo ich gerade versuchte, 47 Einkaufstüten voller Lebensmittel in meine Gepäcktaschen zu stopfen, traf ich ein seltenes Exemplar: einen Radfahrer auf großer Tour, der erste seit Hawaii. Es war noch nicht einmal ein Amerikaner, nein, es war ein Schotte: ein mir sofort sympathischer Mann aus Glasgow mit dem unaussprechlichen Namen (für jemanden wie mich, der seine »r« noch nicht auf die Reihe bekommen hat) Ruairidh. Außerdem war er so groß, dass ich mich die meiste Zeit mit seinen Knien unterhielt. Wir tauschten uns aus und stellten fest, dass wir einen Teil der Wegstrecke gemeinsam zurücklegen konnten.

An diesem Abend buchte ich ein Zimmer im *Grey Hills Hostel* in Tuba City, in dem sich auch Ruairidh eingemietet hatte. Er war zehn Tage zuvor in Albuquerque gelandet und Teile seines Fahrrads (das Tretlager) und Körpers (sein linkes Knie) zeigten bereits Verschleißerscheinungen. Dabei hatte er keine kurze Radtour vor sich, denn er war auf dem Weg in die mit Bären reichlich gesegneten Weiten Alaskas und wollte Tuba City am nächsten Tag verlassen. Da ich ohnehin vorgehabt hatte, einen Tag Pause zu machen, um mich dringenden Waschangelegenheiten zu widmen und lange überfällige Briefe zu schreiben, verabredeten wir uns am 128 Kilometer entfernt liegenden Monument Valley.

Eine steife, bleierne Brise, die alles daran setzte, mich wieder zurück nach Tuba City zu blasen, fegte durch die Wüste. Die Strecke auf dem langen, geradlinigen, hügeligen *Highway* vorbei an Wild Cat Peak, Red Lake und Elephant Feet war schweißtreibend und anstrengend. Bei Cow Springs sollte sich laut meiner Karte ein *Trading Post* befinden. Mit dem Namen »Handelsposten« bezeichnet man hier gewöhnlich die kleinen, schlecht sortierten Lebensmittelläden, die von Indianern betrieben werden, doch als ich dort ankam, rotgesichtig und nahe am Kollaps, war der Laden verlassen und mit Brettern vernagelt, man hörte lediglich das Getrappel rattenähnlicher Kreaturen und ein im Wind klapperndes Metallschild. Doch wenigstens bot er willkommenen, weil seltenen Schatten. Ich saß auf der Veranda mit Ausblick auf die Straße und der Wind wirbelte um mich herum den Staub auf.

Gerade hatte ich einen Bissen von meiner Banane genommen und zwei Zeilen in meinem Salinger gelesen, da schepperte ein verbeulter, heruntergekommener brauner Pick-up-Truck, dessen Auspuffrohr über den Boden schleifte, in meine Richtung und kam ein paar Meter vor dem *Trading Post* zum Stehen. Meine inneren Alarmglocken schrillten. Oha, dachte ich, das gibt Ärger. Ich hatte es im Urin.

Der Fahrer, ein Indianer mit Cowboyhut, stellte seinen scheppernden Motor aus und blieb hinter dem Lenkrad sitzen. Durch das heruntergekurbelte Fenster konnte ich sehen, dass er ein breites Gesicht mit einem dichten, herunterhängenden Lippenbart hatte und eine Flasche Bier schlürfte. Ich gab vor, ihn nicht bemerkt zu haben. Ich steckte meinen Kopf tiefer ins Buch, doch mit Argusaugen beobachtete ich durch meine Ponysträhnen (von den Amerikanern *bangs* genannt) hindurch jede seiner Bewegungen.

In seinem verschlagenen Blick lag etwas Intensives und ich bemerkte sofort, dass seine rechte Hand nichts Gutes im Schilde führte. Vorsichtig ersetzte ich meine angegessene Banane durch meine zuverlässige Fahrradpumpe.

Es war nicht so sehr Angst, die ich verspürte, sondern Ärger. In Cow Springs hatte ich das erste Mal seit vielen Kilometern Schatten gefunden. Ich wollte lediglich eine halbe Stunde lang meine Ruhe haben, um hier mein Mittagessen verzehren und ein wenig in die

Welt Salingers abtauchen zu können. Stattdessen stahl mir dieser alberne Sack meine Ruhe, um sich in Form von Selbststimulation Befriedigung zu verschaffen.

Gelegentlich schoss vor mir ein Fahrzeug über den *Highway*, seine Passagiere ahnungslos, dass sich hier vor mir gerade die Scharade von Cow Springs abspielte. Ich wünschte mir sehnlichst, dass ein Wohnmobil mit einem Pärchen auf Urlaub abbiegen und hier Rast machen möge, denn dann wäre ich auf einen Schlag alle meine Ängste los.

Stattdessen gab es nur mich und ihn. Allein. Um mich herum drehten sich Schmutz und Sand unbeschwert in unergründlichen Wirbeln und das Schild klapperte weiter unheimlich im Wind. Ich wusste, dass er mich anstarrte und machte mir langsam Sorgen. Was wollte er? Mir Angst einjagen, mich bedrohen, vergewaltigen, ermorden? Würde er plötzlich aus seinem Truck aussteigen und mir den Schädel wegpusten? Er konnte mit mir mehr oder weniger tun, was er wollte. Wer, außer mir, würde ihn schon aufhalten? Da waren nur der Wind, der Staub und das klappernde Schild. Und er.

Manchmal sind Worte die beste Verteidigung. Gab es eine bessere Methode, ihn zu bevormunden, ihn zu demütigen, ihn klein zu machen? Wenn er rufen würde: »Weißt du, was ich hier in meiner Hand habe?«, könnte ich es ihm vielleicht mit dem praktischen Spruch: »Wenn es nur in eine Hand passt, interessiert es mich nicht!« heimzahlen.

Aber natürlich sagte er nichts dergleichen. Er sagte überhaupt nichts. Als ich mich, zum Aufbruch entschlossen, in den Sattel meines Gefährtes schwang, öffnete er jäh die Tür seines Trucks, stieg aus und gab den Blick frei auf seine lächerliche Gestalt: Sein Kopf, platt wie ein zerdrückter Fußball, steckte in einem breitkrempigen Hut, seine kurzen, stämmigen Sauerkrautstampfer steckten in spitzen, abgewetzten, wadenhohen Stiefeln, die Hose schlabberte verloren um seine Knie und die rechte Hand pumpte, was das Zeug hielt. Junge, hätte ich seine Eier gerne mit meinen Fußtritten traktiert! Ich glaube, er hielt sich für den großen Häuptling Donnerwetter, aber für mich war er nur ein großer Schlappschwanz.

Nach einer unbeständigen Nacht im Zelt auf einem Parkplatz in Kayenta, die mit viel Räderquietschen und Motorengeheul untermalt war, das ich dem Rambazamba im 24-Stunden-Münzwaschsalon des Ortes zu verdanken hatte (nicht empfehlenswert, eine Nacht so zu verbringen), radelte ich vorbei an den Felsformationen Half Dome und Owl Rock und weiter auf einer Straße, die sich um sich selber wand und mich von Arizona nach Utah und wieder zurück nach Arizona brachte und dabei durch die wundersame Landschaft des Monument Valley führte.

Hie und da ragten Felskathedralen hoch und stolz aus der Wüstenlandschaft, die die raue Schönheit des alten Wilden Westens verkörperte. Abgesehen von John Wayne, der in *Höllenfahrt nach Arizona* auf seinem Ross durch diese Monolithenlandschaft gejagt war, hatten sich hier unzählige andere galoppierende Revolverhelden in epischen Western wie *Der Teufelshauptmann* und *Faustrecht der Prärie* getummelt.

Einige dieser massiven, erodierten Felsriesen aus rotem Sandstein, die bis zu 300 Meter hoch aufragen und in unzähligen verschiedenen Rottönen erstrahlen, ähneln von Menschenhand erschaffenen Gebäuden, zerfallenen Schlössern, Säulen, Turmspitzen, himmelhoch aufragenden Wolkenkratzern oder antiken Tempeln, und jeder einzelne hat die Menschen zu fantasiereichen und passenden Namen inspiriert: Castle Rock (»Schlossfelsen«), The Alhambra, Grey Whiskers (»Graue Barthaare«), Setting Hen (»Legende Henne«), Rooster Rock (»Felsen des Hahns«), the Bear's

Ears (»Ohren des Bären«), the Stagecoach (»die Postkutsche«) und Thunderbird Mesa (»Tafelland des Donnervogels«). Letzterer ließ in mir sofort Bilder von den *Thunderbirds*, Mr. Tracy, Brains, Parker und dem Butler aufsteigen, die vor meinem geistigen Auge an ihren Fäden herumtanzten.

Die von allen am häufigsten fotografierten Formationen müssen wohl »The Mittens« (»Die Fäustlinge«) sein: zwei massive Felsen – steile Gebilde, die sich von ihren konischen Fundamenten erheben, wobei jedes eine schmale Felssäule besitzt (der »Daumen«), die neben einem soliden Felsbrocken (die »Finger«, die in Fäustlingen stecken) in die Luft ragt.

Ich traf Ruairidh auf dem Zeltplatz *Mitten View Campground* wieder, wo er sein Zelt in der Pole Position aufgebaut hatte. Es stand auf einem hohen, wenn auch etwas exponierten Felsvorsprung mit Aussicht auf das weit ausgedehnte Tal der Monumente. Ich gesellte mich zu ihm im Schatten eines Unterstands mit Picknicktisch, wo wir stundenlang quatschten, während sich um uns herum die vom Licht der Sonne feuerrot erglühenden Felsen der Monumente zu immer länger werdenden, scharf umgrenzten Silhouetten wandelten, deren Schatten über den verkrusteten, zu Terrakottatönen verbrannten Boden der Schlucht schlichen.

Wir brachten eine äußerst anregende halbe Stunde damit zu, unsere Ausstattungen zu vergleichen – die Ausstattungen fürs Zelten, versteht sich.

Ruairidh zeigte sich angemessen beeindruckt von meinem *Dog Dazer*, während ich seinen *Ever-Lasting Match*, ein Streichholz, das nie ausging, ähnlich fesselnd fand. Sein *Leatherman*-Messer, das über eine faszinierende wegklappbare Zange verfügte, weckte ebenfalls Begehrlichkeiten und obgleich mein *Minox*-Ministativ von überlegener Ästhetik war (ein Ausrüstungsgegenstand à la James Bond, der auf streng geheime Art zusammenzubauen ist), muss ich zugeben, dass Ruairidhs Teil noch genialer war, weil es sogar einen Schraubendreher enthielt.

An diesem Abend hatte ich im Toilettenhäuschen eine seltsame Begegnung mit einer indianischen Reinigungskraft. Als ich im Waschbecken meine Unterwäsche wusch, starrte der Mann mich unentwegt an. Er bewegte sich langsam näher und blieb dann, Wischmopp in der Hand, wie versteinert am benachbarten Waschtisch stehen und betrachtete mit Augen so schwarz wie Zuckerrübensirup mal mein Gesicht, mal meine Unterhosen. Durch meine Episode mit Häuptling Schlappschwanz sensibilisiert, drehte ich mich um und fragte bestimmt: »Entschuldigung, aber haben Sie vielleicht ein Problem?«

»Nein«, gab er zurück. »Sie vielleicht?«

»Ja, ich mag es nicht, wenn man mich anstarrt.«

»Warum nicht?«, fragte er, den Blick unverwandt auf mich gerichtet.

»Weil ich es eben nicht mag. Es stört mich ganz gewaltig.« Mit diesen Worten nahm ich meine Wäsche und ging davon.

Ich konnte in dieser Nacht nicht entspannt schlafen, weil der Wind mit Mordsgewalt durch die Vertäuung meines Zeltes heulte, die Plane aufbauschte, wie ein loses Schiffssegel zum Flattern brachte und drohte, mich aus meiner Verankerung zu reißen. Als ich endlich Schlaf fand, träumte ich, ich befände mich auf einem Flugzeug, das sich auf dem Weg zur Startbahn eine Serpentinenstraße hinauf bugsieren musste. Am Gipfel angekommen, hielten wir an einem fünf Kilometer tiefen Abhang, der, so teilte uns der Pilot mit, die für unsere Flugmethode geeignete Startbahn sei.

»Gut festhalten!«, rief er über die Lautsprecheranlage, dann gab er Vollgas und wir stürzten unverzüglich wie abgeworfener Ballast den Abhang hinunter. Als wir unausweichlich auf die Erde zurasten, rutschte mir ganz gewaltig das Herz in die Hose. Überflüssig zu erwähnen, dass wir eine Bruchlandung erlitten und in tausend Wrackteile zerlegt auf der Startbahn am Fuße des Berges ankamen. Seltsamerweise kletterten alle Passagiere unversehrt heraus und uns wurde befohlen, zum Terminal zurückzulaufen, wo ich, ausgesprochen erschüttert, einem wartenden Passagier gegenüber bemerkte: »Wissen Sie was? Ich habe gerade einen Flugzeugabsturz erlebt.«

»Na und?«, lautete die Antwort. »Sie haben überlebt, oder? Also, wozu die Aufregung?«

Was genau, so fragte ich mich beklommen, versuchte mir dieser Traum zu sagen?

Als Ruairidh und ich unsere Stahlrösser sattelten und uns nach Mexican Hat und Goosenecks am San Juan River aufmachten, trafen wir einige ernsthafte Langstreckenradfahrer, die sich in die Gegenrichtung bewegten. Steve, ein Australier, und Emmie, eine Japanerin, erzählten, sie seien bereits seit drei Jahren unterwegs. Ihre Reise habe in Australien begonnen und sie befänden sich jetzt, nachdem sie Alaska hinter sich gelassen hätten, auf dem Weg nach Südamerika. Steve, der früher einmal »bei *Safeway* Einkaufswagen herumgeschoben hatte«, sah von der Reise schon ziemlich mitgenommen aus. Er hatte offensichtlich kein Problem mit zusätzlichem Gewicht, denn an seinem vorderen Gepäckträger hing ein Elchgeweih und am Fahrrad selber baumelten zur Zierde diverse abgestoßene CDs, die er am Straßenrand aufgelesen hatte. Oben auf seiner Lenkertasche befand sich die grobe Skizze einer Weltkarte, von der er sagte: »Sie erinnert mich daran, auf welchem Kontinent ich gerade bin.«

Wir radelten weiter, erst durch eine verregnete Landschaft, die an die Moore Schottlands erinnerte, wie Ruairidh behauptete, dann in sengender Hitze durch die Wüste mit ihrer verdorrten, spröden, rot und violett leuchtenden Hügellandschaft, die die Erosion mit regelmäßigen Zackenzähnen ausgestattet hatte.

In Mexican Hat hielten wir an einem kleinen Lebensmittelladen, einem *Trading Post*, um unseren Proviant aufzustocken. An der Wand hing ein Veranstaltungshinweis, der den bald stattfindenden »WATER-FIELD-WETTKAMPF IN MEXICAN HAT« mit Wassermelonen-Wettessen-und-Wettlaufen, Fahnenstangenbiegen, Wettsatteln, Kartoffellauf, Tonnenrennen, Schafherdenrennen und Schuh-Schnellsuche ankündigte.

Am späteren Nachmittag machte ich einen guten Fund. Am Straßenrand erspähte ich ein halb die Böschung heruntergerutschtes blaues Etwas. Es war, wie sich herausstellte, ein Karton, der die Hälfte eines brandneuen Zeltes enthielt und dessen sofortige Bergung ich mit großer Freude in die Wege leitete, sehr zu Ruairidhs Verwirrung, die noch größer wurde, als ich ihm großzügig einen Teil meiner Beute anbot.

»Was willst du denn damit anfangen?«, fragte er perplex.

»Nun«, erwiderte ich, »es könnte doch nützlich sein«, und machte mich weiter daran, mit der Bügelsäge meines guten, alten Schweizer Armeemessers Stückchen, die »nützlich sein könnten«, aus dem halbierten Zelt zu sägen.

Die Reise auf dem Fahrrad hat neben vielen anderen Vorzügen den Vorteil, dass man Dinge am Straßenrand findet, die von Autofahrern übersehen werden. Ich muss zugeben, dass ich zerbrochene Disketten, Geweihe und Hundeschädel für Typen wie Steve liegen lasse, damit diese damit ihr Fahrrad behängen können, aber als ich durch Amerika radelte, machte ich fette Beute. Um genauer zu sein, ich war im Schlaraffenland, und das trotz Schildern mit der Aufschrift »UNRAT ABLADEN VERBOTEN« und der allseits beliebten

Kampagne mit dem Motto »ADOPT-A-HIGHWAY«, mit der Tausende von Vereinen und Wohltätigkeitsorganisationen allerorts die viele tausend Kilometer langen *Highways* ihres Landes vom Abfall befreien. Mindestens vier Mal im Jahr werfen sich die Helfer in ihre orangefarbenen Jacken und sammeln auf einem vorher zugeteilten drei Kilometer langen Straßenabschnitt Müll auf. Zum Dank dafür wird auf dem *Highway* ein für alle sichtbares Schild aufgestellt, das von ihren guten Taten kündet. Der Beute nach zu urteilen, die ich am Straßenrand machte, musste ich wohl direkt vor der nächsten Säuberungsaktion unterwegs gewesen sein und konnte unter den Auswürfen der Zivilisation meine Auslese treffen.

Ich bin immer wieder verdutzt darüber, wie viel Geld die Leute zum Fenster hinauswerfen – immerzu stieß ich auf in der Sonne glänzende *Dimes* und *Quarters* und fand sogar Dollarscheine. Der höchste Geldbetrag, den ich je im Schmutz am Straßenrand entdeckt hatte, betrug 8,50 Dollar. Ich stolperte über Straßenkarten und Bücher (darunter eines von Evelyn Waugh mit dem passenden Titel *Eine Handvoll Staub*, das sich, nachdem ich es einer kleinen Wäsche unterzogen und getrocknet hatte, als richtig gutes Buch herausstellte); Expanderseile waren immer nützlich und einmal fand ich eine große, voll funktionstüchtige *Magnalite*-Taschenlampe komplett mit Batterien. Das, fand ich, war eine wirklich aufmerksame Geste. Es gab auch Schmuck. Aber Werkzeuge gehörten eindeutig zu den häufigsten Fundstücken am Straßenrand. Hätte ich jedes Werkzeug, an dem ich je vorbeigekommen bin, mitgenommen, ich hätte ein eigenes Geschäft damit gründen können. Nichts ist betrüblicher als einen guten 600-Millimeter-Engländer zu finden und ihn nach langem Hinundherdrehen liegen lassen zu müssen, weil er einfach zu schwer ist.

Einmal sah ich einen Werkzeugkasten und seinen Inhalt verstreut am Straßenrand liegen. Ich vermute, dass der Kasten und sein

Innenleben von der Ladefläche eines Pick-up-Trucks gepurzelt waren. Unfähig, verstellbare Schraubenschlüssel, Steckschlüssel, Kreuzschlitzschraubenzieher, Zangen, Stemmeisen, Hammer und dergleichen einfach am Wegesrand liegen zu lassen, hängte ich alles in Reih und Glied mit Expanderseilen an meinem Gefährt auf und hievte und schleppte das Ganze über 30 Kilometer weit die Straße entlang, bis ich auf Anzeichen von menschlicher Besiedelung in Form eines Motels stieß. Mit meinen schwergewichtigen Fundstücken bepackt, torkelte ich an den Empfang und ließ die Glocke ertönen. Ein rotbärtiger Mann in kariertem Hemd erschien.

»Ich weiß, das ist jetzt eine merkwürdige Frage, aber hätten Sie vielleicht ein liebevolles Zuhause für einen Werkzeugkasten?«

Zunächst dachte er, ich sei nur so eine durchgeknallte Ausländerin, doch nachdem ich ihm mein Angebot erläutert hatte, wendete sich die Sache doch noch zum Guten. Ich durfte auf Kosten des Hauses in dem Motel übernachten, Verkostung mit Pfannkuchen in der Größe von Satellitenschüsseln inklusive.

Gerade als ich dachte, ich könnte mich glatt an das Reisen mit Ruairidh gewöhnen, kamen wir an eine Kreuzung und unsere Wege trennten sich. Er fuhr nach oben Richtung Alaska, ich schlug den Weg nach unten ein und fuhr weiter seitlich Richtung Ostküste.

Ich radelte weiter auf ruhigen und manchmal schmutzigen Straßen durch das Indianergebiet. Ich sah noch mehr Schlangen, besonders bei meinen Pinkelpausen (was ein wenig beunruhigend war), und ganze Heerscharen von türkisfarbenen Eidechsen mit karminroter Brust, die entweder manisch in der Gegend herumflitzten oder sich träge in der Sonne aalten.

Es gab auch Präriehunde – Kreaturen, die aussahen wie Eichhörnchen, aber ohne deren buschigen Schwanz –, die bellen können und in ausgeklügelten unterirdischen Höhlen leben. Sobald ich mich ihnen leise näherte, stellten sich diese Maushunde (so die griechische Bezeichnung des Gattungsnamens) schnell auf die Hinterbeine und nahmen ihre Erkundungsposition ein. Sie gingen blitzschnell in Habachtstellung, dann gab ein Tier bellend das Warnsignal. Wie von Zauberhand inszeniert, verschwand daraufhin die ganze Horde Präriehunde unter schnatterndem, aufgeregtem Fiepsen in ihre eng miteinander verbundenen Erdlöcher.

»Bellende Eichhörnchen« lautet der Name, den die Forschungsreisenden Meriwether Lewis und William Clark diesen kuriosen Kreaturen auf ihrer zwischen 1804 und 1806 unternommenen dramatischen Expedition in den damals noch unerforschten amerikanischen Westen verpassten. Damals waren diese Tiere der Wissenschaft noch gänzlich unbekannt gewesen, diese beiden Männer haben sie zum ersten Mal beschrieben.

»Auf dem Rückweg schossen sie einen wilden Hund, der ungefähr die Größe unserer Haushunde von der kleinsten Art hatte. Auf die Nachricht, dass sich die Höhlen dieser kleinen wilden Hunde in einer geringen Entfernung von unserem Lager befänden, begaben sich die beiden Captains mit der gesamten Mannschaft (...) dahin. (...) Sie hofften nämlich, diese Tiere aus ihren Löchern herauszutreiben, wenn sie Wasser in diese gießen würden; aber obgleich sie bis spät in die Nacht daran arbeiteten, wurde doch nur ein einziger Hund gefangen.«

Woody Allen hat einmal gesagt: »Geld ist besser als Armut, wenn auch nur aus finanziellen Gründen.« Als ich durch Arizona radelte, war ich immer wieder überrascht darüber, wie viele Menschen dort unterhalb der Armutsgrenze leben. Hässliche, baufällige Wohnwagensiedlungen, so genannte *Trailer Parks,* armselige Schuppen oder Wellblechhütten, vor denen sich Barrikaden aus verrosteten

Eisenteilen türmten, verunzierten vielerorts die Landschaft. Einige Indianer lebten immer noch in *hogans* – traditionellen, aus Lehm und Holz erbauten Wohnstätten – mit »Vorgärten«, die mit ihren zerbeulten Metallteilen, Fahrzeugwracks, zerlegten Motoren, Kühlschränken und Gummireifen eher an Schrottplätze erinnerten. Es gab keine Ordnung, kein Gras, keine Blumen, keine Zäune – nichts, was sie von der staubig verwehten Wüstenlandschaft trennen und unterscheiden würde.

Die Indianer hatten schon immer ein hartes Leben gehabt. Das Land gehört eigentlich rechtmäßig ihnen: Sie waren schon vor Hunderten von Jahren hier, noch vor den jungen Amerikanern auf ihrem Weg in den Westen. Im Münzwaschsalon *Coin-Op* in Kayenta traf ich einen alten Navajo-Indianer mit wettergegerbtem Gesicht namens Chee Ramirez, der mir erzählte, die Regierung habe seinem Stamm übel mitgespielt. Das Leben der Indianer, meinte er, sei von Demütigungen, Ausbeutung, Arbeitslosigkeit, Depression, Alkoholismus und Selbstzerstörung geprägt.

Später las ich, dass die Ureinwohner Amerikas bei einer Arbeitslosenrate von 40 Prozent, die damit ungefähr 10 Mal höher liegt als der nationale Durchschnitt, einer Kindersterblichkeit, die doppelt so hoch wie der Durchschnitt ist, und einer Lebenserwartung von 44 Jahren (65 für andere Amerikaner) durchschnittlich über ein Monatseinkommen von nur 1500 Dollar (umgerechnet 1145 Euro) verfügen, was 25 Prozent des nationalen Durchschnitts entspricht. Diese Zahlen überraschten mich nicht, hatte ich doch mit dem Rad die Indianerreservate von Utah und Arizonas *Painted Desert* durchquert.

17

Liebe, Frieden und Heckenschützen

Colorado begrüßte mich in Gestalt der erhabenen Rocky Mountains, deren Anblick bereits genügte, damit meine Beine zu Wackelpudding wurden. Nach Wochen in der Wüste, in extremer Hitze und ohne Laub fand ich es wunderbar, mich in den Bergen mit den klaren, tosenden Flüssen und in der erfrischenden Juniluft zu tummeln. Und das Grün: Alles war so *grün* – so lebendig, so frisch, so sauber. Die Landschaft war nicht länger verdorrt, spröde, verbrannt und strapaziös. Wohlgenährte, zufriedene Kühe grasten beschaulich auf üppigen grünen, mit wilden Blumen übersäten Weiden. Als ich stetig luftigere Höhen erklomm, erschienen mir die schillernden, schneebedeckten Gipfelkuppen mit ihren scharf gezackten Umrissen ungeheuer riesig. Jede Nacht in meinem Zelt wurde vom Rauschen eines Flusses untermalt.

Adler kreisten hoch am kühlen Berghimmel, Murmeltiere (die alpine Version des Präriehundes) schnatterten und flitzten behände davon, als ich an ihnen vorbeifuhr. Rotschulterstärlinge, in deren Gefieder während des Fluges hie und da leuchtend scharlachrote Flecken wie frische Blutspritzer aufblitzten, brachen, sobald sie in meiner lautlosen, zweirädrigen Gegenwart eine Gefahr für ihre Nester zu wittern glaubten, über mir in ein jähes Zetern und Lärmen aus und versuchten, mich mit ihrem Tak-Tak-Tix-Tix-Tix zu vertreiben.

Lag ich bei Dämmerung in meinem geöffneten Zelt, konnte es vorkommen, dass Kolibris nur wenige Zentimeter vor meinem Gesicht umherschwirrten. Ihr im vibrierenden Flug bunt schillerndes Federkleid versetzte mich immer wieder in Staunen und sie ließen mein Herz vor Freude schier bersten. Wenn ich meinen hell leuchtenden Fahrradhelm mit Reflektoren trug, hielten mich die Kolibris regelmäßig für eine neue, wenngleich etwas seltsame Blumenart, die sie, wie ein Helikopter in der Luft schwebend, umtanzten und umschwärmten. Dabei kamen sie meinem Gesicht so nahe, dass ihre in Überschallgeschwindigkeit auf und ab schlagenden Flügel einen sanften Windhauch erzeugten, der mir sachte die Wangen küsste.

In der Nähe von Hotchkiss traf ich vor einer *Conoco*-Tankstelle auf eine Horde Hippies, die sich *Rainbow People* nannten. Sie waren barfuß, ungekämmt, ungepflegt und sahen aus, als könnten sie mal wieder eine Dusche vertragen. Sie mampften gerade apathisch alle zusammen aus einer großen Tüte Chips, da meldete sich ein Junge mit lauter fettigen Rattenschwänzen auf dem Kopf und einem Gardinenring in der Nase zu Wort: »Dieses chemisch behandelte Zeug ist Scheiße!«

»*Yeah*!«, erwiderte ein anderer und stopfte sich eine große Handvoll davon in den Mund, »aber die Scheiße schmeckt gut.«

Sie boten mir auch welche an und erzählten mir, dass sie zu einer 40 Kilometer weiter am *Overland Reservoir* stattfindenden Versammlung unterwegs seien. Hier, in den bewaldeten Gefilden hoch oben auf dem Berg würden sich im Juli 50 000 Hippies aus dem ganzen Land zu einem wochenlangen Fest der »geistigen Harmonie« zusammenfinden.

»Wir sind wie eine große, glückliche Familie«, erklärte ein ganz in indische Baumwolle gehülltes Mädchen namens Magnolia, »wir stehen uns untereinander näher als unseren eigenen Blutsverwandten.«

Die meisten dieser reisenden Regenbogenkrieger kamen von der Westküste. Ein Junge namens Blazer hatte kürzlich sechs Monate auf Hawaii damit verbracht, »echt voll lässig abzuhängen, Mann«. Von dort sei er nach Jamaika geflogen, wo er zweifellos noch lässiger abgehangen hatte. Nach dem »Familientreffen« nächsten Monat wollten sie sich auf den Weg nach Florida machen, um der Band *The Grateful Dead* auf ihrer Tour nachzureisen.

»Arbeitet ihr auch mal irgendwann?«, fragte ich.

Blazer lachte abschätzig. »Scheiße, Mann. Wozu sollte ich *das* denn machen?«

»Wie könnt ihr euch denn eure vielen Reisen leisten?«

»Hey, ich hab da meine Mittel. Ich mach's ganz cool, okay?«

Ganz cool? Das klang verdächtig. Ich wollte nachhaken, beschloss dann aber, lieber das Thema zu wechseln, um nicht auf der Todesliste der »Spirituell-nicht-Harmonischen« zu landen.

»Wie geht es den Einheimischen mit Leuten wie euch? Ich meine, 50 000 Personen, das ist eine große Familie, die ihnen da auf einmal in den Hinterhof schneit. Habt ihr schon mal Probleme bekommen?«

»Die sind manchmal richtig beschissen drauf«, erzählte der Junge mit den chemisch behandelten Chips. »Vor'n paar Jahren tobte eines Nachts mal so 'ne Truppe sturzbetrunkener Dorfdeppen in ihrem Truck durch unser Lager. Die fuhren wie die Berserker mitten in eine Menschengruppe. Ham ein Mädel und zwei Typen umgebracht. Herrgott, das war ein Schlammassel.«

Als ich wieder aufbrechen wollte, sagte Blazer: »Hey, weißte, du kannst echt gerne mal mitkommen und die Familie kennenlernen. Mal sehen, wie die andere Hälfte der Amerikaner so lebt, hm?«

Später an diesem Nachmittag hielt ich an einem Haus, um meinen Wasservorrat wieder aufzufüllen. Eine ältere Dame mit einer dicken Schicht pfirsichfarbenen Puders im Gesicht kam an die Tür. Sie sagte: »Aber sicher«, als ich sie mit meinem wässrigen Begehren konfrontierte, und lud mich ein, in ihre Küche zu kommen, während sie die Flaschen auffüllte. Als ich ihr erzählte, dass ich gerade dabei sei, mit dem Fahrrad das Land zu durchqueren, fiel ihr die Kinnlade herunter. »Was – so ganz mutterseelenallein? Gott schütze Sie, Herzchen.« Dann machte sie mir eine Tasse Tee.

Die pfirsichgesichtige Crystal beschwerte sich bitterlich bei mir über die *Rainbow People*. Sei seien ein echter Schandfleck, sagte sie. Sie würden die Landschaft verschmutzen.

»Sie haben keine Sanitäranlagen. Sie zapfen von den Bewässerungsanlagen der Bauern das Wasser ab, und denen bleibt nichts mehr für ihre Felder. Man kann sie nicht vertreiben, weil sie sich auf öffentlichem Gelände aufhalten, und wissen Sie was? Sie kosten die Gemeinden 30000 Dollar wegen der zusätzlich benötigten Park Ranger und des Polizeischutzes. So viel zu all ihrem Liebe-und-Frieden-Getue – das sind professionelle Ladendiebe. Die sind völlig rücksichtslos. Die Leute hier wären froh, die Typen von hinten zu sehen. Außerdem riechen sie schlecht.«

Ich hoffte, Redstone noch in dieser Nacht zu erreichen, doch sobald die Sonne von den Elk Mountains verschluckt worden war, wurde es schnell dunkel und kalt. Als die Straße frei war, zerrte ich mein Rad die Böschung hinauf in ein dichtes Espenwäldchen und schlief ein.

Ich kenne viele, die in der Nacht Rad fahren und davon begeistert sind, aber mich dem erhöhten Risiko auszusetzen, über einen Felsvorsprung zu stürzen oder von einem Autofahrer umgemäht zu werden, war meine Sache nicht. In einer Ausgabe von *Bicycle USA* hatte ich Folgendes gelesen: »Die *Highway*-Polizei berichtet, dass zwischen 23 Uhr und 2 Uhr in der Früh auf bestimmten Straßen jeder dritte Autofahrer trotz Alkoholverbots betrunken am Steuer sitzt.« Ich war lieber im Schlafsack als im Leichensack.

Sechs Uhr in der Früh. Ich schlug meine Zeltklappe zurück, verschreckte einen Hasen und schaltete dann mein Radio ein. Die Nachrichten waren nicht gerade dazu geeignet, Glücksgefühle auszulösen. Ein 16-Jähriger war in Los Angeles in seinem Klassenzimmer von einem anderen Jungen erschossen worden. Dieser hätte zu seinem Schutz vor dem Bandenkrieg, der seit einiger Zeit auf dem Gelände der *Fairfax Highschool* tobte (die Schule, auf die auch Michael Jackson gegangen war), eine Magnum .357 bei sich getragen. Als er seine Schultasche (mit der Waffe) auf das Pult gestellt habe, seien versehentlich mehrere Schüsse losgegangen, die den Jungen vor ihm töteten und einen anderen lebensgefährlich verletzten.

Nur einen Tag zuvor hatte ich in einer Ausgabe des *Time Magazine* gelesen, dass jeden Tag 135 000 Kinder in Amerika ihre Waffen mit in die Schule bringen. Der Artikel war voller verblüffender Zahlen und Fakten:

»Die USA sind nur eines von vier Ländern – einschließlich Iran, Irak und Bangladesch –, in denen jugendliche Straftäter hingerichtet werden. Und fast jedes vierte amerikanische Kind unter sechs Jahren lebt in Armut.

(...) Vergessen Sie das nächste Jahrhundert. Denken Sie nur einen Augenblick lang über das Schicksal von amerikanischen Kindern von heute während eines einzigen Tages nach. Alle acht Sekunden eines Schultages bricht ein Kind die Schule ab. Alle 26 Sekunden reißt ein Kind von zu Hause aus. Alle 47 Sekunden wird ein Kind misshandelt oder vernachlässigt. Alle 67 Sekunden bringt ein Teenager ein Baby zur Welt. Alle 7 Minuten wird ein Kind wegen eines Drogenvergehens verhaftet. Alle 36 Minuten wird ein Kind von einer Waffe verletzt oder getötet.«

Acht Uhr in der Früh. In den Nachrichten noch mehr Verzweiflung. Ein siebenjähriger Junge wurde auf seinem Weg zur Schule von einem 33-jährigen ehemaligen Häftling in den Kopf geschossen, ein professioneller Scharfschütze, der bei der Polizei zu Protokoll gab, absichtlich in eine Gruppe Kinder gefeuert zu haben.

All diese schrecklichen Horrorgeschichten schienen mir so weit weg. Die Luft war frisch und sauber, die Sonne schien, die Vögel sangen. Mit der zufriedenen Stimmung eines Campers, der die Nacht dank perfekter Anpassung an die Landschaft unentdeckt und ungestört überstanden hatte, packte ich mein Zelt zusammen. Auf diesem engen, von meinem Körper platt gedrückten Fleckchen laubbedeckter Erde hatte ich alles gefunden, was ich brauchte: Nahrung, Wasser, Schutz, einen kuscheligen Schlafsack, Bücher und Musik – eine kompakte, unabhängige, in sich geschlossene Einheit. Als ich dann die letzte Tasche an meinem Fahrrad befestigt hatte, ließ ich meinen Blick noch ein letztes Mal über die von mir zurückgelassene Stelle schweifen, an der ich inmitten raschelnden Laubs geschlafen hatte und eins geworden war mit dem Wald. Nur die Tiere, die Vögel und die krabbelnden Insekten hatten meine Heimstatt entdeckt.

Ich schoss den sonnengewärmten, perfekt als Motiv für eine Ansichtskarte geeigneten Berg hinunter, vorbei an Hütten, die aus dicken Holzstämmen gefertigt waren. An meiner Seite wand sich ein munteres Flüsschen, das mich auf meiner rasanten Abfahrt wie ein überschwänglicher Weggefährte begleitete. Als ich inmitten solcher Schönheit weiter und immer weiter nach unten ins Tal rollte, fragte ich mich, ob ich mich wirklich im selben Land befand, in dem auch all diese schießwütigen Gewalttaten geschehen waren. Es fiel mir schwer, das zu glauben.

Vor meiner Fahrt nach Snowmass hielt ich noch in Carbondale, um Magen und Gepäcktaschen wieder zu füllen. An diesem Abend unterhielt ich mich im Café einer Tankstelle mit einigen einheimischen Bergsteigern. Wir diskutierten über Lawinen, Dampfzüge, Angriffe von Bären, die IRA und das Staatsmotto Colorados, das da lautet: *Nil Sine Numine* (Nichts ohne Fügung). Als sie sich danach erkundigten, entlang welcher Route ich die Berge überquert hätte, fragte mich einer, ob ich schon von dem Mädchen in Carbondale gehört hätte. Hatte ich nicht. Offenbar war eine halbe Stunde, nachdem ich durch die Stadt geradelt war und darüber sinniert hatte, dass zwischen den Straßenbanden und Schießereien und schrecklichen Nachrichten und der prachtvollen Landschaft Colorados Welten lagen, ein 16-jähriges Mädchen auf derselben gewundenen Straße, auf der ich zuvor nach Redstone hinuntergesaust war, auf dem Beifahrersitz des Autos ihres Freundes von einem Scharfschützen erschossen worden.

Ich bewegte mich stetig aufwärts, neben mir die Flüsse Roaring Fork (»Rasende Gabel«) und Frying Pan (»Bratpfanne«) und kam durch die 120 Jahre alte Stadt Aspen, die für Kommerz und all das steht, was sich keiner außer der Après-Ski-Szene von Aspen leisten kann. Die Stadt sieht aus wie eine Kreuzung aus einer in Bergeshöhen erbauten Kulisse für einen Siedlerwestern aus Hollywood und dem Drehort für die Serie *Denver Clan*.

Ich blieb gerade lang genug, um mir im *City Market* etwas Brot, Bananen, Honig und Haferflocken zu kaufen, dann verließ ich die Stadt wieder, um einen geeigneten Platz zu finden, auf den ich mein müdes Haupt betten könnte. In dieser Nacht schlief ich auf einem Zeltplatz namens *Difficult Campside* (»Schwieriger Zeltplatz«), ein Ort mit einem etwas unheilvollen Namen, von dem aus ich am nächsten Morgen zum Independence Pass aufbrach. Die Tour, auf der ich 3686 Höhenmeter überwinden musste, raubte mir den Atem, sowohl im wörtlichen als auch im übertragenen Sinn. Mit Blick auf spektakuläre gezackte, schneebedeckte Gipfel, die wie vereiste Nadeln in den tiefblauen Himmel stachen, fuhr ich pochenden Herzens weiter hinauf in die immer dünner werdende Luft.

Es war Montag, ein guter Tag, um den schmalen Pass zu befahren, der sich wie ein Band durch die Landschaft wand, denn an diesem Tag herrschte kein dichter Wochenendverkehr, und so musste ich nicht befürchten, von Fahrzeugen abgedrängt, über den steil nach unten abfallenden, nicht mit Leitplanken geschützten Abhang zu stürzen.

Als ich in der Nähe des Gipfels an einer kleinen Straßenbucht mit Aussicht auf ein gewaltiges, tief zerklüftetes Tal Rast machte, hatte ich keuchend und schwer atmend bereits mehrere Stunden Fahrt hinter mich gebracht. Es dauerte nicht lange, da fuhr ein roter Cadillac vor, aus dem drei hippe, junge Typen kletterten, die ganz sportlich mit grellen rosa-grün karierten Jacken bekleidet waren und Haartollen trugen wie die *Teddyboys*. Schweigend öffneten sie den Kofferraum, zogen drei Golfschläger heraus und stellten sich in einer Reihe am Schwindel erregenden Abgrund auf.

Einer nach dem anderen holten sie im Takt der aus dem Auto dröhnenden Oldies aus den Sechzigern zu einem gewaltigen Schlag aus, mit dem sie ihre Bälle zunächst hinauf in die fernen, eisigen Wolken, dann hinab ins tiefe Tal katapultierten.

»Sagenhaft!«

»Bombig!«

»Abgefahren!«

Das war alles, was sie sagten. Dann stiegen sie wieder ins Cabrio und brausten mit keck vom Heck gereckter Haifischflosse weiter den Berg hinauf. Ob dieses seltsamen Benehmens konsterniert, beschloss ich, erst einmal eine Banane zu essen. Mir taten die Wanderer leid, die weiter unten von den in rasantem Tempo herunterfliegenden Golfbällen getroffen werden konnten.

Als ich nach fast sieben Stunden Steigung den Gipfel erreicht hatte, fühlte ich mich fit wie ein Ringkämpfer – nach Luft ringend und fit fürs Bett. Der eisige Wind hatte meine Gesichtszüge erstarren lassen und durchschnitt meinen Körper wie ein Messer. Mit krebsroten Wangen erreichte ich die Spitze des Gebirgskamms der *Continental Divide*, der nordamerikanischen kontinentalen Wasserscheide, die die nach Westen fließenden Flüsse Amerikas von den nach Osten fließenden trennt und wo verschneite, zu einem Gebirgspanorama aufgereihte Gipfel hoch in das majestätische Himmelszelt mit seinen wirbelnden Kumuluswolken aufragten.

Von hier an ging es nur noch bergab.

Abgesehen von drei ziemlich unanstrengenden Pässen, bewegte ich mich zwei Tage lang ununterbrochen abwärts. Dann war plötzlich Schluss mit den Bergen. Colorado Springs lag direkt an einem Abhang und von dort aus konnte ich das erste Mal sehen, was noch vor mir lag: die endlose, flunderplatte Weite der Great Plains.

»Junge, Junge, ich möchte nicht mit dir tauschen«, sagten die Leute immer wieder zu mir, wenn ich ihnen erzählte, wohin meine Reise gehen würde. »Das wird superlangweilig, wenn es nichts zu sehen gibt.«

Ich verbrachte das Wochenende in *the Springs*, wie Colorado Springs bei den Einheimischen heißt. Dort wohnte ich bei einer Familie, die ich bei einer gemeinsamen Fahrt im Dampfzug flüchtig kennengelernt hatte. Diesen hatten wir im weiter südlich gelegenen Durango bestiegen, das als Einstiegsort für die auf 110 Jahre alten Schienen verlaufende Strecke der *Narrow Gauge Railroad* nach Silverton berühmt ist. Vor der Stadt kann man außerdem in einem Skigebiet namens *Purgatory*, also »Vorhölle«, über die Pisten sausen.

Während meines Aufenthaltes bei Steve, Barbara und deren zwei jungen Söhnen Josh und Daniel wurde das Wetter dann richtig schlecht. Tägliche gewaltige Gewitter war ich ja bereits gewöhnt, aber das war nichts gegen die Unwetter, die mich noch erwarteten. Ständig gab es Tornadowarnungen. Hagelkörner in der Größe von Golfbällen fielen mit einer solchen Wucht vom Himmel, dass innerhalb von nur einer Stunde meterhohe Hagelberge und Schäden in Millionenhöhe entstanden. Häuser, Autos und Bäume wurden zertrümmert. Wassermassen rauschten durch die Straßen wie ein reißender Wildwasserstrom.

Barbara und Steve hatten Nachbarn zum Abendessen eingeladen. Da sie ursprünglich aus Kansas stammten, waren sie im Gegensatz zu mir heftige Tornados und Stürme gewohnt, daher fragte ich sie, ob sie mir vielleicht einen Tipp geben könnten. Wie sollte ich mich verhalten, wenn auf langer, einsamer Strecke ein Tornado hinter mir herfegte? Sie rieten mir, »wie der Teufel« zur nächsten Brücke über die *Interstate* zu fahren, von oben in die untere Ausbuchtung zu klettern und mich dort »ganz doll« festzuhalten. Theoretisch entsteht ein Vakuum, wenn der Tornado eine Brücke erfasst, und dadurch verliert er einen Augenblick lang seine Sogwirkung. Doch für mich würde es nicht leicht sein, dies einmal auszuprobieren. Erstens war ich selten auf der *Interstate* unterwegs und selbst wenn ich es wäre, können die Entfernungen zwischen geeigneten Brücken bis zu 80 Kilometer lang oder sogar noch länger sein. Ich erzählte dem Pärchen aus Kansas, dass ich vorhätte, mich eher an ruhige Landstraßen zu halten, und fragte, ob sie vielleicht auch dafür einen Ratschlag hätten.

»Nun, am besten«, meinten sie, »ist es, wenn Sie in einen Graben springen und beten.«

Da hatte ich ja noch keine Ahnung, dass ich den Mittleren Westen ausgerechnet während des Sommers mit den meisten Stürmen seit 104 Jahren durchqueren würde.

18

Vom Himmel verschlungen

Nach wochenlanger zermürbender Zickzack-Zuckelei fuhr ich endlich auf einer schnurgeraden Straße gen Osten. Den ganzen Tag lang beäugte ich argwöhnisch die am Horizont zuckenden Blitze und ominösen Sturmwolken, die sich um mich herum auftürmten. Ich hatte vorgehabt, die Nacht in Punkin Center zu verbringen, das auf meiner Karte als relativ großes Städtchen eingezeichnet war.

Als ich am frühen Abend dort ankam, stellte sich heraus, dass Punkin Center nichts weiter ist als eine ruhige Kreuzung mit einem kleinen *Diner*, einer Wohnwagensiedlung und einem eingezäunten Gelände, auf dem Baustellenfahrzeuge und -geräte lagerten. Keine Menschenseele war zu sehen.

Das *Diner* hatte geschlossen. Ich klopfte an die Fliegengittertür auf der Rückseite des Hauses, ein Mädchen kam heraus und wischte sich die Hände an ihrer mit Essensresten verkrusteten Schürze ab. Michelle war die Kellnerin und wohnte mit ihrem Großvater in der Wohnwagensiedlung auf der anderen Straßenseite, auf dem ich schließlich zeltete – sehr zur Verwunderung ihrer dreibeinigen Promenadenmischung, die alles daransetzte, mich zu verschlingen.

In dieser Nacht krachte und schepperte der Himmel über mir in ohrenbetäubenden Explosionen, der Wind peitschte den in Strömen vom Himmel stürzenden Regen über das Land und trieb ihn in eine rabiate Raserei.

Der Morgen dämmerte klar und friedlich, doch das war nur ein hinterhältiger Trick des Unwetters, um mich nichtsahnend in der schutzlosen Weite zu erwischen. Weitere Stürme waren vorhergesagt worden und es gab massenhaft Tornadowarnungen. Ich beschloss, mich schleunigst auf den Weg zu machen, und trat wie eine Wilde in die Pedale Richtung Wild Horse nahe der Grenze zu Kansas. Auf dem Weg kam ich an einer Straßenbaustelle vorbei und eine Frau mit einem Halten/Fahren-Schild rief mir zu: »Hey, hallo! Sie sind bestimmt Josie!«

Nachrichten verbreiteten sich wie ein Lauffeuer in dieser flachen, freundlichen Gegend. Sie »hatte gehört«, dass ich in »Pumpkin« Center gezeltet hatte und »durchs Land unterwegs war«.

»Das is bestimmt unheimlich, so allein mit'm Rad«, sagte sie.

Maxine war einem kleinen Schwätzchen nicht abgeneigt. Es sei ein bisschen langweilig, meinte sie, den ganzen Tag mit nur einem rot-grünen Schild als Gesellschaft auf der Straße herumzustehen. Um ein Auskommen zu haben, arbeite sie auch im nahe gelegenen *Diner*, wo sie 2,50 Dollar (umgerechnet 1,53 Euro) die Stunde als Kellnerin und 4 Dollar (rund 3 Euro) die Stunde als Aushilfsköchin verdiente. Dafür, dass sie den ganzen Tag mit ihrem Halten/Fahren-Schild in der schweißtreibenden, feucht-warmen Hitze stand, erhielt sie 6 Dollar (rund 4,50 Euro) die Stunde.

»Ja, klar, das ist manchmal richtig harte Arbeit«, sagte sie. »Ich hoffe, dass ich bald mit dem Nähen von Quilts was verdienen kann, aber 's is am Anfang 'n bisschen schwierig. Die Leute hier haben einfach nicht das Geld.«

Ich überquerte die Grenze nach Kansas, dem »Weizenstaat«, dem Land von *Superman* und Dorothy aus dem *Zauberer von Oz*. Plötzlich winkten mir alle zu – jeder Autofahrer, jeder Bauer, jeder Lastwagenfahrer, jeder Güterzugfahrer. Je weiter ich mich vom verrückten, egozentrischen Kalifornien entfernte, desto freundlicher wurden die Menschen. Ich hatte *Small Town America*, das Amerika der Kleinstädte, erreicht.

In Kansas spürte ich zum ersten Mal, wie es sich anfühlt, mitten auf einem riesigen Kontinent zu stehen – das änderte sich auch nicht, als ich durch Lebanon kam, ein Städtchen, das sich einst seiner Lage als geografischer Mittelpunkt der Vereinigten Staaten rühmte. Dazu kam, dass ich mich hier im Getreidegürtel befand.

Die Getreidefelder im Mittleren Westen sind wie ein umgekehrter goldener Himmel – ein Himmel so weit und hoch, dass er alles andere zu verschlingen scheint. Ich radelte den ganzen Tag einem Horizont entgegen, der so unendlich weit entfernt lag, dass ich ihm nie näher zu kommen schien. Ich hatte das Gefühl, ein Land zu durchqueren, das niemals endet. Doch diese Bilder von einsamen Getreidesilos, die in sich versunken in den sich endlos erstreckenden Weizen- und Maisfeldern kauern, waren irgendwie symbolisch, bewegend und überwältigend. Wo Colorado nur Berge hatte, hatte Kansas nur Himmel.

Hier im Land der Prärien war es dem Wetter unmöglich, sich an mich heranzupirschen: Es gab keine Wälder, Gebäude oder hohe Hügel, hinter denen es sich verstecken konnte. Stattdessen konnte ich beobachten, wie sich die mächtigen Gewitterwolken zusammenballten und sich über Stunden hoch und immer höher auftürmten. Ständig drehte ich meinen Kopf wie ein Periskop, um den Himmel nach den verräterischen Zeichen eines Tornados abzusuchen, einem trichterförmigen Teufelswind, der mit einer Geschwindigkeit von bis zu 480 Stundenkilometern auf mich losgehen und mich in seinen wirbelnden und dämonisch gierigen Strudel ziehen könnte. Jedes Jahr zogen Wirbelstürme eine Spur der Verwüstung durch die Landschaft der Great Plains. Städte, Häuser, Ernten, Vieh, Autos, alles konnte innerhalb von Sekunden in tausend Stücke gerissen und zerschmettert werden.

Eines Nachmittags nahmen die dichten, kohlrabenschwarzen Gewitterwolken, die sich wie kopflastige Ungeheuer im Osten zusammengeballt hatten, eine bedrohliche grünliche Färbung an – ein sicheres Anzeichen dafür, so hatte man mir gesagt, dass sich ein *Twister* zusammenbraue. Mir wurden die Knie zusehends weich wie Pudding, denn ich schaute zitternd dabei zu, wie der Himmel auf die Erde fiel, und musste feststellen, dass es keine Zuflucht gab.

Flächenblitze krachten und entfachten sich so laut, dass mir fast das Trommelfell platzte. Eine Wand aus weißen Hagelwolken marschierte über die weite, ebene Landschaft direkt auf mich zu. Es klang wie das zornige, klappernde Getöse eines herannahenden Zuges. Ich machte einen Hechtsprung in den einzigen Unterschlupf, den ich finden konnte, einen nassen, unterirdischen Entwässerungsgraben, als bereits Hagelkörner in der Größe von Tennisbällen auf die Erde niedergingen.

Am nächsten Tag las ich in der Zeitung, dass fünf Menschen in jenem Sturm ums Leben gekommen und die Bauern über den Zustand ihrer Felder und ihres Viehs alles andere als erbaut gewesen waren:

»›Wir ham nix einfahren können. Ham alles verloren!‹, sagte [Bauer] Jeff Boyle. (...) Boyle berichtete, er habe ungefähr 20 der 120 Kühe seiner Herde verkrüppelt oder tot aufgefunden. Die anderen waren verschwunden.«

Meine Nerven lagen blank und mein Leben wurde dominiert von den vielfältigen Peinigungen des launenhaften Himmels.

»So'n Sommer hatten wir noch nie«, hörte ich die Leute sagen, egal, wohin ich kam. »Um diese Jahreszeit sollte es eigentlich richtig schön sein.« Diese Kommentare trugen nicht wirklich dazu bei, meine Stimmung zu heben.

Ich hatte die Gegend erreicht, die die Einheimischen als *Tornado Alley* bezeichnen, als »Gasse des Wirbelsturms«. Eines Nachts, ich zeltete während eines heftigen Gewitters in einem mit seinen Wedeln wirbelnden Maisfeld, drehte ich an meinen Radioknöpfen und stellte den Wetterbericht ein. Ich war ein wenig alarmiert, als ich erfuhr, dass in den umliegenden Bezirken drei Wirbelstürme ihr Unwesen trieben, von denen sich zwei in meine Richtung bewegen sollten.

Wenn man von Kopf bis Fuß zitternd flach auf dem Rücken mitten in einem Maisfeld liegt und einen nichts außer einer dünnen reißfesten Nylonplane vor dem Leben zerstörenden Unheil schützt, fühlt man sich angesichts der Warnungen, im Haus zu bleiben und sich im Keller zu verschanzen, doch ein klein wenig verwundbar. Außerdem führt es dazu, dass man panisch jede Menge Stoßgebete gen Himmel schickt. Ich lag da, hilflos wie eine Erbse in ihrer Schote, die nur darauf wartet, verzehrt zu werden.

Da ich nichts Besseres zu tun hatte, rannte ich in dem verzweifelten Versuch, alle Schotten dicht zu machen, leicht bekleidet hinaus in den Sturm. Doch die Verankerungen zu sichern und einen symbolischen Felsen auf einem Hering zu platzieren, während der Regen so heftig auf mich eindrosch, dass ich mir ein Schleudertrauma zuzog, war eine absolut sinnlose Aktion in Sachen Wasserundurchlässigkeit.

Doch wie sich später herausstellte, waren die rasenden Wirbelstürme an mir vorbeigezogen. Ich hatte die Nacht überlebt – wenngleich nur um Haaresbreite. Nachdem die Angst, von einem Tornado erfasst zu werden, abgeklungen war, musste ich nun allerdings befürchten, weggeschwemmt zu werden. Als der Morgen dämmerte, lag ich bereits in einem immer nasser werdenden Schlammpfuhl und die Befürchtung, in einem überschwemmten Maisfeld zu ertrinken, geriet zunehmend zu einer durchaus realistischen, gleichwohl wenig attraktiven Bedrohung.

In stürmischen Nächten wie dieser bemerke ich oft, wie mir mein Gefährt, so hingeworfen am Boden liegend, einen verbitterten Blick zuwirft, in dem eine stumme Anklage mitschwingt: Wie kannst du mich nur bei so einem Wetter hier draußen lassen? Das verursacht einem Schuldgefühle, die ungefähr so schlimm sind, als hätte man die Katze bei Windstärke 10 in die Nacht gejagt.

Wenn man so im Sicheren, Warmen und Trockenen liegt und auch nur einen Funken Sensibilität besitzt oder irgendeine Form von Verbundenheit verspürt für das, was draußen in der Kälte und Nässe zurückbleiben musste, sei es Tier oder Gegenstand, kann dieses nagende Gefühl, man habe unrecht gehandelt, ziemlich hartnäckig sein. Aber sosehr ich mein Fahrrad mit ganzer Seele und aus tiefstem Herzen liebe, ich habe es immer für besser gehalten, mich bei dem Thema, ob ein Fahrrad bessergestellt sein sollte als sein Besitzer, nicht zu sehr in Sentimentalität zu verlieren. Alles was recht ist, aber sicherlich ist doch mein Komfort wichtiger als der eines Haufens Metall, sei er auch noch so nützlich.

Ich weiß, es gibt Menschen, die anders ticken. Vor ein paar Jahren strampelte ich einmal im Zickzack die spektakuläre, mit Fjorden durchsetzte Küste Norwegens hinauf und traf Paul, einen hochgewachsenen, typisch bodenständigen Burschen aus Yorkshire, der eine besorgniserregende Beziehung zu seinem Fahrrad aufgebaut hatte. Er wolle mit ihm schlafen, beichtete er mir. Ich muss sagen, dass mich dieses unerwartet wollüstige Geständnis etwas verblüffte, und ich versuchte, mir bildlich vorzustellen, was man unter bestimmten Umständen mit einem Paar Speichennippeln, einer Lochschraube und einem geschmeidig eingeölten Tretlager so alles anstellen könnte.

Doch ich muss zugeben, dass es mein Hirn war, das mir solche Fantasien bescherte, und nicht das von Paul. Der Drahtesel war mit mir durchgegangen. Paul (mitfühlender Radler und Camper, der er nun einmal war) wollte sein liebenswertes Gefährt lediglich unter der Zeltplane schützen, statt es draußen im Regen vor sich hin rosten zu lassen. Glaube ich jedenfalls.

Pauls Problem bestand darin, dass sein Zelt kaum groß genug war, um seine 1,80 Meter große Wenigkeit zu beherbergen, von seinem öligen, metallenen und kalten Begleiter mal ganz zu schweigen. Mit Schuldgefühlen seinem verlassenen Fahrrad gegenüber belastet, vertraute er mir an, dass er sich tatsächlich schon überlegt habe, mit seinem Gefährt den Schlafplatz zu tauschen: Das Rad sollte im kuscheligen, trockenen Zelt übernachten, während er sich für die Nacht im Freien mit einem Kryptonite-Schloss an ein feststehendes Objekt ketten und im Regen zittern würde.

Nennt es, wie ihr wollt – ich nenne das schräg. Wäre Paul schon seit Wochen unterwegs gewesen, bevor ich ihn traf, seine dubiosen Begierden wären bei mir auf etwas mehr Verständnis gestoßen. Denn meiner Erfahrung nach hat es Auswirkungen auf die kleinen grauen Zellen, wenn man eine Zeit lang mutterseelenallein unterwegs ist, besonders, wenn man ohnehin intellektuell gesehen nicht mit besonderen Gaben gesegnet ist. Aber Paul befand sich auf einem zweiwöchigen Kurztrip, eine Zeitspanne, in der es meiner Meinung nach möglich sein sollte, bei klarem Verstand zu bleiben.

Zwischen dem kalten, friedlichen Norwegen und Kansas schienen Welten zu liegen und es war beruhigend festzustellen, dass ich nicht die Einzige war, die mit blank liegenden Nerven gegen die Naturgewalten ankämpfte. Eines Nachmittags – wieder fegte ein Sturm durch die Straßen – traf ich 30 Amerikaner und 40 Belgier, die sich auf einem Protestmarsch von New York nach Nevada befanden, um gegen Atomtests zu demonstrieren. Völlig durchnässt und laut ihre Stimmen gegen die rund um uns herum krachenden und explodierenden Himmelsgewalten erhebend, um sich Gehör zu verschaffen, mussten sie schließlich zugeben, dass sie ein schlechtes Jahr für ihren Marsch gewählt hatten. Ein Mann mit langen Haaren und Rauschebart in Socken und Jesuslatschen erzählte mir, er wünschte, er wäre irgendwo mitgefahren. Ein anderer zerzauster Typ meinte, er bedauere, nicht gleich ganz zu Hause geblieben zu sein.

Eines herannahenden Abends, als ich mal wieder auf weiter Flur von einem Unwetter erwischt wurde und eine Ladung Hagelkörner, so groß wie Tischtennisbälle, auf mich niederging, gewährte mir eine Familie in ihrem Pick-up-Truck Unterschlupf und bewahrte mich so davor, frühzeitig ins Grab geknüppelt zu werden. Drinnen saßen John und Vala Mosier, deren quirlige Tochter Jade und zwei kleine Jungs, Joshua und Jacob. Sie lebten nur ein paar Meilen weiter, in Hoxie, und meinten: »Kommen Sie und übernachten Sie bei uns!« Sie mussten mich nicht lange überreden.

John arbeitete als Brunnenbauer und Vala war Rettungssanitäterin, was bedeutete, dass sie ständig Bereitschaftsdienst hatte und stets einen Piepser mit sich herumtragen musste. An diesem Abend wurde sie während des Abendessens angepiepst und musste sofort loseilen, um einen Bauern aus der Gegend medizinisch zu versorgen, der unter seinen Mähdrescher geraten war.

»Abgesehen von einer Kopfverletzung ist ihm nichts passiert«, berichtete sie, als sie Stunden später zurückkehrte. »Bei uns überschlagen sich immer wieder Bauern mit ihren Mähdreschern. Es gibt viele, die dabei ums Leben kommen. Es belastet einen immer ein bisschen, wenn man den Menschen gekannt hat.«

John und Vala erzählten mir viel über das Leben in Kansas und es schien mir, als drehe sich vieles um Kuhfladen. Weil in der Prärie während des 19. Jahrhunderts Holzknappheit herrschte, wurden damals so genannte *Buffalo Chips* zum Feuermachen genutzt. Heute findet Dung andere Verwendungen. Es gibt »Kuhfladenwettwerfen« und sogar »Kuhfladenbingo« – der Boden eines Kuhpferchs wird in Rechtecke unterteilt und die Spieler schließen Wetten darüber ab, auf welches Rechteck die Kuh ihren Fladen plumpsen lassen wird.

»Wir sind ein bisschen eigentümlich hier, wissen Sie«, sagte Vala.

Ich erwiderte, daran sei sicher das Wetter schuld.

John und Vala, begeisterte Motorradfahrer (sie träumten davon, »durch die Rockies zu röhren«), waren bestens über Veranstaltungen wie die *Kansas Motorcycle Club Poker Runs* (bei denen man an festgelegten Haltepunkten eine Karte vom Stapel nehmen musste) und die *Biking Scavenger Hunts* informiert. Bei Letzterem muss der Fahrer eine bestimmte Anzahl von bestimmten Objekten, wie zum Beispiel einen Kalksteinbrocken, ein Bild des Papstes, eine Quittung über exakt 5 Dollar, eine spezielle Wertmarke von Burger King, ein Kondom aus einem Automaten und, versteht sich, einen frischen Kuhfladen, sammeln.

Ich strampelte weiter. Weiter und immer weiter. Die Straße schien nicht enden zu wollen. Das platte Land schien nicht enden zu wollen. Die Landschaft schien nicht enden oder beginnen oder irgendwas anderes sein zu wollen als das, was ich schon seit Hunderten von Kilometern im Vorbeifahren gesehen hatte – Felder so groß wie Frankreich, übervoll mit Weizen, Mais, Sojabohnen oder Sonnenblumen. Und weil alles so ausgedehnt und leer und weit war, war es seltsam wunderbar.

Gertrude Stein hat einmal geschrieben: »In den Vereinigten Staaten ist mehr Raum, wo niemand ist, als wo irgend jemand ist«.

Ich war noch nie zuvor an einem ähnlichen Ort gewesen. Gelegentlich beschlich mich das Gefühl, dass ich mich in Wirklichkeit gar nicht bewegte – so als säße ich in einer Tretmühle und würde wie hypnotisiert in einem Meer von Mais immer weiter in die Pedale treten, bis ich nach vorne umkippen und mein Leben aushauchen würde. »*Gaaaad*! Das muss ja so langweilig sein!« riefen die Leute im Chor, wenn ich bei einer seltenen Gelegenheit mal auf welche traf.

Ermüdend, ja, aber nicht langweilig. Es gibt immer zu viel zu tun, als dass es langweilig werden könnte. Dinge wie ... seine Füße dabei zu beobachten, wie sie sich im Kreis bewegen. Na ja, für manche klingt das vielleicht nicht besonders anregend, aber man sollte sich da nicht täuschen. Fußbeobachtung, besonders wenn es sich um die eigenen Füße handelt, die da ununterbrochen im Kreis herumwirbeln, kann außerordentlich meditativ sein. Es kann einen angenehmen, schmerzfreien, transzendentalen Trancezustand hervorrufen und für eine Weile vergessen machen, dass es Dinge wie Nahrung gibt oder dass man lieber schlafen als Rad fahren würde, dass man viel lieber umdrehen und im Rückenwind davonsausen statt qualvoll strampelnd gegen eine ewig wehende Böe ankämpfen möchte und wie gerne man irgendwo anders wäre als in einer geballten Ladung Mais in Kansas.

Selbstverständlich ist es keine gute Idee, in so einem hypnotisierten, von Mais gesättigten Zustand einem mit Höchstgeschwindigkeit herbeirauschenden Getreidelaster in die Quere zu kommen. Wiederum sind es genau diese Art von lebensbedrohlichen Situationen, die dem einsamen Radwanderer zwischen den Kontinenten wieder neues Leben einhauchen.

Gelegentlich gebe ich mir selber Rätsel auf, um mein Gehirn wieder in Schwung zu bringen. Wo war ich letzte Woche um diese Zeit? (Bin durch die Prärie geradelt.) Wo werde ich nächste Woche um diese Zeit sein? (Werde durch die Prärie radeln.) Was würde ich tun, wenn ich jetzt zu Hause wäre? (Nicht durch die Prärie radeln.) Danach bin ich geistig immer völlig erschöpft und konzentriere mich wieder ein Weilchen auf meine Füße.

Die Leute denken, dass ich, weil ich allein reise, manchmal ein Gefühl der Einsamkeit verspüre. Tue ich aber nicht und weil das so ist, frage ich mich, ob ich dieses Gefühl nicht vielleicht doch habe, denn sonst würden es ja nicht alle bei mir vermuten. Es handelt sich hier um eine dieser verdrehten, hin und her schwankenden Gleichungen des Lebens: allein = einsam? Doch manchmal kann das Reisen mit einem Weggefährten einsam sein, weil man sich als Einheit von anderen absondert. Das macht es schwerer, sich der Außenwelt zu öffnen und diese zu erleben. Wenn man eine bekannte Schulter zum Anlehnen hat, verliert man die belebende Spannung der ungeahnten Möglichkeiten und das erregende Gefühl des Unbekannten. Wie John Hatt in seinem »Ratgeber für Reisen in die Tropen« schreibt:

»Allein zu reisen ist immer ein Abenteuer. Reist man zusammen mit einem Freund, ist es manchmal ein Abenteuer.«

Und ich bin mir sicher, der rasende Jonathan Raban würde dem zustimmen. In *Neue Welt – eine Amerikanische Reise* schreibt er:

»Die einzig richtige Art zu reisen ist, allein zu reisen. (...) Dadurch eröffnet sich eine ganz neue Welt. Man überlässt alles dem Zufall und dem Glück.«

Im Wettlauf gegen ein Unwetter erreichte ich Junction City, wo ich mich in ein Motel einmietete, in dem ich durch einen an die Rückseite meiner Zimmertür befestigten Zettel auf Folgendes hingewiesen wurde:

»Hunde, Vögel und Fische sind auf den Zimmern STRENG VERBOTEN!«

Meine Zimmerunterhaltung kostete einen *Quarter* (also rund 20 Cent). Es handelte sich um ein vibrierendes Bett. Ich warf die Münze in den Schlitz und wartete, die Hände an beide Seiten des Betts geklammert, gespannt darauf, dass die Erde beben möge. Nichts passierte. Ich versetzte der Geld fressenden Maschine einen saftigen Hieb mit der hoteleigenen Bibel. Action! Während der ersten Minute war es noch lustig, so durchgeschüttelt zu werden, aber dann fühlte ich mich doch ausgesprochen seekrank und musste absteigen.

Ich schaltete den Fernseher ein. Das Highlight der Regionalnachrichten war der Bericht über eine tattrige Siebzigjährige in paillettenbestickter Bluse (die ziemlich üppiges Bauchfett entblößte, das da über ihrem tief sitzenden Rock wabbelte), die behauptete, bis zum heutigen Tag, ihrem 78. Geburtstag, noch nie einen *Big Mac* von *McDonald's* gegessen zu haben. Die Kamera fuhr zu nah heran, zeigte, wie ihr faltiger, zitternder Mund sich für ihren ersten Bissen um den Hamburger schloss, und verdarb mir den Appetit auf mein Bananensandwich. Nach vielen überflüssigen Geräuscheffekten wurde sie gefragt, wie es ihr geschmeckt habe, und sie antwortete: »Du liebes Lieschen, ihr Schlingel. Jetzt weiß ich auch, warum ich bis heute keinen gegessen habe!«

Ich zappte mich durch eine uferlose Flut von Fernsehkanälen und da ich nichts fand, das bei mir nicht den Drang auslöste, mit einem Presslufthammer die Mattscheibe zu zertrümmern, schaltete ich ab. Dann aß ich mein Bananensandwich auf und pflanzte mich aufs Bett, wo ich im *Time Magazine* über die Fernsehgewohnheiten von Kindern in Amerika las:

> »Durchschnittlich hat ein Kind [in Amerika], wenn es in die erste Klasse kommt, bereits 5000 Stunden Fernsehen geschaut. Am Ende der Highschool sind es bereits 19 000 Stunden – mehr Zeit, als es im Klassenraum verbringen wird. Dieser er-

schreckend hohe Anteil an passiv gewonnenen Erfahrungswerten lässt keinen Platz für andere, aktiv gestaltete Erlebnisse wie das Spiel im Freien, Treffen mit Freunden oder das Lesen. Marie Winn, Autorin des Buches *Die Droge im Wohnzimmer*, lieferte eine denkwürdige, wenngleich etwas überzogene Beschreibung von dem tranceähnlichen Zustand, in den das Fernsehen den kindlichen Zuschauer versetze: ›Die Miene des Kindes ist wie verwandelt, der Kiefer ist entspannt und hängt leicht nach unten; die Zunge liegt auf den Vorderzähnen (wenn es schon welche hat). Die Augen haben einen abwesenden, stumpfen Blick ...‹«

Vor kurzem schrieb Jeremy Campbell im Londoner *Evening Standard*:

»Das amerikanische Abgeordnetenhaus wurde darüber informiert, dass gewalttätige Fernsehsendungen in fast der Hälfte aller Mordfälle in Amerika eine Rolle gespielt hätten. Der Psychiater Dr. Rowell Houseman sagte vor einem Komitee aus, dass aggressives Verhalten von Schauspielern in Fernsehfilmen und -serien die kindliche Lebensanschauung beeinflussen kann. ›Aus aggressiveren Achtjährigen werden aggressivere Erwachsene und die frühkindlichen Lernerfahrungen, die Gewalt in den Medien auslöst, kann das Verhalten noch Jahre später beeinflussen‹, sagte Dr. Houseman bei der Anhörung auf dem Capitol Hill.«

Auf Hawaii hatte ich einen Katalog mit Lifestyleprodukten, die mit alternativen Energiequellen gespeist werden, durchgeblättert. Unter den solarbetriebenen Campinglaternen, die keine Batterien benötigen, und dem »luxuriös beleuchteten Sparduschkopf für das

Duschvergnügen zu zweit« entdeckte ich auch den »seit eh und je bei Eltern beliebten (...) Fahrradgenerator für die natürliche Regulierung des kindlichen Fernsehkonsums. Die Kinder müssen treten, damit der Fernseher läuft!«

Ich dachte: Genial! Doch ich wusste, dass diese Art der Genialität leider niemals erfolgreich sein würde.

Ich stieß weiter vor in die heimatlichen Gefilde des John-Boy Walton. Getreidesilos (Mühlen), das Symbol der Weizenvormacht Kansas, ragten nun wie in Beton gegossene Monolithen aus der flachen Landschaft. Sie lieferten mir außerdem stets einen willkommenen Hinweis darauf, dass ich mich einer Kleinstadt näherte, wo ich etwas anderes zu Gesicht bekommen würde als herannahende Unwetter oder meine rotierenden Füße.

Manchmal brachten schon die gigantischen Reklameschilder, die sich gelegentlich über die in ihrer schieren Masse Schwindel erregenden, wogenden Weizenfelder erhoben und auf denen zumeist Parolen zum Thema Abtreibung oder Gott prangten, ein bisschen Pep in meinen Tag:

»ABTREIBUNG TÖTET EIN KLOPFENDES HERZ«
oder:
»AM ENDE DER STRASSE WIRST DU GOTT TREFFEN«
oder:
»WENN JESUS AM SONNTAGMORGEN AUF DIE ERDE ZURÜCKKÄME, WO WÜRDE ER DICH FINDEN?«

Ich war mir ziemlich sicher, dass ich Kansas City erreicht hatte.

Zum ersten Mal erwies sich meine Vermutung als korrekt. Das Einzige, was ich über Kansas City erfahren hatte, war, dass es führend in der Herstellung von Seife und die Heimat eines gewissenlosen Serienmörders war, der seine Opfer verzehrt hatte. Die Stadt war außerdem die Hölle für Radfahrer, deshalb hielt ich mich nicht lange dort auf. Ich überquerte die Grenze nach Missouri, das den Beinamen *Show Me* (»Zeig mir«) *State* trägt.

»Zeig mir was?«, befragte ich die Einheimischen neugierig über eine mögliche Deutung dieses Spitznamen. Einige wussten es nicht, andere, die nicht viel von diesem Staat hielten, meinten, es bedeute: »Zeig mir, wie ich hier wieder rauskomme«. Ein Lehrer gab eine komplexere Theorie zum Besten, wonach der Name aus einem Satz stamme, den der Abgeordnete Willard D. Vandiver in seiner Rede im Jahre 1899 in Philadelphia ausgesprochen haben soll. Er lautet: »Ich komme aus Missouri. Sie müssen es mir zeigen.«

Was man ihm genau zeigen sollte, blieb unklar. Ich finde, das Ganze ist ein ziemlich verzweifelter Versuch, ein Motto für Missouri zu finden.

Die Landschaft wurde herrlich grün und war von sanften Hügeln durchzogen, die Straßenränder waren überzogen mit einem üppig wachsenden, berauschend süß duftenden, farbenfrohen, wilden Blumenmeer.

Als ich ein klitzekleines gewundenes Teilstückchen am Missouri River (mit seinen 4130 Kilometern der längste Fluss des Landes) entlangfuhr, hörte ich hinter mir etwas scheppern. Es war ein Fahrrad und darauf saß Harvey, ein sechzigjähriger Mann, der »über Land« von San Diego nach New York unterwegs war. In gut zwei Wochen hatte er dieselbe Strecke zurückgelegt, für die ich mehr oder weniger knapp zwei Monate gebraucht hatte. An dieser Stelle endeten aber auch schon die Gemeinsamkeiten. Er hasste jede Minute seiner Reise, was nicht überraschte, radelte er doch mit gesenktem Kopf, nichts sehend, nichts genießend. Er hielt nicht an, um die Gegend zu erforschen. »Als ich das Schild zum Monument Valley sah, habe ich gedacht: ›Ist mir egal‹ und bin weitergeradelt.« Er hielt auch nicht an, um sich zu unterhalten. »Jeder in diesem verdammten Land ist ein Dummkopf, der sein Hirn im Allerwertesten sitzen hat.«

Ein wenig verblüfft fragte ich ihn: »Und warum fahren Sie dann durch Amerika?«

»Weil ich unter 'ner verspäteten Midlife-Crisis leide. Meine Jugendliebe – seit 36 Jahren meine Ehefrau – ist beschissenerweise einfach abgehauen. Ohne Vorwarnung. Nix. Ich hatte immer gedacht, wir kennen einander in- und auswendig. Ich meine, Junge, das war auf jeden Fall richtig dufte, wie wir zusammen *Double Bridge* gespielt haben. Wolln Se wissen, wann ich zum ersten Mal gemerkt hab, dass 'se mich hasst?«

Ich nickte eifrig. Nach all dieser Zeit, in der ich nur meine Füße und Weizenfelder betrachtet hatte, war das hier handfestes Skandalmaterial. Ich ermutigte ihn weiterzuerzählen.

»Nun, vor drei Wochen, ich lag gerade im Bett und las die Sonntagszeitungen, kommt Thelma hereinspaziert, wirft mir, kaltschnäuzig wie'n Fisch, die Scheidungspapiere hin und macht sich dann vom Acker. Ich mein', Herrgott – wenn die Frau nicht verrückt ist, dann weiß ich's nich.«

Als wir an einer Tankstelle anhielten, um uns etwas zu trinken zu kaufen, bemerkte ich, dass der Mann blau war wie ein Veilchen. Er verkündete, dass es »ein Gottesgeschenk« sei, mich getroffen zu haben, und versuchte, mir einen sehr feuchten Kuss aufzudrücken. Ich konnte ihm glücklicherweise entfleuchen und radelte weiter durch Miami Station, De Witt, Holliday, Paris, Florida, Monroe City und New London nach Hannibal, die Stadt, in der Mark Twain seine Jugend verbracht und die ihm als Vorlage für seine Romane *Huckleberry Finn* und *Die Abenteuer des Tom Sawyer* gedient hatte.

Ich bepackte gerade vor dem *National Supermarket* meine Fahrradtaschen, da hörte ich zufällig eine Unterhaltung zwischen einigen jugendlichen Muskelprotzen in ärmellosen T-Shirts und mit aufgepumpten Bizepsen mit an, die sich vor dem Laden getroffen hatten. Einer der Jugendlichen, mit Armen in Schlingen und mit blutigen Verbänden, sah aus, als habe man ihn rückwärts durch die Messer eines Mähdreschers gezerrt.

»Jesses, Bud, *fuck*, was ist denn mit dir passiert?«, fragte ein anderer, der körperlich unversehrter aussah.

»Scheiße, Mann ... so'n Spinner ist Freitagnacht durchgedreht und hat mich abgestochen. Der Typ ist verrückt geworden und hat versucht, mich zu Brei zu schlagen, und dann mit 'ner Kettensäge rumgefuchtelt. Der Doc meinte, es sei ein Wunder, dass ich's überlebt hab.«

Als ich meine Taschen weiter mit essbarem Vorrat belud, hielten einige Passanten an und machten sonderbare Bemerkungen. Nachdem er herausgefunden hatte, aus welchem Land ich komme, meinte einer: »Ihr Briten sagt oft ›verdammt‹, stimmt's?«

Ich meinte, das sei ein Haufen verdammter Unsinn.

Eine Frau mit blauen Haaren und Schmetterlingsbrille warnte mich: »Da draußen ist es gefährlich!«

Ihre Freundin, eine füllige Dickmadam in Hauslatschen, mischte sich ein: »Sie kommen aus England? Mensch, das ist richtig toll. Ich kenne ein Mädchen namens Susie, die kommt aus ... ach, da laus mich doch der Affe ... irgend so eine Stadt mit »P«. Kennen Se die vielleicht?«

Randolph, der im Krieg während der Ardennenoffensive als Sanitäter in Torquay stationiert gewesen war, zeigte mir seinen von Granatsplittern verletzten, vernarbten Arm und seine Hand, an der nur noch zwei Fingerstummel hingen, und fragte mich dann: »Haben Sie keine Angst, vergewaltigt oder überfahren zu werden?«

»Doch, sogar sehr!«, erwiderte ich.

»Warum bleiben Se dann nich zu Hause?«

»Weil es dort genauso leicht passieren könnte und dann hätte ich nie Amerika gesehen und faszinierende Menschen wie Sie kennengelernt.«

Randolph, der Hannibal seit 50 Jahren nicht verlassen hatte, fand mich seltsam und sagte mir das auch. Als ich dann aber aufbrechen wollte, umschloss er meine Hand mit seinen vernarbten und zitternden Fingerstummeln und sagte: »Bis dann, Herzchen, und viel Glück!«

Randolphs fromme Wünsche wirkten genau bis zur Stadtgrenze, wo ein Unwetter, das sich bereits den ganzen Tag zusammengebraut hatte, beschloss, sich just in diesem Moment mit voller Wucht auszutoben.

Innerhalb weniger Sekunden explodierte der Himmel, die Wolken entleerten sich, die Straßen wurden überschwemmt, ein Blitz schlug in einem Kamin über mir ein und ließ um mich herum Backsteine herabregnen. Ich hatte noch nie gehört, wie ein Blitz einschlägt, und der dynamische detonierende Donnerschlag jagte mir einen solchen Schrecken ein, dass meine Reifen in Aquaplaning gerieten und ich über die Straße glitt, gegen die Bordsteinkante krachte und über meinen Lenker hinweg durch die geöffneten Türen eines *Diners* segelte.

Beim Aufprall wurde mein Ellenbogen übel zugerichtet, ich prellte mir die Hüfte und mein Rücken machte »ping«, was ganz und gar nicht gut klang, doch davon einmal abgesehen, war alles in Ordnung. Ich lag wie ein Häufchen Elend am Boden des *Diners*, da kam das Glück, das Randolph mir gewünscht hatte, in Form eines mir sofort sympathischen kartoffelknödelförmigen Kochs zu mir zurück, denn dieser half mir wieder auf die Beine, bereitete mir ein Festessen aufs Haus und ich durfte futtern, bis ich platzte.

Ich überquerte den gewaltigen Mississippi – Amerikas mächtigen Fluss, der auf seiner 3778 Kilometer langen Reise von Minnesota bis zum Golf von Mexiko den halben Kontinent entwässert – und erreichte dann die sanften Hügel und den fruchtbaren Boden von Illinois. Vom Wohlstand gesegnete Höfe mit hübschen, roten Scheunen waren überall zu sehen, ebenso wie ganze Heerscharen von übergroßen Landmaschinen der Marke *John Deere*. Am Straßenrand gab es Hinweis- und Reklameschilder, auf denen ein hüpfender Hirsch (englisch *deer*) abgebildet war. Darauf las ich:

»ACHTUNG! JOHN DEERE KREUZEN!«

Was mir die sehr reale Gefahr bewusst machte, von einem dieser Ungetüme platt gewalzt zu werden.

In dieser Gegend war der Boden so schwarz und fruchtbar, dass die ersten Bauern, die ihre widerspenstigen Pflüge durch diesen dicken, klebrigen Mulm gezerrt hatten, ihm den Namen *gumbo* gaben. Darin zeltete es sich wie in batzigem, klebrigem Treibsand.

Eine weitere Gefahr für Camper existiert in Form einer winzigen Kreatur mit dem Körperumfang eines Salzkorns und dem dämlichen Aussehen einer Krabbe, die den Namen *Ixodes scapularis* (Hirschzecke) trägt und verantwortlich zeichnet für die Übertragung der schleichenden Lyme-Borreliose, die nach Aids die in den Vereinigten Staaten von Amerika am weitesten verbreitete Viruserkrankung ist.

Benannt nach dem gleichnamigen, ruhigen Örtchen auf Long Island Sound in Connecticut, wo sie 1975 das erste Mal auftrat, löst die Lyme-Borreliose bei ihren Opfern eine Reihe von Krankheitssymptomen aus, die von grippeartigen Erscheinungsformen wie Gliederschmerzen bis zu Herzerkrankungen und neurologischen Störungen reichen (ich traf eine Bäuerin, die deswegen ihr Leben im Rollstuhl verbringen musste).

Mein Zelt war oft mit Zecken übersät und es war so gut wie unmöglich, sie abzuschütteln, da sich ihre Hinterbeine hartnäckig am Stoff festklammerten. Ich kratzte mich ununterbrochen und suchte meinen Körper zwanghaft nach den blutsaugenden Biestern ab. Wenn eine Zecke zusticht, setzt sie sich erst einmal ein paar Stunden fest, bevor sie sich am Blut des Wirts gütlich tut, doch dann labt sie sich drei oder vier Tage lang daran. Während dieser Zeit gibt sie unter Umständen ihre ansteckende Fracht an ihr Opfer weiter. Je länger die Zecke dort verweilt, desto höher das Risiko. Aufmunternde Fakten für den krankheitsanfälligen Camper.

Ich radelte weiter durch Springfield, die Stadt, in der Abraham Lincoln seine Anwaltskanzlei betrieben hatte, heiratete und auch begraben war. Als ich einen Bauarbeiter nach dem Weg zu einem der zahlreichen Museen fragte, die das Andenken an den erschossenen Präsidenten und Sklavengegner bewahren, meinte er: »Sie wolln sich doch nicht etwa diesen Lincoln-Scheiß angucken, oder?«

Innerhalb von Minuten hatte ich die beiden Extreme von Springfield durchquert. Befand ich mich gerade noch in blitzblanken Vororten, in denen reihenweise dicke, glänzende Autos unter dicht belaubten Bäumen in mit Kopfsteinpflaster verzierten Straßen vor hohen, hübschen Häusern parkten, war ich schon im nächsten Augenblick in einem von Armut gezeichneten Schwarzenviertel gelandet, wo desillusionierte Menschen auf den Veranden ihrer dicht an dicht zusammengezimmerten, vom Wetter gezeichneten, heruntergekommenen Holzbaracken auf alten abgerissenen Lehnsesseln oder Matratzen saßen oder lagen und rauchten, ein Schwätzchen hielten oder einfach vor sich hinstarrten.

»Sehen Se bloß zu, dass Se vor der Dunkelheit da weg sind«, hatte der Bauarbeiter gewarnt, »da gibt's 'ne Menge Ghettos und Gangs. Ich hoffe, Sie haben sich wenigstens 'ne Waffe besorgt.«

In dieser Nacht, ich hatte mich in ein schmuddeliges Motel am Rande der Stadt eingemietet, schaltete ich den Fernseher ein und sah Paxton Quigley (häufiger Gast bei amerikanischen Talkshows, setzt sich dafür ein, dass Frauen den Umgang mit Waffen lernen), die über ihre Kurse redete, in denen sie Frauen für 150 Dollar beibrachte, wie man einen Mann erschießt. Während der vergangenen Monate hatte sie 3000 Frauen gezeigt, wie sie auf dem Rücken liegend einen Angreifer mit einer Hand erschießen können. Ich dachte: Das ist ja nett.

Nachrichten von Menschen, die einander umbringen, waren in den Vereinigten Staaten so normal wie nicht zutreffende Wetterberichte in England. Nach Paxton kamen die Regionalnachrichten, die mich darüber informierten, dass zwei schwarze Teenager in der Nachbarschaft, nur ein paar Straßen von meinem Motel entfernt, erschossen worden waren. Ich war noch am Nachmittag an der Stelle vorbeigefahren.

19

Kein normales Verhalten

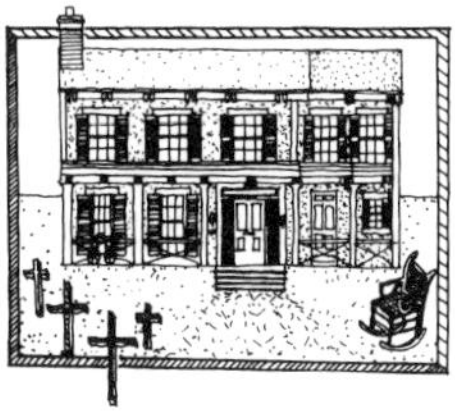

Das Wetter pendelte täglich wie ein Jo-Jo zwischen stürmisch und schwül hin und her. In der Nacht herrschten in meinem Zelt feuchtwarme Temperaturen zwischen 32 und 38 °C. Ich flackte unbekleidet und phlegmatisch auf meinem Schlafsackinlett und dennoch trat mir der Schweiß aus allen Poren.

Wenn ich vor Hitze nicht schlafen konnte, lag ich wach und beobachtete, wie die Glühwürmchen bei ihrem lautlosen Flug durch die Nacht die Taschenlampen aus- und anknipsten. Glühwürmchen (oder Leuchtkäfer) verwenden zur Partnersuche eingebaute, durch chemische Körperreaktionen hervorgerufene Leuchtfeuer. Jede Spezies hat ihren eigenen Morsecode. Das Weibchen hockt am Boden oder im Gebüsch und wartet, bis ein verführerisches Männchen im Vorbeiflitzen (sozusagen) seinen Regenmantel öffnet und ihr einen Blick auf seine strahlenden Schätze gewährt. Leuchten seine Schmuckstücke hell genug, antwortet es ihm mit ihrer eigenen »Lichtshow«.

Ich rollte an den allgegenwärtigen *Dairy Queens*, *K-Marts* und *Hardees* vorbei nach Clinton, Illinois. Hier hatte Abraham Lincoln im

Jahr 1858, als er gegen Stephen Douglas für einen Sitz im US-Senat kandidierte, bei einer Wahlkampfveranstaltung Folgendes gesagt: »Man kann einen Teil des Volkes die ganze Zeit täuschen, und das ganze Volk einen Teil der Zeit. Aber man kann nicht das gesamte Volk die ganze Zeit täuschen.«

Am Morgen meiner Abreise aus *Clin'n*, wie die Einheimischen es nennen, ereilte mich bereits beim Aufstehen die Nachricht, ein Mann habe im Streit darüber, ob eine Frau in einer Bar in Benton/Illinois einen Slip getragen habe oder nicht, seinen besten Kumpel erschossen.

Von allen 50 Staaten Amerikas hatte ich am meisten über Illinois gehört. Das liegt daran, dass fünf Generationen meiner Familie auf dem *Evergreen Cemetery* in Bloomington-Normal (dessen Partnerstadt ausgerechnet Canterbury in England ist), nur ein paar Kilometer vor *Clin'n*, begraben liegen.

Manchmal werden meine Eltern gefragt, ob meine Wanderlust in der Familie liege. Mein Vater behauptet, von seiner Seite käme das nicht: Die Dews seien seit Generationen Feuerwehrleute oder Bauarbeiter in London und hätten sich da auch nicht wegbewegt. In der Familie meiner Mutter gibt es Werkstattbesitzer aus dem Staate New York und Ladenbesitzer aus dem Mittleren Westen. Doch einen Angehörigen, einen unsteten Springinsfeld, dessen unruhige Art ich vermutlich geerbt habe, macht sie immer gerne dafür verantwortlich: Mein Urgroßvater Hiram Myers ist einfach »aufgestanden« und »losgezogen« zum Klondike, wo damals ein Goldrausch herrschte. Glücklicherweise kam er mit dem Leben davon und konnte seine Geschichte erzählen, unglücklicherweise war er jedoch bei seiner Rückkehr nach Rochester, New York, finanziell sehr viel schlechter gestellt als zuvor. Nachdem er zwei Jahre fort gewesen war, stieg er die Stufen zu seiner Veranda hoch und schritt geradewegs an meinem Großvater Wayne Myers vorbei, der zu diesem Zeitpunkt vier Jahre alt war. Hiram hatte seinen eigenen Sohn nicht mehr wiedererkannt.

An einem schwülen Abend im Juli holte ich meine Mutter, die mit einer kleinen Maschine der *Ozark Airlines* geflogen war, vom Flughafen Bloomington ab. Sie war herübergekommen, um mir zu zeigen, wo sie während des Krieges aufgewachsen war, und um sich um die Erbschaftssteuer und andere mit dem Ableben meiner Großmutter verbundene Angelegenheiten zu kümmern. So konnte sie sozusagen zwei Fliegen mit einer Klappe schlagen.

Wir genossen die Gastfreundschaft der reizenden Charry Schaeffer, einer guten Freundin meiner Mutter aus früheren Zeiten, die zusammen mit Norma aus Normal in einem wunderschönen grünweißen Holzhaus an der *East Washington* lebte, einer der Hauptstraßen Bloomingtons. Charrys Haus war eines der ältesten am Ort und hatte sich seit seiner Erbauung im Jahre 1857 kaum verändert, obwohl es voller moderner Details steckte, wie zum Beispiel einem verdeckten, verchromten Seifenhalter, der in die Wand über dem Waschbecken eingelassen war und den man nur zu Gesicht bekam, wenn man darauf drückte. Es gab andere fantasiereiche, praktische Vorrichtungen, doch die genialste befand sich im Obergeschoss. In der Flurwand gab es eine kleine Öffnung, etwa so groß wie eine Katzenklappe, durch die man sich seiner Schmutzwäsche entledigen konnte. Die Wäsche glitt durch einen Schacht hinunter und direkt in einen Wäschekorb neben der Waschmaschine, die im dunklen, kühlen Keller stand.

Die künstlerisch begabte Charry war einer dieser genialen Menschen, die für jedes Problem eine Lösung parat haben. Obgleich sie doppelt so alt war wie ich, wuselte sie ständig herum, putzte, kochte, kümmerte sich um den Garten, kaufte ein und erledigte tausenderlei andere Dinge. Gegen sie kam ich mir richtig langsam und träge vor. Meine Ausrede lautete, es sei zu heiß, feucht und stickig. Energisch gestikulierend und mit den Armen wie eine Windmühle mit Turboantrieb wild in der Luft fuchtelnd, erklärte Norma, dass die nervtötenden Temperaturen nichts seien im Vergleich zu einem normalen Sommer im Mittleren Westen. »Normaaalerweise wird es ja sooo heiß«, erklärte sie, die Vokale lang ziehend.

Das Wetter war bestens dazu geeignet, um auf der mit Fliegengittern geschützten hinteren Veranda zu hocken, die neuesten heißen Klatschgeschichten auszutauschen und dem fernen, melancholischen Pfeifen der Züge zu lauschen, die der »sooo heiße« und schwüle Windzug gelegentlich von den Bahnschienen zu uns herübertrug.

Sonderbar, aber ich fand das plötzliche Nichtstun nach all diesen Monaten der Wanderschaft sehr viel anstrengender, als mit dem Rad 100 Kilometer am Tag zurückzulegen. Einmal jedoch gelang es mir, mich aufzurappeln und meiner Mutter einen riesigen Kürbiskuchen zu backen. Diese Art von Leckerbissen hatte meine Mutter gerne in anormalen Mengen genossen, als Normal noch ihre Heimat war.

Bloomington-Normal ist ein perfektes Beispiel dafür, wie die Lebenskultur in den Kleinstädten Amerikas durch den Bau von monströsen Einkaufszentren auf der grünen Wiese zerstört worden ist. Ein kleiner Laden im Zentrum des Ortes, der früher einmal einem meiner entfernten Verwandten gehört hatte, war nun mit Brettern vernagelt und baufällig geworden, genau wie die meisten anderen interessanten, wie Kraut und Rüben an der Hauptstraße stehenden Gebäude, die dem Ort in der Vergangenheit wohl mal so etwas wie Charakter verliehen haben müssen. Statt zu Fuß in den Ortskern zu den »richtig putzigen«, von Familien geführten Geschäften zu laufen, fuhren jetzt alle mit dem Auto ein paar Kilometer die Straße hinunter, um in einem eingezäunten Areal in weitläufigen, gesichtslosen Betonhallen einzukaufen.

Als ich eines Morgens beim Frühstück (eine halbe Melone, Erdbeeren, Blaubeeren, Bananen und Haferbrei) in einem Touristenführer blätterte, entdeckte ich, dass dem versehentlich in Bloomington-Normal gestrandeten Besucher der Gattung »Was-zum-Teufel-mache-ich-hier-eigentlich« genau drei Sehenswürdigkeiten zur Wahl stehen.

Zum einen versuchte man verzweifelt, Touristen in »eine Autofabrik auf dem höchsten Stand der technischen Entwicklung« zu locken, in der »eine Schicht mit fast 3000 Arbeitern in einer Stunde 63 Autos fertigt« (was, wie sich herausstellte, deprimierende und unglaubliche 1,05 Autos pro Minute bedeutet). Zum anderen konnte man sich in der Ausstellung »Die Prärie erleben« hundert Jahre zurückversetzen lassen, um dadurch mehr über die Vergangenheit und »das wahre Leben der Menschen in der Prärie« herauszufinden. Sollte man allerdings Anzeichen eines kleinen Hungers verspüren, wäre es vielleicht ratsamer, die Schokoladenfabrik zu besichtigen, in der typisch amerikanische Süßwaren wie »die berühmten *Bit-o'-Honeys*, *Laffy Taffys*, *Golden Crumbles* und andere Köstlichkeiten aus Schokolade wie *Katydids* und *Imps* hergestellt werden. Gratisproben inklusive!«

Unter so vielen Angeboten konnten meine Mutter und ich uns gar nicht entscheiden, weswegen wir beschlossen, keiner der drei Attraktionen einen Besuch abzustatten und uns stattdessen einer weitaus attraktiveren Angelegenheit zu widmen: festzustellen, wie viel tausend Dollar der Schmuck und das Familiensilber meiner verstorbenen Großmutter, die im Safe der Bank steckten, wohl wert waren. Bis zu diesem Zeitpunkt war ich mir über den verlockenden und potenziell lukrativen Charakter dieser Nachforschungen nicht im Klaren gewesen.

Der die Sehenswürdigkeiten anpreisende Touristenführer von Bloomington-Normal wurde zugeklappt. Es ist erstaunlich, wie die Aussicht auf Reichtum verheißende Güter einen plötzlich und ohne viel Federlesens alle Trägheit abschütteln lässt. War ich noch vor einer Minute matt und schlaff gewesen, scharrte ich nun bereits mit den Hufen und warf ungeduldig den Kopf in den Nacken, um endlich in meinen ganz persönlichen Goldrausch am Klondike zu verfallen.

Wie sattelten unsere Stahlrösser, ich mein *Zzyzx* und Mum das klapprige, grüne *Raleigh* von Charry, und galoppierten wie der Wind die *East Washington* hinauf zum Zentrum von Bloomington.

Unser erster Halt war die *People's Bank*, wo die Kassiererin Shirleen uns auf unsere Frage: »Wo sind die Bankschließfächer, bitte?« ohne ersichtlichen Grund eine ausführliche Zusammenfassung ihres Privatleben zuteil werden ließ. Mit typisch britischer Distanziertheit standen meine Mutter und ich geduldig da, hörten zu, nahmen gelegentlich Anteil, bis sie das Ende ihrer Sorgenlitanei erreicht hatte. Dann trugen wir zögerlich erneut unser Anliegen vor, doch Shirleen erging sich in weiteren verwickelten Balladen und beantwortete unsere Frage erst fünf Minuten später. Sie schickte uns in die Unterwelt der Bank zu *Big Jesse*, dem Sicherheitsbeamten, der eine verblüffende Ähnlichkeit mit Erzbischof Desmond Tutu hatte und gerade Mittagspause machen wollte. Er hielt inne, um uns zu informieren, dass wir vor unserer Suche nach dem potenziellen Schatz zunächst eine Vollmacht von Großmutters Notar vorlegen müssten. So rasten wir mit heißen Reifen die gleiche Strecke auf der *E. Washington* zurück, nur um festzustellen, dass auch der Notar vor kurzem das Zeitliche gesegnet hatte. Glücklicherweise war Mary-Lu zu tatkräftiger Hilfe bereit und sicherte uns zu, dass wir die benötigte Vollmacht bis 15 Uhr erhalten würden.

Wir kehrten zur Bank zurück, um das Konto meiner Großmutter aufzulösen, und stiegen dann erneut hinunter in das Kellergewölbe, um Jesse, der gerade in die Kaffeepause verschwinden wollte, die Situation zu erklären.

Da wir nichts weiter ausrichten konnten, ehe wir die Vollmacht nicht sicher in unseren Händen hielten, nutzten wir die Gelegenheit, um einen kleinen Abstecher zum Friedhof *Evergreen Cemetery* zu machen, um den Vorfahren aus fünf Generationen unserer Familie einen Besuch abzustatten.

Der Friedhof war riesig und wir hatten keine Ahnung, wo unser »Blut« die ewige Ruhe gefunden hatte. Wir suchten das Friedhofsbüro auf, wo eine klatschsüchtige alte Glucke, die aussah wie ein Mensch gewordenes entenähnliches Schnabeltier, 40 Minuten damit zubrachte, in einem vorsintflutlichen Archivierungssystem herumzusuchen, um die Namen unserer Ahnen zu ermitteln. Es verging eine weitere halbe Stunde, bis sie auch die Lage der Grabstätten auf einem Plan ausfindig gemacht hatte, der einer Kindergartenzeichnung ähnelte. An der betreffenden Stelle war ein X aufgemalt und so trotteten wir los, auf der Suche nach den Grabsteinen, die, wie sollte es anders sein, nicht aufzufinden waren. Fast eine Stunde später kehrten wir zurück zur eifrig unsere Zeit verschwendenden Frau Entenschnabel, die uns, wie bereits vermutet, in die völlig falsche Richtung geschickt hatte.

In der Hoffnung, unsere Groß- und Urahnen würden es zu schätzen wissen, dass wir einen solchen Aufwand betrieben, nur um ihnen einen guten Tag zu wünschen, starteten wir einen neuen Versuch. Schließlich stieß ich fast mit der Nase auf meine Vorfahren, denn einer der unauffällig platzierten Grabsteine der Familie brachte mich ins Straucheln. Zu diesem Zeitpunkt war ich nicht mehr in angemessen pietätvoller Stimmung, um denen, die die Radieschen von unten anschauen, meinen Respekt zu zollen, und als ich mein Fahrrad geistesabwesend an den Grabstein meiner Großmutter lehnte, wies mich meine Mutter zurecht. Statt einer schweren Bürde der Trauer hatten wir beide mittlerweile den Schalk im Nacken und so beschlossen wir, unsere Mission abzublasen, damit uns nicht noch der Zorn des Himmels träfe. Wir trollten uns und machten uns stattdessen lieber ein paar belegte Brote.

Mit der notariellen Vollmacht sicher in unseren Händen, gaben wir auf der *E.Washington* richtig Gummi, um zur *People's Bank* zu gelangen, wo Jesse gerade wieder in die Pause wollte, diesmal, um seinen Nachmittagskaffee einzunehmen. Der schnieke Stan (»Lassen Sie mich nur machen«) wurde mit der Aufgabe betraut, sich um die vertrackten Details unseres Goldrausches zu kümmern. Als meine Mutter ihm das über den Zeitraum eines Lebens angesammelte Schlüsselsortiment in ihrer Handtasche präsentierte, aus dem sie einen als den Schlüssel ihres Kohleschuppens erkannte, und meinte: »Wir möchten unser Bankfach leeren – einer von diesen Schlüsseln muss der richtige sein«, bedachte er sie mit einem leicht amüsierten Blick.

Bei unserer Suche in diesem rasselnden Haufen gab es einen klitzekleinen Hoffnungsschimmer: Ein Schlüssel trug einen Anhänger mit der Nummer 402. Doch der Schimmer verblasste schnell, denn Stan verkündete: »Bei uns gibt's kein Fach mit dieser Nummer.«

Da wurde Mum sehr nachdenklich und verwies etwas verworren auf die Tatsache, dass sie sicher sei, »in irgendeinem Traum« gesehen zu haben, wie ihre Mutter »vielleicht in einer anderen Bankfiliale« ein Schließfach eröffnet habe. Ganz sicher war sie sich aber, dass sie nach der Beerdigung ihrer Mutter einen kleinen grauen Koffer »voller Familiensilber« im Tresor der Bank deponiert habe. Also öffnete Stan die 60 Zentimeter dicke Hochsicherheitstür. Wir traten über die Schwelle und machten uns daran, wenig koordiniert und mit ausgelassener Fröhlichkeit in allen Winkeln und Ecken nach dem mysteriösen grauen Koffer zu suchen, der (wie ich meiner Mutter ins Ohr murmelnd versicherte, als Stan außer Hörweite war) ganz sicher zu Hause auf unserem Dachboden stand, angefüllt mit meinen Spielsachen, *Action-Man*-Figuren, *Corgi*-Raketen und *Meccano*-Bauteilen.

Stan, der kleine Schnuckelputz, wollte das Rätsel unbedingt lösen und rief bei der anderen Filiale an, in der meine Mutter »in ihrem Traum« ein weiteres Schließfach voller weltlicher Güter besessen haben wollte.

Die gute Nachricht von der jungen Frau in der anderen Filiale lautete, dass es dort in der Tat ein Schließfach mit der Nummer 402 gebe, die schlechte Nachricht ergab sich aus ihrer Frage, ob meine Großmutter (in deren Namen das Fach geführt wurde) ein Mann indischer Herkunft sei. Der Namen des Besitzers lautete nicht etwa Katharine Myers, sondern Naveen Khambh.

Das Rätsel wurde immer rätselhafter.

Detektiv Stan dachte über das Problem nach und gelangte dann zu der Ansicht, dass Omas Safe »ausgebohrt« (wie er es nannte) worden war, damit ein anderer Kunde das Fach benutzen konnte. Die Angelegenheit wurde immer verzwickter. Unser Goldrausch am Klondike ging beinahe nahtlos in die wirre Schnitzeljagd von Bloomington-Normal über.

Dann schrillte das Telefon. Mit leicht verblüffter Miene sagte Stan: »Ähm, *Mrs. Duh*, das ist für Sie.«

Verwundert fragte sich meine Mutter, wer sie wohl im Tresorraum einer Bank anrufen könnte. Wie sich herausstellte, war es niemand Geringeres als Adeline Adams, eine fast 100-jährige Dame und Freundin meiner Großmutter. Als Adeline gehört hatte, dass Anna *Duh* in der Stadt sei, um Vermögensangelegenheiten zu erledigen, hatte sie bei allen Banken in Bloomington angerufen, um eine dringende Angelegenheit zu klären: Hätten wir Zeit, sie am Abend mit einem Besuch zu beehren?

»Liebchen, damit würden Sie mir wirklich eine Riesenfreude machen!« Adelines Stimme schnarrte aus dem Hörer und hallte von den bombensicheren Wänden des Tresorraums wider. »Waaaas? Sie haben die *Jahsie* dabei? Na, das ist doch ganz wunderbar ... als ich sie das letzte Mal gesehen habe, da war sie noch gaaanz ...«

»Adeline«, unterbrach meine Mutter. »Es tut mir leid, aber ich kann jetzt gerade nicht mit Ihnen plaudern. Wir sind hier im Tresorraum noch beschäftigt. Ich rufe Sie später zurück.«

Die ganze Sache geriet zur Farce und an Stans Gesichtsausdruck erkannte ich, dass er überzeugt war, hier ein paar ausländische Tranfunzeln an der Backe zu haben. Doch er war wild entschlossen, der Sache auf den Grund zu gehen, und so rief er erneut bei der anderen Bankfiliale an. Er verlangte, mit jemand anderem zu sprechen als der jungen Dame von vorhin, um so eine zweite Meinung über das Schließfach Nr. 402 einzuholen. Daraufhin teilte man ihm mit, dass bei ihnen unter dem Namen meiner Großmutter tatsächlich ein Schließfach existiere. Hurra! Die Spur wurde heißer.

Zu diesem Zeitpunkt schlenderte auch Big Jesse aus seiner letzten Pause zurück in den Tresorraum und verkündete schläfrig, dass jetzt geschlossen sei. Stan meinte, die andere Filiale habe noch eine halbe Stunde länger geöffnet, und riet uns, uns schleunigst auf den Weg zu machen, sollten wir das Rätsel noch lösen wollen. Nach einer Runde herzlichen Händeschüttelns sausten wir, den Anweisungen Stans folgend, drei Häuserblocks weiter, die *E.Washington* hinunter. Von einer *People's Bank* keine Spur. Wir eilten quietschenden Reifens wieder zurück zu Bank Nr. 1, die jetzt geschlossen hatte, doch ich erblickte Shirleen, die Kassiererin, als sie gerade über die Straße ging, und diesmal gab sie zu meiner Überraschung keine weiteren, tränenreichen Auszüge aus ihrer Lebensgeschichte zum

Besten, sondern sagte mir, dass die Bank, die wir suchten, nicht drei, sondern ungefähr 30 Häuserblocks entfernt war, also wieder die *E. Washington* hinunter, ganz am Ende der Straße, gegenüber vom *St. Joseph's Hospital*.

So machten wir uns, panisch in die Pedale tretend, auf den Weg und erreichten schweißüberströmt und aufgelöst die Bank, just bevor diese schloss. Und dann dämmerte es meiner Mutter langsam, dass dieser graue Koffer ja vielleicht tatsächlich auf dem Dachboden stehen könnte (ich glaube, das sah sie in »Der Traum II«) und sie erinnerte sich dunkel daran, einen Teil des Silbers aus dem Koffer in das Bankschließfach gelegt zu haben, damit sie den Koffer auf ihrem Rückflug nach der Beerdigung als Handgepäck hatte mitnehmen können. Endlich kamen wir der Sache ein bisschen näher und wunderbarerweise passte der Schlüssel Nr. 402 auch noch in das Schloss.

In der Erwartung, schon bald einen Haufen glitzernden Silbers zu Gesicht zu bekommen, das ich irgendwann in der Zukunft vielleicht sogar erben würde (wenn ich es klug anstellte), überlegte ich bereits, was ich mir alles davon kaufen würde: ein neues Fahrrad, eine Lastwagenladung Flickzeug für Reifenpannen, ein neues Zelt, einen neuen Schlafsack, einen lebenslangen Vorrat Haferbrei ... solche Sachen eben. Ich hielt den Atem an und drehte vorsichtig den Schlüssel herum.

Um es kurz zu machen, alle zukünftigen Wunschlisten und hoffnungsvollen Erwartungen wurden mit einem Schlag zunichte gemacht. Einige zerbrochene und kitschige Schmuckstücke und ein paar angelaufene Messer und Gabeln der Art, wie man sie auf dem Flohmarkt in Kartons mit der Aufschrift »Alles für 10 Cent« findet – das war unsere Ausbeute des Silberrausches von Bloomington-Nicht-So-Normal.

Eine leichte Welle der Enttäuschung überkam mich. Ich konnte mir vorstellen, wie sich mein Urgroßvater Hiram nach seiner rauschhaften Reise gen Westen gefühlt haben musste. Tapfer setzte ich eine unverzagte Miene auf und machte mich daran, meine fast leeren Fahrradsäckel zu schnüren (die ich in meiner Vorstellung bereits bis zum Anschlag mit reicher Beute beladen hatte). Dann strampelten meine Mutter und ich zum x-ten Mal wieder die *E. Washington* hinauf.

Wir waren gerade mal zwei Blocks weit gekommen, als der Lenker am Fahrrad meiner Mutter beschloss, er wolle nun doch lieber ein Pedal sein, und herunterrutschte, bis er auf Höhe ihrer Knöchel hängen blieb, woraufhin meine Mutter schlagartig in die Speichen geriet. Ich war ihr dicht auf den Fersen, konnte nicht mehr rechtzeitig bremsen, krachte direkt in ihr Hinterrad und katapultierte uns beide in hohem Bogen in den Rinnstein. Obgleich sowohl unsere Fahrräder als auch wir uns dabei einige Beulen zuzogen, brachen wir in schallendes, unkontrolliertes Gelächter aus.

Es war einer dieser Tage gewesen.

20

Von der Hölle nach Halifax

Auf meinem Weg durch Amerika war ich immer wieder vor den markigen und als mordgierig verschrienen Motorradgangs der *Hell's Angels* gewarnt worden, die, wie man mir erzählte, mich umzingeln, von der Straße abdrängen und mir dann an einem einsamen Ort schreckliche Dinge antun könnten. Ich war auf diesen langen, abgeschiedenen Straßen vielen Gangs begegnet und habe festgestellt, dass sie trotz ihres finsteren Aussehens, lernte man sie erst näher kennen, alles andere als einschüchternd waren. Hinter ihrer blutdürstigen Fassade waren sie im Grunde ihres Herzens wie große Teddybären.

Unterwegs begegneten mir die Mitglieder einer Gang, die die obligatorischen schwarzen, fransigen Lederkutten trugen und deren Motorräder mit im Wind flatternden Totenkopffahnen geschmückt waren. Als sie mich überholten, hupten, winkten und lächelten sie mir fröhlich zu. Andere luden mich an einer Raststätte zum Mittagessen ein, weil sie, wie sie sagten, von meiner Maschine beeindruckt seien. Ein schwergewichtiger, bärtiger Krieger mit Piratenaugenklappe, dessen Machete in einer Hülle an seiner schwarz belederten

Hüfte baumelte und der aussah wie ein Wilder, der einem nur so aus Jux und Dollerei die Gedärme aus dem Leib reißen würde, überraschte mich damit, dass er mir einen Orangensaft spendierte und zugab, dass er nicht den Mut hätte, das zu tun, was ich getan hatte (natürlich erst, als er sich versichert hatte, dass die anderen ihn nicht hören konnten).

Mutig? Man muss nicht mutig sein, um mit einem Fahrrad durch unbekannte Länder zu reisen, und keiner widerlegt diese weit verbreitete Fehleinschätzung besser als Dervla Murphy:

> »Optimisten glauben so lange nicht an Unglück, bis es ihnen widerfährt. Deswegen sind sie nicht ängstlich und haben keine Gelegenheit, Mut zu beweisen. Nichts versetzt mich schneller in schlechte Laune als die Behauptung, ich sei mutig. Das ist Unsinn, obgleich bezeichnend. Was sagt es denn über unsere komfortable Zivilisation aus, wenn körperliche Ertüchtigung, der man mit großer Freude an fernen Orten nachgeht, wiederholt mit Tapferkeit verwechselt wird?
>
> Wahre Reisende sind alles andere als mutig, sie sind übervorsichtig. (…) Bevor sie loslegen, versuchen sie, alle potenziellen und vorhersehbaren Risiken abzuschätzen. Dann ändern sie, sollten sich die Risiken als zu groß oder unvernünftig erweisen, einfach ihre Route oder sie stellen sich darauf ein, mit den kleineren Risiken umzugehen. So ist eine dem Außenstehenden als mutig erscheinende Reise in Wirklichkeit nichts weiter als ein gefahrloser Spaziergang – es sei denn, man hat Pech, das einen allerdings auch zu Hause ereilen kann.«

Als ich durch das Land radelte, stellte ich fest, dass die Menschen Fremden, die nicht aus demselben Staat stammen wie sie selbst, mit Argwohn und Ablehnung begegnen. Dabei hatten die meisten von ihnen die anderen Staaten noch nicht einmal selbst besucht. In Kansas riet man mir zum Beispiel, in Indiana vorsichtig zu sein: »Das ist ein richtig ungehobelter Haufen«, »nicht so freundlich wie wir hier«. In Indiana sagte man: »Ich wette, in Kansas haste nich viel Freude gehabt – die sind 'n bisschen raubeinig da in der Gegend«. Meiner Meinung nach waren sie alle gleich herzlich, hilfsbereit und gastfreundlich.

Eigentlich waren während meiner achtmonatigen Reise durch Amerika alle, die ich traf, freundlich – oft sogar überfreundlich – gewesen. Manchmal, wenn ich erschöpft und vom vielen Füße-Anschauen halb hypnotisiert an der Supermarktkasse stand, konnte ein mit durchdringender Stimme vorgebrachter Gruß: »Ja, Tagchen auch! Wie geht's denn so? Hey, da haste aber 'nen drolligen Akzent aufgegabelt. Biste mit dem Rad unterwegs? Wow, Mann, biste verrückt oder was? Ha, ha!« einen ein wenig aufschrecken.

Immer, wenn ich wegen einer Auskunft oder Reservierung bei den zuständigen Stellen anrief, wurde ich auf ähnliche Weise begrüßt: »Hi, ich bin Susi Sorglos mit dem überzogenen Lächeln. Ja, ich helfe doch immer gerne. Ihr *Praablem* ist mein *Praablem* und ich freue mich gaaanz schrecklich, Ihnen dabei helfen zu dürfen.«

Am Anfang war diese Art, mit Kunden umzugehen, noch neu für mich, doch nach einer Weile empfand ich es als ein wenig zu aufdringlich und gelegentlich ertappte ich mich sogar dabei, mir zu wünschen, doch wieder so bedient zu werden, wie es bei Mitarbeitern der britischen Eisenbahn üblich ist, also teilnahmslos, wenig hilfsbereit und überhaupt vom Leben angepisst.

Unweit von Morocco in Indiana fuhr ich an eine Tankstelle, um meine Flaschen mit *Wahßer* zu füllen und mir zu überlegen, wo ich in dieser Nacht mein müdes Haupt zur Ruhe betten könnte. Da kamen gleich zwei Familien auf mich zu, beide boten mir ihre Gastfreundschaft an. So duschte und aß ich schließlich bei Delbert und

Ferol Weber und radelte dann zu Randy White, um auf seiner Farm mein Zelt aufzuschlagen. Randy war eifrig darum bemüht, mir alles über die Anbaumethoden von Bauern im Mittleren Westen Amerikas beizubringen. Er zeigte mir, wie man seinen monströsen, klimatisierten und computergesteuerten Traktor mit Vierradantrieb und Anhänger für 125 000 Dollar (umgerechnet rund 95 000 Euro) bedient, und überließ ihn mir dummerweise für eine kleine »Spritztour«, bei der ich um ein Haar die Hälfte seines Hauses ummähte.

Davon unbeeindruckt, ließ er mich bis an die Ackergrenze eines weit bis zum Horizont reichenden grünen Maisfeldes weiterrumpeln. Dort erklärte er mir, wie die Körner an die Maiskolben kommen: Der Samen fällt von den Blütenstauden an der Spitze der Pflanzen auf die feinen Narbenfäden, auch »Seide« genannt, und jeder Seidenfaden bildet ein Korn am Maiskolben. Er erläuterte mir, dass jedes seiner zahlreichen Felder ungefähr eine Fläche von 259 Hektar, also 2,6 Quadratkilometer umfasse. Pro Hektar erwirtschafte er einen Ertrag von 1125 Dollar (rund 858 Euro), seine Betriebskosten pro Hektar lägen bei 875 Dollar (rund 668 Euro), also warf jedes seiner Felder, meiner Schätzung nach, einen Gewinn von über 64 000 Dollar (über 49 000 Euro) ab.

Dann pflückte er vier reife Maiskolben, die seine Frau zu Hause für mich kochte. Ich verputzte alle vier, einen nach dem anderen.

Aus der Landschaft ragten weiterhin riesige Hinweistafeln mit Aufschriften, die Gewissensbisse verursachten:

»LASS DICH OHNE JESUS NICHT VOM TOD ERWISCHEN«

»HABEN SIE TIEF SITZENDE ODER LANG BESTEHENDE PROBLEME? VERSUCHEN SIE ES MAL MIT HINKNIEN«

»JESUS IST ÜBERALL, DOCH WO SIND SIE, WENN ER KOMMT?«

Dann gelangte ich in das Gebiet der Amish People, wo das 19. Jahrhundert und das 21. Jahrhundert koexistieren. Überholte ich gerade noch einen kleinen, wackeligen, von einem Typen im düsteren Anzug mit biblischem Bart kutschierten Pferdewagen, geriet ich schon im nächsten Moment fast unter ein 200 000 Dollar teures, 12 Meter langes Wohnmobil, an dessen Steuer ein Kerl in neonfarbenem Freizeitanzug saß.

Von den Amish People behauptet man, sie seien die wirtschaftlich autarkste Bevölkerungsgruppe Nordamerikas, Eskimos eingeschlossen. Während mufflige Yuppies aus Kalifornien es als hartes Los empfanden, mit 80 000 Dollar (etwas über 60 000 Euro) im Jahr auszukommen, und bereits laut darüber nachdachten, George Bush für ihre Zwangslage zur Verantwortung zu ziehen, kam eine achtköpfige Amish-Familie, die alles für ihre Versorgung Nötige selber anbaut und anfertigt, bequem (wenn auch genügsam) mit einem Jahreseinkommen von 500 Dollar (rund 380 Euro) für die ganze Familie aus. Das liegt außerdem weit unter dem Sozialhilfesatz, den eine allein erziehende Mutter mit mehreren Kindern in einem Ghetto für zwei Wochen erhält.

Doch die Lebensphilosophie der Amish People ist schwer zu verstehen. Auf einer Bank in Nappanee saß ich neben der 71-jährigen mit einem Häubchen geschmückten Fanny, die mir ein wenig über die Lebensweise der Amish erzählte. Telefone, im eigenen Heim tabu, stehen an den Zufahrten zu den Farmen, moderne Taschenrechner sind erlaubt, nicht aber Computer. Die traditionsreiche Tracht der Amish darf nicht mit Knöpfen oder Reißverschlüssen zusammengehalten werden, kann aber aus modernsten Kunstfasern bestehen. Leistungsstarke Traktoren, rund um Scheunen und Ställe im Einsatz, werden selten auf den Feldern verwendet, wo moderne Heuballenpressen noch mit dem Pferd gezogen werden. Ein motorisiertes Gefährt zu besitzen und zu bedienen ist verboten, man darf sich aber Autos und Transporter mieten. Die Kinder dürfen Baseball spielen, doch dabei nicht punkten, da jegliche Form von Wettbewerb nicht gern gesehen wird.

Roller und andere kleinere Fortbewegungsmittel (Dreiräder, Fuhrwerke und Schubkarren) dürfen Gummiräder besitzen, Traktoren müssen jedoch auf Stahlrädern fahren, weil die Kirchenältesten befürchten, dass diese, würden sie mit vergleichsweise komfortablen luftgefüllten Reifen über unbefestigte Straßen rollen, auch für gelegentliche Fahrten in die Stadt genutzt werden könnten. Wenn man dieses gestatte, würde die nächste Generation unter Umständen auch Autos erlauben, was wiederum dem Individualismus, der Selbstsucht und dem Streben nach sozialem Status (Wetteifern um hohes soziales Ansehen) Vorschub leiste.

Ein Mann, der aussah wie eine aufgeblasene Version des britischen Arbeiterführers Arthur Scargill, schlenderte gemächlich zu mir herüber. In einer Hand hielt er einen dröhnenden Ghettoblaster, in der anderen eine Bierflasche, und bildete damit einen krassen Gegenpart zu Fannys ruhiger und friedlicher Ausstrahlung. Über seinem ballonförmigen, unappetitlichen Bauch spannte sich ein T-Shirt mit der Aufschrift:

»Ich habe VJS – Vergesse jeden Scheiß«

»Hey, man hört, du kommst aus London«, rief er mir durch den dröhnenden Lärm zu. »Der beste Kumpel vom Neffen der Cousine meiner Großtante ist nach England gegangen und hat da in einem Ort gewohnt, der mit ›N‹ anfängt. Kennste den vielleicht?«

Eines Morgens, ich begleitete Cal, die Frau eines Arztes, die mich einigen in der unmittelbaren Nachbarschaft lebenden Freunden vorstellen wollte, kamen wir an einem Baum vorbei, an dessen Zweigen rollenweise Toilettenpapier hing. »Was ist denn hier passiert?«, fragte ich verblüfft.

»Ach, das«, erwiderte Cal mit einem unergründlichen Lächeln. »Wahrscheinlich hat eines der Kinder wieder jemandem eine Toilettenpapierbotschaft geschickt. Das machen wir hier manchmal.«

»Wie bitte?«, fragte ich.

»Das machen die Kinder oft, wenn sie noch auf die *Highschool* gehen. Wenn ein Schüler aus der Klasse sehr beliebt ist, dann schleichen sich seine Freunde nachts aus dem Haus, um den Baum oder irgendetwas anderes in seinem Garten mit Toilettenpapier zu schmücken. Damit zeigen sie ihre Zuneigung. Sehr zum Ärger von Mama und Papa.«

Ich verstand den Sinn der Übung zwar immer noch nicht so richtig, aber vielleicht gab es ja auch keinen.

Cal und ihrer Familie war ich am Abend zuvor begegnet: Ich radelte gerade so munter und selbstvergessen vor mich hin, da kam neben mir auf einmal ein *Station Wagon* zum Stehen und Cal streckte ihren Kopf aus dem Fenster, um mich zu fragen, ob ich eine Übernachtungsmöglichkeit suche. Weil ich mir erst einmal ein Bild von den Insassen des Autos machen wollte, erwiderte ich zunächst: »Ja, vielleicht.« Am Ende wurde ich eingeladen, in Cals Haus zu übernachten, in ihrem Pool zu schwimmen, mich in ihrer Badewanne zu aalen, die Hälfte der Lebensmittelvorräte in ihrem Kühlschrank zu verputzen, ihr Telefon und ihre Waschmaschine zu benutzen, ihre Bücher zu lesen und im Gästebett zu schlafen.

Nach so viel Gastfreundschaft wollte sie mich nun auch noch Nachbarn (Millionären) vorstellen, die auf einer Farm wohnten. Eine der vielen sympathischen Eigenschaften von Don und Phyllis war, dass sie nicht aussahen wie Millionäre. Ihr weißes, hölzernes Farmhaus war klein und bescheiden, ein paar verrostete alte Chevrolet-Pick-up-Trucks standen im Matsch davor.

Als Don vor fast vier Jahrzehnten um Phyllis' Hand angehalten hatte, musste sie ihm auch die Frage beantworten, ob sie bereit sei,

»ein offenes Haus« zu führen. Seit dem Tag ihrer Hochzeit hatte Phyllis für jeden, der sie kannte, ein Gratisfrühstück bereitet: für Freunde, Freunde der Nachbarn, Freunde von Freunden und jeden, der das Glück hatte, gerade vorbeizukommen (wie ich). Es gab eine ungeheure Auswahl an verschiedenen Obstsorten, Müsliprodukten, Broten, Kuchen und Keksen. Für jemanden wie mich, eine stets hungrige Radfahrerin, war dieses Angebot fast zu schön, um wahr zu sein. Phyllis meinte, sie bewirte normalerweise um die zwanzig Personen, doch an diesem Morgen saßen wir nur zu acht um ihren Tisch.

Ein Mann namens Ray mit dem Aussehen eines *Big Macs* erzählte mir von einem Tornado, der vor einigen Jahren zwar die vordere und hintere Veranda seines Hauses mitgerissen hatte (diese waren auf Nimmerwiedersehen verschwunden), den Rest des Gebäudes jedoch stehen ließ – bis auf seinen Hund, der zu diesem Zeitpunkt im Zwinger angekettet gewesen war. Ray habe ihn am nächsten Tag in einem drei Kilometer entfernt gelegenen Feld seines Nachbarn gefunden. Er sei zwar etwas verwirrt, aber noch am Leben gewesen. Vom Zwinger habe allerdings jede Spur gefehlt.

Nachdem ich Indiana hinter mir gelassen hatte, fuhr ich nach Michigan, den Staat mit der Form eines Ofenhandschuhs (Motto: »Wenn du eine schöne Halbinsel suchst, schau dich um«). Ich hatte mir fest vorgenommen, Detroit, die Stadt mit der höchsten Mordrate des Landes, weiträumig zu umfahren.

Stattdessen durchquerte ich allerdings die Hölle, also eine Stadt namens Hell, und das nur, um den Leuten erzählen zu können, dass ich dort gewesen sei, in der Hölle. Trotz seines Namens handelte es sich um einen netten, von viel Wasser umgebenen kleinen Ort ganz in der Nähe von Waterloo.

Das Wetter bescherte mir weiterhin nichts Angenehmes. Wenn es nicht gerade blitzte, saugte, hagelte, stürmte, peitschte, tornadote oder alles daran setzte, mich zu verbrennen, hüllte es sich vom Himmel bis zur Erde in ein gedecktes Leichentuchgrau. Sogar als ich durch Orte mit solch illustren Namen wie Chelsea, Romeo oder Rattle Run kam, trug dies kaum dazu bei, meine wetterfühlige Trübsalstimmung etwas zu heben.

Als ich aber durch den südlichen Teil von Flint radelte, huschte mir dann doch ein Grinsen über das Gesicht, denn ich erkannte den Ort wieder und musste unwillkürlich an Szenen aus dem höchst unterhaltsamen Dokumentarfilm *Roger & Me* von Michael Moore denken – ein exzellenter Film mit kleinem Budget, der zeigt, wie Tausende Arbeiter in einer Autofabrik von Ford in Flint ihren Arbeitsplatz verlieren, was sehr lustig ist, auch wenn es nicht so klingt. Außerdem musste ich an Henry Ford denken, der einmal gesagt hat, er empfinde das Design des menschlichen Körpers als höchst unbefriedigend, da sich Zündung und Auspuff in unmittelbarer Nähe voneinander befänden.

An dem Tag, an dem ich die Great Lakes erreichte, war alles wunderbar. Die Sonne zeigte ihr großes, breites Gesicht, und nachdem ich wochenlang nur endlose, ausgedehnte Maisfelder zu sehen bekommen hatte, fand ich es erfrischend und berauschend, am Ufer des Huronsees zu stehen und die Boote zu beobachten, die auf diesem ungeheuer großen Binnensee hin und her schipperten. Ich verließ Amerika und betrat Kanada über die Blue Water Bridge – auf der mir ein Zollbeamter erzählte, dass auf dem darunter fließenden Fluss St. Clair mehr Schiffsverkehr herrsche als auf dem Suezkanal. Ganz nach amerikanischer Sitte antwortete ich: »Ach, tatsächlich?« und tummelte mich in Richtung Ontario.

Ich trat weiter in die Pedale, aufwärts und seitwärts, hügelauf und hügelab durch die sanft aufsteigende und abfallende Landschaft rund um den Eriesee und den Ontariosee. Jede Nacht luden mich Menschen dazu ein, in ihren Gärten, Höfen, Betten oder Scheunen zu übernachten. Eines Nachts zeltete ich inmitten der rankenden Blütenpracht von Bob und Gundas Garten mit Ausblick auf die in der Ferne blinkenden Lichter von Toronto.

Nach einem köstlichen Abendessen mit Lachs, Kräutern, Kartoffeln und Himbeeren aus Gundas Garten lag ich satt und zufrieden bei geöffneter Klappe in meinem Zelt und spähte auf das unendlich weite Firmament, an dem unzählige Sterne standen. Dann schaltete ich mein Radio ein und lauschte ungläubig der Geschichte eines Karaokesängers aus Toronto, der nach seiner grauenhaft misslungenen Vorstellung als Des O'Connor eine Waffe gezückt und zwei Männer aus dem Publikum erschossen hatte, weil diese über ihn gelacht hätten.

Mit der Fähre überquerte ich den äußersten Zipfel des Ontariosees, vorbei an Wolfe Island, in den Bundesstaat New York. Dort traf ich einen kanadischen Piloten, der ebenfalls mit dem Fahrrad unterwegs war, und wir setzten unsere Reise durch Neuengland gemeinsam fort. Eric war nie zuvor irgendwo hin geradelt und ich glaube, er empfand diese Art der Fortbewegung als etwas langsam, denn er sagte immer: »Weißt du, ich brauche zwei Wochen für etwas, was ich sonst in zwei Stunden erledige.« Er lud mich dazu ein, mit ihm in einem Viersitzer-Flugzeug zu fliegen, doch da war ich etwas zögerlich. Wenn seine Flugkünste ähnlich ausgeprägt waren wie seine Fähigkeiten als Radfahrer (er kam ständig vom Weg ab), dann stünden meine Chancen, unversehrt wieder auf der Erde zu landen, nicht besonders günstig. Als er mir dann erzählte, dass er tief genug gehen würde, um die Straßenschilder zu lesen, sollte er sich mal verflogen haben, wusste ich, dass ich auf meinem Sattel besser aufgehoben war.

Nachdem ich monatelang allein unterwegs gewesen war, machte es mir richtig Spaß, mit einem Verrückten wie Eric zusammen zu reisen. Wir verbrachten zwei unvergessliche Wochen voll ausgelassener Fröhlichkeit, in denen wir über das Adirondack-Gebirge nach New Hampshire fuhren, dem Staat mit dem Motto: »Lebe in Freiheit oder stirb«, und dort durch Ahornwälder mit sanft im Wind erzitternden, in tiefen Gold- und flammenden Rottönen leuchtenden Blättern radelten.

Doch plötzlich blieben alle Angebote der Gastfreundschaft, die es während der letzten sieben Monate doch so zahlreich gegeben hatte, aus. Wir schliefen nicht ein einziges Mal bei jemandem im Haus oder auf dem Hof – es war immer ein Zeltplatz. Obgleich ich Eric erzählte, dass die Schuld bei ihm liege, weil er so ein dunkelhäutiger und verdächtiger Typ sei, wusste ich doch, dass es daran lag, dass wir zu zweit unterwegs waren. Wenn die Leute ein Pärchen sehen, besteht für sie meistens kein Grund, sich weiter darum zu kümmern, weil beide ja jemanden haben, mit dem sie sich unterhalten, Spaß haben, streiten, essen und schlafen können. Doch wenn die Menschen ein einsames Wesen erblicken – besonders, wenn es sich dabei um eine 1,52 Meter große Frau handelt –, dann erregt das sehr häufig ihr Mitleid und sie machen sich Sorgen und spüren dessen vermeintliche Einsamkeit. Kurz gesagt: Sie möchten einen vor der bösen, großen, weiten Welt beschützen.

Es mag ja Spaß machen, mit einem Freund zusammen zu sein, doch wie schon John Hatt schrieb:

»Reisen Sie mit einem Partner, dann besteht in jedem Falle eine Barriere zwischen Ihnen und dem Land – auch wenn diese Barriere noch so dünn ist. (...) Die meisten Menschen, die Sie unterwegs treffen werden, sind viel eher bereit, etwas für eine Einzelperson zu tun als für ein Pärchen oder eine Gruppe (...) [Ein Alleinreisender] ist einfach in viel besseren Situationen.«

Ich ließ Eric bei den Hummerkäfigen an der wellenumtosten Küste Maines zurück und fuhr wieder Richtung Norden nach Kanada. Auf dem Boot von St. Johns, New Brunswick, nach Digby, Nova Scotia, fand ich eine zerknitterte Ausgabe des *National Enquirer* vom Vortag und las einen Bericht aus der Heimat:

> »BETRUNKENER ›HELD‹ NACH ›RETTUNG‹ EINER STEIN-KATZE VERLETZT
> Bei dem Versuch, eine Katze zu retten, stürzte ein betrunkener Mann 9 Meter tief von einem Bürogebäude. Bei seinem Rettungsversuch war ihm nicht klar gewesen, dass es sich um eine Steinfigur handelte. Adam Pankhurst hatte mit Freunden seinen 23. Geburtstag gefeiert, als er eine katzenähnliche Gestalt erblickte, die sich an die Mauer eines dreistöckigen Gebäudes in Brighton, England, klammerte. ›Ich werde sie retten‹, verkündete der sturzbetrunkene Tierliebhaber und machte sich flugs daran, die Mauer zu erklimmen.
> Doch bevor er noch die lebensechte Skulptur erreicht hatte, verlor Pankhurst den Halt, fiel auf den Fußweg und zog sich einen Schädelbruch zu.
> Die Polizei berichtete, der Möchtegernheld, der sich zur Zeit noch im Krankenhaus aufhalte, habe gedacht, die Katze kauere wie versteinert an der Mauer, weil sie vor Angst wie gelähmt gewesen sei.«

Drei Tage, bevor ich den Flieger von Halifax, Nova Scotia, nach Hause nehmen sollte, radelte ich durch ein langes und menschenleeres Waldstück in der Nähe von New Germany. Da überholte mich ein mit Baumstämmen beladener Lastwagen und kam wenige Meter weiter vor mir zum Stehen. Das Unausweichliche geschah. Ein Mann sprang aus der Fahrerkabine, ließ die Hosen runter und zeigte mir seine wabbelige Wurzel. Doch ich war mittlerweile ein mit allen Wassern gewaschener Radwanderer: Ich zuckte nicht einmal mit der Wimper und ließ ihn nur insofern wissen, dass ich seine Anwesenheit bemerkt hatte, als ich ihm sagte, wohin er sich seine mickrige, erbärmliche Kakerlake schieben könne.

Zwei Tage bevor ich den Flieger von Halifax nach Hause nehmen sollte, radelte ich entlang der wellenumtosten Küste nahe The Ovens. Da überholte mich ein Auto und kam ein paar Meter weiter vor mir zum Stehen. Ein Mann mit Halbglatze sprang heraus und hatte seine Hosen noch an, was mich, die ich Schlimmes geahnt hatte, dann doch angenehm überraschte.

»Hi!«, sagte er. »Die Dame in Riverport sagte mir, Sie seien aus England. Stimmt das? Ich frage mich nämlich, ob Sie vielleicht eine Julie Morris kennen – sie ist Fleischinspektorin aus einem Ort, der mit ›B‹ anfängt. Ich habe sie vor ein paar Jahren in Digby flüchtig kennengelernt.«

Ich sagte, dass es mir leid täte, ihn enttäuschen zu müssen, doch das dies nicht der Fall sei.

»Oh!«, erwiderte er, »aber ich dachte immer, England sei ein ganz kleines Land und ihr Leutchen kennt euch da alle untereinander.«

Ich pflichtete ihm bei, dass England in der Tat ein kleines Land sei – Kanada sei 46 Mal größer als das Vereinigte Königreich und habe nur halb so viele Einwohner (diese wahrhaft faszinierende Tatsache hatte ich erst am Morgen einem Artikel entnommen und war ziemlich erbaut darüber, gleich jemanden mit meinem Wissen beeindrucken zu können, bevor ich alles wieder vergaß). Nichtsdestotrotz, fügte ich hinzu, kenne dort beileibe nicht jeder jeden.

Dann fragte er: »Fahren Sie noch weit?«

Mein großer Augenblick war gekommen. Ich sagte das, was ich schon lange selbstzufrieden hatte verkünden wollen.

»Nun, ich fahre nur noch ein paar Kilometer bis nach Halifax. Aber ich bin gerade den ganzen Weg aus Kalifornien hergeradelt.«

Ich wartete darauf, dass ihm die Kinnlade herunterklappte.

»Wozu zum Teufel haben Sie das denn gemacht?«, fragte er mit gänzlich unbeeindruckter Miene.

Das war eine gute Frage und ich musste erst einmal darüber nachdenken. Wozu zum Teufel hatte ich das gemacht? Noch bevor ich ihm antworten konnte, meinte er: »Sie müssen 'ne Macke haben. Es gibt einfachere Methoden der Fortbewegung, wissen Sie.«

Dann kletterte er wieder in sein Auto und fuhr davon.

Glossar

Verzeichnis von Namen und Orten
Ein glossiertes Glossar

Adams, Adeline liebe, alte Dame aus Bloomington, die uns im Tresorraum zum Dinner einlud

Adelanto lag entweder 11, 19, 20 oder 27 Kilometer entfernt

Akman, Syd stellte die Qualität meiner Reise in Frage, nachdem er mich vom Boden aufgelesen hatte

Ali'i hawaiianische Häuptlinge

Allen, Woody denkt, dass Geld besser sei als Armut, wenn auch nur aus finanziellen Gründen

Allnutt, Bob wurde seinem Nachnamen, der übersetzt »völlig verrückt« bedeutet, aufgrund seiner Liebe zu Fahrrädern nicht gerecht

Amerika großes Land, in dem es *richtig* große Dinge gibt

Amish People Leute, die mich an Harrison Ford erinnern und von denen wir Außenstehende eine Menge lernen können

Anini Beach Strand, an dem man mich anstrahlte und mit einer Geldstrafe belegte

Anna & Tina die Weltreise-Brigade

Annette & Warren Unter ihren verblüfften Blicken zog ich mir auf einen Schlag 14 Löcher im Fahrradreifen zu

Annie kleine Dame mit großen Nüssen

Antelope Valley Tal der bemalten Berge

Arizona der monumentale Staat, der einen Knick macht und sich um sich selber windet

Arundale, Paul wollte gerne mit seinem Drahtesel schlafen

Aspen von oben herabblickende Stadt der dicken Kohle

Auau Channel Gewässer zwischen Maui und Molokai, in dem es von Walen wimmelt und wo Nancy aus Nashville mir anvertraute, dass es im Leben mehr gibt als nur den eigenen Ehemann

Baker hier brutzelte ich
Banana Joe's Stand, an dem es köstliche *Smoothies* & *Frosties* gibt und wo man fußballgroße Avocados kaufen kann
Barstow hier fand ich einen Chirurgenhandschuh und man fragte mich: »Warum ist Amerika so besessen von großen Brüsten?«
Bartlett, Kermit & Ursula bei ihnen durfte ich mich durchfuttern und sie stoppten die Zeit, bis ich mit dem Essen fertig war
Ben neben ihm quetschte ich mich auf 35 000 Fuß Höhe in den Sitz
Benny hieß mich mit der Nachricht über den neuesten Mord in Hawaii willkommen
Big Island mehr als nur ein überwältigender Klumpen Lava
Big Sur hier warf mir *Lazy Daze* ein Budweiser zu
Big Water kleine, aber sehr nasse Polygamisten-Kolonie
Bloomington-Normal Kaff im Mittleren Westen, aus dem meine Mutter stammt
Blundon, Alan sagte mir, er würde meiner Mutter erzählen, dass ich noch lebe. Der Gute.
Bob 1 Pelikankenner, der Wert darauf legt, dass Dinge anständig erledigt werden
Bob 2 die fotografierfreudige bessere Hälfte von Sandy
Boe Chopper-Besitzer und kosmischer Tänzer
Bonney, Elizabeth Opernsingende Ex-Besitzerin einer Pension
Bonney, Mark sein Goldfisch landete im Müll
Bonnie siehe *Dan*
Brian Ilonas konservativere Hälfte

Bronte siehe *Smith*

Bryce Canyon spitzfelsige Stelle, an der man seine Kühe besser im Auge behält

Cal klärte mich über die verwirrende Sitte der »Toilettenpapierbotschaften« auf

Cambria hier regnete es Schmetterlinge

Cameron hier bot mir die Herrentoilette etwas Schutz vor dem Sturm

Captain Cook der Ort: wo zuletzt ein gestrandeter Wal in meinem Bett übernachtet hatte
der Mann: Weltumsegler, der im knietiefen Wasser zusammenbrach und starb

Captain Eddy versuchte mich in seine nichtsnutzigen Klauen zu bekommen

Carbondale Ort, an dem ein 16-jähriges Mädchen von einem Heckenschützen erschossen wurde, kurz nachdem ich durchgeradelt war

Carl seinen tropischen Achselhöhlen kam ich viel zu nahe

Carmel nach Zypressen duftende Stadt der dicken Kohle

Carmelita jonglierte unterwegs mit Pfannkuchen, während Rauch aus dem Autodach aufstieg

Carpinteria Campingplatz, auf dem der Zeltaufschlitzer sein Unwesen trieb

Cheap Tickets hier verspeiste ich meine letzte hawaiianische Banane

Cindy-Lu verkaufte dank »Linda-will's-wissen« Strumpfhosen zum Sonderpreis

Claire & Jaqui machten Perlen-Flechtfrisuren und ich aß mit ihnen anderer Leute Ananas

Clarence siehe *June*

Clinton, Illinois hier hörte ich von einem Mann, der wegen eines Streits über die Unterwäsche einer gewissen Frau seinen Kumpel erschoss

Colorado hier zittern die Beine oft wie Wackelpudding

Colorado River sedimentführendes Naturwunder

Colorado Springs Stadt in den Rocky Mountains, die am Rande der Great Plains thront

Continental Divide die kontinentale Wasserscheide der USA, an der ich ganz schön keuchte und schnaufte und jede Menge »Oohs« und »Aahs« ausstieß

Damien, Pater der »Märtyrer von Molokai«

Dan & Bonnie gaben mir eine Apfelbanane und ich fand in ihrer Badewanne das Paradies

Deneen, Bill exzentrischer, einen Zylinderhut tragender, Obst und Gemüse anbauender Herbergsbesitzer mit Pferd und Einspänner

Devil's Playground hier hockte ich mit dem Lokführer und beobachtete meinen Schatten

Diamond Head Waikikis imposanter Vulkan, in dessen Schatten ich fuhr

Digby siehe *Esther*

Dog Dazer Hundeabwehrgerät, mit dem man seine Haut rettet

Dole, James D. der Ananas-Mann

Don siehe *Phyllis*

Donna Astrologin, die auf die Heilkraft der Liebe schwört

Dorothy verkündete aus heiterem Himmel, dass sie für mich beten würde

Durango Ort mit Dampfeisenbahn in der Nähe von Purgatory (»Vorhölle«)

Elk Mountains Gebirge, das die Sonne verschluckte
El Mirage hier lösen sich sowohl das eigene Gehirn als auch die erfundenen, halb verdursteten Cowboys langsam in Luft auf
Emmie siehe *Steve 2*
Eric leicht vom Weg abkommender, auf einem Fahrrad reisender, nach Straßenschildern navigierender kanadischer Pilot
Ernie Mr. *Curly Hetchin*
Esther & Digby ein beharrliches, in bizarre Shorts gekleidetes Pärchen mit komödiantischem Talent
Evening Standard Überbringer schlechter Nachrichten
Evergreen Cemetery Friedhof, auf dem ich fünf Generationen toter Verwandter einen Besuch abstatten wollte

Fanny klärte mich über die faszinierende Lebensweise der *Amish People* auf
Fleetwood Mr. Pitbull, der mich vor den »Wochenend-Wilden« warnte
Flint Schauplatz des Films *Roger & Me*
Ford, Henry denkt, dass das Design des menschlichen Körpers sehr zu wünschen übrig lässt

Garden of the Gods Stätte der menschenfressenden Geister und teuflischen Dämonen und überaus seltsamer Felsen
Golden Gate seit der Eröffnung im Jahr 1937 haben sich hier über 1200 Menschen das Leben genommen. Mittlerweile wurden entlang der Brücke Selbstmord-Seelsorge-Telefone eingerichtet
Grace Mrs. *Curly Hetchin*
Grand Canyon hier erfuhr ich, dass in Amerika die Radiohörer mehr am Verkehrsfunk als an den Nachrichten interessiert sind

Greg 1 surfender Installateur mit nacktem Hinterteil, über dem ich geschlafen habe
Greg 2 der andere, dessen Maestro vergiftet worden war

Halawa Valley Tal mit üppiger Vegetation, das einst überschwemmt wurde
Haleakala Haus der Sonne, zu dem es hoch hinauf ging, von dem aus viele Teilnehmer des Veranstalters *Maui Downhill* wieder hinunter radelten und das Mark Twain tief berührte
Half Moon Bay die Kürbishauptstadt der Welt
Hana »Pause vom schweren Atmen«
Hana Highway hier rollte ich über »Glühende Herzen«, »Vom Wind getragene Freude« und dergleichen
Hanalei überblickt das Tal, das der Maler mit Schnorchel und Papiertüte auf dem Kopf gemalt hat; Ort, an dem man mich freudig mit »England!« begrüßte
Hanauma Bay hier bewunderte ich die Funktionsweise der »Toilettenschüssel« (Toilet Bowl)
Handfinger, Craig teilte mir mit: »Mein Hund is intelligenter als der Durchschnittsami.«
Hank Hubschrauberpilot, der mich anwies, meinen Platz nicht zu verlassen, damit wir nicht kopfüber gingen
Hannibal die Stadt, in der Mark Twain seine Jugendzeit verbrachte; wo ich fast vom Blitz getroffen wurde und man mich beschuldigte, sehr oft »verdammt« zu sagen
Haoles totenblasse Eindringlinge mit eckigen Köpfen, die nicht willkommen sind und die glücklicherweise nicht am Strand waren
Hawaii Zufluchtsort nicht nur von hüftenschwingenden Hula-Mädchen, sondern auch von flossenflatschenden Humuhumunukunukuapua'a
Hawi hier halten Touristen nur, wenn sie sich verirrt haben

Heckman, Cindy Transplantierte aus Oklahoma, entflieht Lanai regelmäßig, damit sie »nicht durchdreht«
Hell Ort in der Nähe von Waterloo, an dem es viel Wasser gibt
Hilo hawaiianische Stadt mit britischem Wetter
Hina die *tapa*-trocknende Mutter von Maui
Honokaa ich gewann zwar keine Reise nach Europa, stattdessen schenkte man mir hier eine Übernachtung im Hotel
Honolulu Obdachlosenparadies, wo 2500 Menschen an nur einem Tag ihr Leben ließen
Hook, Captain hatte es darauf abgesehen, Betty zu töten
Hookipa Beach Strand, an dem die Windsurfmaestri eher flogen statt zu surfen
Hoover Dam der Staudamm, der zur Entstehung der Neonstadt beitrug
Hosmer Grove kalter, dunkler, tropfender Zeltplatz auf halber Höhe zum »Haus der Sonne«
Hoxie hier weihte man mich in die Feinheiten des »Kuhfladen-bingo« ein
Huronsee wirkte wunderbar belebend, als ich ihn nach Hunderten von Kilometern durch flaches Land endlich erreichte

Iao Valley »Bestes Licht«, Tal, in dem ein Tourist den Löffel abgeben musste, weil er versehentlich in eine »Pakalolo«-Plantage gewandert war
Illinois der »Prärie-Staat«, in dem mein »Blut« begraben liegt
Ilona bizarr gekleidete, hyperaktive Ungarin, die sich regelmäßig davonschleicht, um heimliche Entdeckungstouren in den kalifornischen Bergen zu unternehmen
Independence Pass wundersamer Bergkamm in den Rocky Mountains, an dem die *Teddyboys* ihre Golfbälle abschlugen
Indiana die »Kreuzung Amerikas«

Jan holländischer Radfahrer mit schweren Stiefeln, der mich bis in die Herberge verfolgte
Jaqui siehe *Claire*
Jeff Ehemann der Frau mit der Toilettenbürstenfrisur, der von seinem betrunkenen Freund mit dem Auto überfahren wurde
Jesse, Big war immer, wenn wir kamen, kurz davor zu gehen
John mit dem ich in der *Big Bertha* in See stach
Johnny S. der seine »hysterische Tussi« darum bat, die Kinder mitzunehmen, aber ihm die Sachen von seiner Band zu lassen
Junction City hier vibrierte ich
June & Clarence die mich für ihren Sprössling hielten

Kaanapali Küste der Apartmentanlagen
Kailua hier begegnete mir eine sprechende Kasse
Kainaliu »Schöpfe die Kimm aus«
Kahuku hier bekam ich den Pidgin-Dialekt mit
Kahuna hawaiianische Priester
Ka Lae der südlichste Punkt von Amerika mit grünem Sand
Kalalau Aussichtsplattform; Ort, an dem ich Hampelmänner machte, einen Kleidervogel und einen Bindenfregattvogel sah
Kalapana hawaiianische Stadt, die kurz vor meinem Besuch von einer riesigen Lavazunge verschluckt wurde
Kalaupapa Leprakranke wurden hier in ihr »gegebenes Grab« gestoßen
Kalifornien hier gibt es Absonderlichkeiten im Überfluss und Gott ist ein Auto
Kaluakoi die Art von übermäßig Wasser verbrauchenden umsatzträchtigen Urlaubszentren, die verboten werden sollten
Kamakahonu »Auge der Schildkröte«, Strand, an dem der »Ironman« beginnt
Kamapua'a Schweinegott, der versuchte, Pele zu vergewaltigen

Kamehameha, König der »Gnadenlose Sonne« zur Hauptstadt seines Reiches machte

Kanab Wildweststadt, in der ich im *Crazy Horse* geschlafen habe

Kansas die flache Heimat von Superman, in der man vom Himmel verschluckt werden kann

Kansas City Mekka der Seifenhersteller

Kapo besaß eine magische, fliegende Vagina

Kauai hier regnet es Sonnenschein

Kaunakakai wo auf Molokai der Bär steppt und man keine Ampel sieht

Kayenta hier schlug ich in der Nähe eines Münzwaschsalons mein Zelt auf

Kealakekua »Straße des Gottes«, die sich als Einbahnstraße für Captain Cook herausstellte

Kilauea »Aufsteigende Rauchwolke«, der feuerspuckende *Drive-In*-Vulkan, an dem man besser nicht vom Weg abkommt

Kilauea, National Wildlife Refuge bringt Vögel hervor, die lesen können

King, Rodney das Urteil im Verfahren des geprügelten, afro-amerikanischen Autofahrers löste die Unruhen in L. A. aus

Klondike, Gold Rush Goldrausch, aus dem mein Urgroßvater ohne einen Penny zurückkehrte

Kohelepelepe »fransige Vagina«

Kokee State Park in dem *Maui Wowie* die Runde machte

Kona Schauplatz der »Operation Tropischer Wüstensturm«

Koolau Leprakranker, der durch die uneinnehmbaren Na-Pali-Klippen gerettet wurde

Kualapu'u weltweit größtes Wasserreservoir seiner Art, das keine Wunder bewirkte

Kukui Kerzennussbäume

Kurt siehe Thelma

Lahaina Hauptstadt des pazifischen Walfangs, in der ich den »Ort des Düngers« hinunterrollte

Lanai hier landete ich mit einer Kiste Hühner

Lanai City dorfähnliche Stadt, in der nicht viel los war

Lanaihale Berg auf Lanai, auf dem die Wunder der hawaiianischen Welt mich überwältigten

Las Vegas Stätte der Schnell-Hochzeiten; wo etwas, das sich lohnt, der Übertreibung lohnt

LAX wo ich und ein Passagier mit gesprenkelten Hühnerbeinchen zusammen im Flugzeug auf die Landebahn rollten

Lebanon nicht der Libanon, sondern Städtchen, das sich einst seiner Lage als geografischer Mittelpunkt der Vereinigten Staaten rühmte

Ledgerwood, Bill wurde mit vorgehaltener Spritze in Schach gehalten

Lee Kermits Sohn, der uns mitteilte, dass Los Angeles brenne

Lew wollte mir keine Angst einjagen, sagte mir aber, dass er nirgendwo ohne seine Waffe hingehen würde

Lihue hier stieg ich mit einem Rasentrimmer in die Lüfte

Limantour Beach Strand, an dem ich Perversling Nummer eins erblickte

Lisa quirlige Amerikanerin iranischer Herkunft, die ganz vernarrt in Steve ist

Lorraine »lebt, um loszulassen«

Los Angeles verrückter, chaotischer Moloch, wo man eine Menge Glück braucht, um zu überleben, und wo die Leute total verrückt sind, mit vorgehaltener Spritze in Schach gehalten werden, *Mousse au Chocolat* essen, während ihre Stadt brennt, Autos fahren, die so groß sind wie Schiffe, und einem Blicke zuwerfen, die töten können

Lumahai Beach Strand der Hollywoodlegenden

Lyme-Borreliose weit verbreitete, durch Zecken übertragene lebensbedrohliche Krankheit

Makawao »Auge der Morgendämmerung«, New-Age-Cowboystadt
Makawao Union Church hier retteten mich Tom und Marge zwar vor den Betrunkenen vom Rainbow-Park-Zeltplatz, aber nicht vor der Armee der Riesenkrabbenspinnen
Marcy sorgte dafür, dass ich mir neben Jack London die Hände wusch
Marti-Jean empfahl mir, »locker« zu schlafen
Mary-Lu Mrs. »Billy Idol«
Mauna Kea »Weißer Berg«
Mauna Loa der lange, breite und mächtige Berg
Maui das mehr war als *Wowie*
Maxine Quilt-Fabrikantin aus Kansas mit einem Halten/Fahren-Schild
Michigan hier muss man sich nur umschauen, wenn man eine nette Halbinsel sucht
Minneapolis, Minnesota Minne-, aber nicht »Mini«: hier kämpften die gar nicht so kleinen *Buffalo Bills* gegen die *Red Skins*
Mississippi fließt durch einen halben Kontinent
Missouri hat ein missverständliches Motto
Missouri River ein beeindruckend langes Stück Nass
Mojave Desert kein Ort, an dem man die Hosen runterlassen sollte
Mokuaikaua Church Kirche, in der man essen kann, wenn die Bäume erst einmal gefällt sind
Molokai die nicht ganz so »freundliche«, pantoffelförmige Insel
Molokini Fischparadies, in dem ich beinahe als Treibgut endete
Monterey Steinbecks Lieblingsort
Monument Valley hier wurde ich in meinem Zelt auf dem *Mitten-View*-Zeltplatz beinahe aus der Verankerung gerissen und weggeblasen

Moorpark Vorort von L. A., in dem ich mich in eine Einbauköchin verwandelte
Morocco, Indiana hat keinen Basar, aber eine Tankstelle
Mosier, Vala & John & Jade & Joshua & Jacob Familie aus Kansas, die mich davor bewahrte, von Hagelkörnern in der Größe von Tischtennisbällen erschlagen zu werden
Muir, Carol & Chuck gingen mit *lingams* & *yonis* ans Eingemachte
Muir, Tom Jachtbauer aus Seattle, der mit seinen Surfboards schlief
Munro Trail hier gewannen die wilden Winde von Lanai die Oberhand über mich
Murdoch, David kaufte die Ananas-Insel und ich kam zufällig an seinem poetischen Schwadroneur-Felsen vorbei
Murphy, Dervla glaubt, dass die meisten Reisen ein gefahrloser Spaziergang sind
Myers, Hiram mein vom Klondike-Gold berauschter Verwandter
Myers, Wayne mein Großvater, der Werkstattbesitzer

Nancy birnenförmige Frau, die ihren Ehemann mit einem Stapel Pizzas zurückließ
Na Pali eindrucksvolle, 1000 Meter hohe Klippen, die einem den Atem rauben, wenn man drüber fliegt oder hochradelt oder darauf umherwandert
Napoopoo »Löcher«, hier traf ich die Frau aus Alaska, die in »Schöpfe die Kimm aus« lebt
Nappanee hier öffnete mir Fanny die Tür zu den *Amish People*
Navajo Indian Reservation Indianerreservat, in dem die Navajo-Weber angeblich absichtlich einen Fehler in jede Decke weben
Nevada der »Silver State«, der die höchste *Highway*-Todesrate in den USA hat
Nipomo Heimat des an einen Zauberer erinnernden Bill Deneen

Nob Hill hier bearbeitete Dr. Schmärzlich meine Knötchen
Norma aus Normal

Oahu hier überfuhr mich ein Gepäckwagen
Oklahoma hier schlief ein HIV-positiver Mann mit so vielen Personen wie möglich
Olema das Epizentrum der Wut
One Ali'i Beach Park hier war mir erneut unheimlich zumute

Paia »Laute Stadt«, in der mir ein »Licht« aufging
Page Heimat des Glen-Canyon-Staudammes
Pahoa hier sah ich im »Robert Louis Stevenson-Zimmer« meinen Fischhändler
Pakalolo Maui Wowie
Pala'au State Park heruntergekommener Ort in der Nähe des *Phallic Rock*, der mir unheimlich war
Pali Highway hier waren Frauen von Captain-Eddy-Doppelgängern vergewaltigt worden
Paniolos hawaiianische Cowboys
Papohoku Beach Ort voller Sand, an dem ich mit einem Pärchen aus Alaska daniederlag
Parker Ranch Heimat von 60 000 Rindfleischburgern auf Hufen
Pee Pee Falls Wasserfälle, an denen ich auf einen Expander stieß
Pele hawaiianische Feuergöttin, die sich gerne mit Gin besänftigen lässt
Phallic Rock fruchtbarer Fels, an man die Beine besser zusammenhält
Phyllis & Don bescheidene Millionäre mit »offenem Farmhaus«, die kostenloses Frühstück servieren
Plaskett Creek hier wurde mir die Größe der Dinge bewusst
Point Reyes Ort voller Seltsamkeiten

Powell verabscheuungswürdiger Polizist, der Rodney King beinahe ins Grab geprügelt hätte

Prima Donna umsatzträchtiges Märchenschloss inmitten der Wüste

Puna heiße Gegend, in der Menschen und auch ganze Dörfer schon mal verschwinden

Punkin Center eine Kreuzung und ein Lokal

Puaa Kaa Park »Park der rollenden Schweine«

Puu Kukui, Mount Berg, auf dem es ein bisschen feucht ist

Puu Nana Ort ohne Wasser

Puuo Hoku Sternenhügel

Quigley, Paxton lehrt Frauen, wie man auf einen Angreifer schießt

Rainbow Park hier wollte man gerne mein Sattel sein

Rainbow People aßen chemisch behandelte, gut schmeckende Scheiße

Randolph Veteran der Ardennenoffensive

Ray verlor seine Veranda an einen Tornado

Rex sagte, dass es sich lohne, auch wenn ihm sein Hintern ganz schön wehgetan habe

Richard Feuerwehrmann und ehemaliger Rettungsschwimmer, der mein Leibwächter wurde

Rob aus Bristol stammender Action-Ehemann von Zoradi

Rockies, The auf deren Gipfel ich wusste, dass es von da an nur noch bergab gehen konnte

Roger zur See fahrender Kapitän, der Spermien sah

Ron bescherte meinem Steißbein ungeahnte Wonnen des Wohlgefühls und sorgte vor Molokini beinahe für mein buckelwaliges Ableben im Kajak

Rose, Frances Colt »einfach herzige« Dame in Park-Ranger-Uniform, bei der ich mit *Precious* wohnte

Ruairidh sympathischer Glasgower, bei dem ich eine Trittleiter brauchte, um eine Unterhaltung ohne Nackenschmerzen zu führen

Sam wurde ein wenig zu zutraulich

Samson Rogers Schiffsmaat, der die aufgewühlte See nach Kamikaze-Buckelwalen absuchte

San-Andreas-Graben nicht gerade der beste Ort, um darauf ein Haus zu bauen

Sandy wurde von Bob angewiesen, sich nicht zu bewegen, und lächelte wie jemand, der sich amüsiert

Sandy Beach ein Strand, an dem man besser nicht schwimmen gehen sollte, wenn man Wert darauf legt, dass Hals und Wirbelsäule unversehrt bleiben

San Fernando Pass hier begegnete mir ein Anhalter-Clown

San Francisco hier wurde ich von einem Simulator stimuliert

Santa Barbara kalifornische Stadt am Meer, in der es nach viel Geld riecht

Santa Cruz Rosenkohl-Hauptstadt der Welt voller Verrückter, die hier cruisen

Santa Maria hier wurde es offensichtlich, dass »jede Menge Verrückte rumliefen«

Santa Rosa verwirrte mich

Santa Ynez hier steht das »schnuckelige« Haus von Frances Colt Rose

Sausalito hier erinnern die Boote mehr an ein Haus

Schmärzlich, Dr. der die Drohung in seinem Namen wahr machte

Schmidt, Laura & Jack wiederholten unermüdlich, dass Hawaii nicht mehr so ist, wie es einmal war

Schofield Barracks Heimat eines Bataillons der *Jarheads* (»Flachköpfe«)

Science City supermodernes Forschungszentrum auf dem Haus der Sonne

Schaeffer, Charry radlose Freundin aus Normal und Besitzerin von Sophie, der Shih-Tzu-Hündin, die gerne süße Teilchen verzehrt

Seven Sacred Pools hier konnte man nicht zählen

Simi Valley Ort, in dem die Gerichtsverhandlung im Rodney-King-Prozess stattfand

Smith & Bronte Rekordbrecher, die in einen Mangrovensumpf stürzten

Soledad Canyon hier schlief ich auf der »Schrottoase«

Soup Connection, kein Ort, an dem man essen sollte, wenn man abnehmen möchte

South (Central) L.A. Epizentrum der Unruhen

Stacey eine komplett Verrückte

Stan, der Schnieke wollte das Rätsel um den nicht ganz so normalen Gold- und Silberrausch von Bloomington-Normal lösen

Steve & Emmie er Australier, sie Japanerin und beide Hochleistungs-Langstreckenradfahrer mit ziemlich abgenutzten CDs im Gepäck

Stewart, Norty meisterhafter Routenplaner

Sunset Beach Surferstrand der *Bonzai Pipelines* und *Rubber Duckies*, wo das Leben von Grund auf radikal lässig ist

Tamalpais, Mount Berg, den man besser nicht zu schnell hinunterrasen sollte

Tapa polynesisches Kleidungsstück aus Rindenbaststoff

Tarsus lässig herumhängender Flughafen(außer)-Kontrollwart

Thelma & Kurt widerlich schmatzende Küsse austauschende Helikoptermitreisende in Flitterwochen

Thousand Oaks Ort der Gesichtsliftings und frisch gestrafften Falten

Tidal Wave Memorial hier erhielt ich 8658 Dollar in Form von 25 Cent
Tina siehe *Anna*
Todd mit den eng an den Schritt geschmiegten Hosen
Tornado Alley nicht gerade eine Gegend, in der man gut schlafen kann
Tuba City hier unterhielt ich mich mit Ruairidhs Knien
Twain, Mark klärte mich über eine Reihe von Fällen ernsthafter Verstopfung auf

Utah Land der Canyons, in dem man seine Kühe besser im Auge behält

Virgin Mountains Gebirge mit verborgener Felsspalte
Volcano hier biss man mir in den Hintern

Waialeale, Mount hier gehen sehr nasse 12 000 Millimeter Niederschlag im Jahr nieder
Waianapanapa State Park hier wird das Wasser zu Blut
Waianae wo der weiße Mann nicht willkommen ist
Waikiki heißes Fleckchen auf Hawaii, an dem sich über 110 000 Menschen dicht gedrängt tummeln
Wailuku »Blutiges Wasser«, hier schlief ich auf Superman
Waimea Canyon hier entkam ich nur knapp einem Zusammenstoß mit einem wilden Keiler
Waipio Valley über seine ungeheuerlich steile Straße fiel ich ins »Tal der Könige«
Wally Pirat mit Augenklappe, dessen Leben sich um *Catastrophe* dreht und darum, nichtsahnende Touristen zu umgarnen
Walter, Junior Pistole tragender Radler
Warren siehe *Annette*

White, Randy sein Haus hätte ich beinahe zerstört

Wickramasinghe, Noel & Wiltrud Ehepaar, er: aus Sri Lanka stammender Postangestellter aus Crawley, sie: Deutsche

Wili-Wili hawaiianischer Baum, der zum Bau von Kanus verwendet wird

Winn, Marie Autorin des Buches »Die Droge im Wohnzimmer«

Yabuki, Satoshi auf Hawaii lebender japanischer Elektriker, dem in Volcano das »Holo Inn – eine einfache Unterkunft ohne viel Schnickschnack« gehört

Zeyrek, Leylá kaufte mein *Eclipse*

Zion National Park Landschaft, in der man gerne umdreht, um sie noch mal … und noch mal zu durchqueren

Zoradi fragte sich mit mir, ob mein Zelt aufgeschlitzt werden würde

Zzyzx–The-Starcraft mein treues Stahlross in den Staaten

Danksagung

Ich schulde folgenden Personen großen Dank, denn ohne ihre Hilfe hätte ich mich zwar trotzdem auf diese Reise gemacht, wäre aber sehr wahrscheinlich nicht wiedergekehrt:

Meinen Eltern, die mir stets mit Rat und Tat zur Seite standen und mir im Notfall Fahrrad-Ersatzteile zuschickten, ganz egal, wohin mich Lust und Laune mal wieder verschlagen hatten; meinem verrückten Kartografen Peter'osed Wilson, der glücklicherweise heil aus Bosnien zurückgekehrt ist; Melanie (Meme) Dew, dafür, dass sie mit ihren erfahrenen und geschickten Händen die Zeichnungen anfertigte, obwohl sie von Freddie und Alex umzingelt / bedrängt / an der Arbeit gehindert wurde. Alles Liebe an Ward, wo auch immer du sein magst, und danke für mein Guyana Back-of-Beyond Hash House Harriers Run-Fun-T-Shirt und dafür, dass du mich nicht verklagt hast. Mein Dank gilt auch Frau Serena Hazlenut Churchill (alias Block'ed), weil sie keinerlei Interesse an der Fortsetzung hatte und weil sie meinen Honig gegessen hat; Makl Thomson (alias Red'ed), weil er mein kanadischer Übersee-Korrespondent war, mir mein zuverlässiges Gefährt gebaut hat und dazu beitrug, »den Riss zu kitten«; Jimmy Holmes, mein »Jam-Man« – »Totemo Oishii Desu«; meiner Lektorin Hilary Foakes, die mich ermutigte, weiterzumachen und mich an nahe gelegenen Felshängen (in Kent) in die Freuden des Bergkletterns einweihte; Val Porter, weil sie meine schriftlichen Entwürfe so professionell in die englische Sprache übertragen und mich darauf aufmerksam gemacht hat, dass Kabeljau ein 1,83 Meter großes Monstrum und kein 30 Zentimeter langes

Fischfilet ist; Vic und Karen sowie Joe and Sam Gibson, die meine Verkäufe in Liverpool steigerten, indem sie jedem Mitglied ihrer Familie ein Exemplar kauften, ganz egal, ob diese es wollten oder nicht; Karens Mama und Papa, Paul und Hazel für ihre Begeisterung und ihr Interesse; Vics Mama Joan, weil sie so klug war, mir zuzustimmen, dass Ward bekommen hat, was er verdient hat; Nick Crane, John Pilkington, Hallam und Carole Murray und The Mighty Quinn für das Hand and Shears im Bricklayers Arms; Sally Newman und Lucinda Boyle sowie Jessie Brill von der Buchhandlung The Traveller's Bookshop für die unverzichtbaren Bücher und Tipps, Karten und Schwätzchen; Harriet und Andrew Currie, Astrid und Nicola von der Buchhandlung Nomad Bookshop, die mein Buch in ihre Auslage stellten und mir kluge Ratschläge gaben; Tim Hughes, Trevor Roberts, Sue Hall, Lisa Warburton und alle Leute vom unverzichtbaren Cyclists' Touring Club; Chas Roberts vom Fahrradgeschäft Roberts Cycles für ein unverzichtbares Fahrrad; David Stewart-Clark und Les Young vom Fahrradgeschäft Stuart Bikes sowie Grant Young vom Fahrradgeschäft Condor Cycles für die unverzichtbaren Fahrradersatzteile; James, ehemals Surecraft-Shaw, vom Fahrradgeschäft DS Cycles, der für mich fieberhaft nach einem Satz Modolo-Bremshebel suchte; Jeremy Yeo vom Fahrradgeschäft Weald Bicycles, der mehr war als nur der nette Fahrradhändler von nebenan; Rohan »Geh-nie-ohne-aus-dem-Haus«, der mich mit echten Qualitätsprodukten ausstattete, die es in sich hatten; The North Face für die Qualität ihrer Ausrüstung, die schwer zu schlagen ist; Chris Bell (»Mr. Eggring Man«) für die nahezu unverwüstlichen runden Präzisions-Kettenblätter, John North für die nahezu unverwüstlichen Karrimor-Fahrradtaschen; Wayne Dorran für die nahezu unverwüstlichen Tika-Satteltaschen; die genialen Erfinder und Hersteller des lebensrettenden Ultraschallschockgeräts Dog Dazer; Simon Doughty von NTi dafür, dass er mein Hinterteil so bequem auf einem Georgena-Terry-Fahrradsattel mit Titangestell gebettet hat (P.S.: Die Socken sind hinreißend); Carolla von der Codex Trading Company Ltd für ihre SeeU-Geräte, die am Körper aufblinken und andere Verkehrsteilnehmer zur Vorsicht mahnen; Winifred Dalby und Debbie Smith von Practical Action – einer wohltätigen britischen Stiftung, für die es sich lohnt zu radeln oder auch auf anderem Wege zu helfen; Jo Leslie für vieles; Oliver Cooper für einiges; Patrick Field und seinem Buch Breathing Spaces für Verschiedenes; Helen Caldwell und Mark Renwick für die Independent Traveller's World und dafür, dass sie meine abstruse Annahme, ihr Bruder sei ein Feuerwehrmann, ignorierten, denn er ist es doch ganz offensichtlich nicht; Emile Joachim von R. G. Lewis Photographic Specialists für ihren speziellen Sachverstand; Herrn Sherwood und Herrn Churcher von Sendean für ihre chirurgische Feinstarbeit an meiner Kamera, die diese dann in Windeseile wieder zum Leben erweckte; Graham Mackintosh (»Mr. Baja Mann«), der mir ein oder zwei kulinarische Tipps zum Verzehr einer Klapperschlange gab; Kermit und Ursula Bartlett, bei denen ich mich in Kalifornien mit meinem gesegneten Appetit durch Haus und Hof (ganz zu schweigen von Speisekammer und Wintervorrat) futtern durfte und, wofür ich fast noch dankbarer bin, die mich einluden, es doch bitte wieder zu tun; Cherry Schaeffer und Sophie (ein Shih-Tzu, der gerne klebrige Lollis frisst), die eine Horde Verrückter von der anderen Seite des großen Teichs so freundlich aufnahmen, P. S.: Tut mir leid wegen des Lenkers; Chris und Carol und den Jungs für das schiefe Messer, das dem Tode trotzte, und den Brokkoli aus eigenem Anbau; dem anderen Chris da oben, der immer bei mir ist; Moira McDonald, die meinen gestreiften Hintern erkannte, und Kevin Whitelaw, der mich in den Himmel über dem Golden Gate hob und mich darüber aufklärte, an welcher Stelle meiner Anatomie sich mein Zygomaticus Major befindet; David Peoples und Rob Robertson von IBIS cycles, die so zügig dafür sorgten, dass bei mir alles wieder funktionierte; dem Thousand Oaks Racket Club für die 3200-Meter-Schwimmrunden; Berdie und Mike Mikalson, John und Vala Mosier, Tom und Marge Jackson, Steve und Barbara Reinhard, Peg und Dick Mergenhagen, Bob und Gunda Lewis, Terri und Gordon Ness, Elizabeth und Dennis Bonney, Jim und Judy Stockhausen, euch allen Dank dafür, dass ihr eine einsame Radfahrerin unter eure Fittiche genommen habt und dafür, dass ihr Menschen seid, von denen man sich wünscht, sie würden nicht eine halbe Weltreise entfernt leben. Dank auch an alle anderen wohltätigen Bürger der Vereinigten Staaten, deren Namen ich zwar nie erfahren werde, denen ich aber begegnet bin, die mir geholfen haben, mir den Weg gewiesen haben, mir zu essen gaben und mir Unterkunft gewährten – wo immer ihr auch seid: ein großes herzliches Dankeschön!

Im Rahmen meiner Reise durch Amerika habe ich Spenden für die Intermediate Technology Development Group (ITDG), die seit 2005 Practical Action heißt, gesammelt. ITDG bzw. Practical Action ist eine gemeinnützige britische Stiftung, die mit dörflichen Gemeinden in der Dritten Welt arbeitet. Durch ihre Hilfe können ärmere Bevölkerungskreise Kleingewerbe aufbauen, erhalten so mehr Kontrolle über ihr Leben und tragen damit zur langfristigen Entwicklung ihres Landes bei.

Practical Action
The Schumacher Centre for Technology & Development
Bourton on Dunsmore
RUGBY
CV23 9QZ
Großbritannien

REISEN · MENSCHEN · ABENTEUER

NATIONAL GEOGRAPHIC TASCHENBÜCHER
VON FREDERKING & THALER

NATURGEWALTEN

William Stone / Barbara am Ende
Höhlenrausch
Eine spektakuläre Expedition unter der Erde
ISBN 978-3-89405-216-4

Riskante Kletterpartien, gefährliche Tauchgänge ins Ungewisse, wochenlanges Leben unter der Erde – William Stone und sein Team erforschen eine der größten Höhlen der Welt. Die atemberaubende Schilderung einer Expedition der Superlative.

Hauke Trinks
Leben im Eis
Tagebuch einer Forschungsreise in die Polarnacht
ISBN 978-3-89405-232-4

Könnte es sein, dass das Leben auf der Erde im Eis entstanden ist? Dieser Frage ist der Physiker Hauke Trinks mit seiner Expedition in den Norden Spitzbergens nachgegangen. Ein einjähriges Abenteuer in der Polarnacht, nur in der Gesellschaft zweier Hunde – und zahlreicher Eisbären.

Carla Perrotti
Die Wüstenfrau
An den Grenzen des Lebens
ISBN 978-3-89405-197-6

Warum riskiert eine Frau ihr Leben in der Wüste? Carla Perrotti durchwandert allein die Kalahari und die größte Salzwüste der Erde in Bolivien, als erste Frau begleitet sie eine Tuaregkarawane durch die Ténéré. Unter den überwältigenden Eindrücken der Natur findet sie zu sich selbst.

So spannend wie die Welt.

NATIONAL GEOGRAPHIC
FREDERKING & THALER
www.frederking-thaler.de